浦法精萃
·经典案例·

知识产权审判实务研究

THE RESEARCH ON JUDICIAL PRACTICE
OF INTELLECTUAL PROPERTY （2012~2014）

主　编◎张　斌
副主编◎曹　洁　陈惠珍

知识产权出版社
全国百佳图书出版单位

图书在版编目（CIP）数据

知识产权审判实务研究. 2012～2014/张斌主编. —北京：知识产权出版社，2014.11
ISBN 978-7-5130-3108-0

Ⅰ. ①知… Ⅱ. ①张… Ⅲ. ①知识产权—审判—案例—中国—2012～2014 Ⅳ. ①D923.405

中国版本图书馆 CIP 数据核字（2014）第 248731 号

内容提要

本书是浦东法院的系列知识产权审判文选之一，汇集了浦东法院在2012～2014年的最新知识产权审判实务和理论研究的成果——36件典型知识产权案例，全面总结了浦东法院作为知识产权案件"三合一"审判的先行者的近二十年"浦东模式"的经验，充分展示了知识产权法官们的法律智慧。本书具有入选案例极具代表性，审判经验总结全面且深入，包含了知识产权民事、刑事、行政案件等特点，是了解知识产权司法实践的参考用书。

读者对象： 知识产权领域的法官、律师及高校法学专业师生。

责任编辑：卢海鹰　　　　　　　　责任校对：谷　洋
装帧设计：张　冀　　　　　　　　责任出版：刘译文

浦法精萃·经典案例

知识产权审判实务研究（2012～2014）
ZHISHICHANQUAN SHENPAN SHIWU YANJIU

张　斌　主　编
曹　洁　陈惠珍　副主编

出版发行：知识产权出版社 有限责任公司	网　　址：http://www.ipph.cn
社　　址：北京市海淀区马甸南村1号	邮　　编：100088
责编电话：010-82000860 转 8122	责编邮箱：wangyumao@cnipr.com
发行电话：010-82000860 转 8101/8102	发行传真：010-82000893/82005070/82000270
印　　刷：保定市中画美凯印刷有限公司	经　　销：各大网络书店、新华书店及相关专业书店
开　　本：720mm×960mm　1/16	印　　张：16.75
版　　次：2014年11月第1版	印　　次：2014年11月第1次印刷
字　　数：304千字	定　　价：56.00元

ISBN 978-7-5130-3108-0

出版权专有　侵权必究
如有印装质量问题，本社负责调换。

《浦法精萃》编委会

主　任：张　斌

副主任：林晓镍

委　员（按姓氏笔画排序）：

　　　　卫世平　马超杰　王　浩　王志根

　　　　孙　磊　严伟国　杨泉宝　张克俭

　　　　陈惠珍　俞　波　姚秀权　曹　洁

　　　　曹克睿　符红昇　傅玉明

本书执行编委：

　　　　陈惠珍　许根华　徐　飞

　　　　倪红霞　杜灵燕

总序

转型时期的中国，矛盾纠纷日益复杂多样，社会公众对于公平正义的诉求也越来越高。司法不仅肩负着维护社会公平正义的重大责任，而且还承载着构建法治社会、实现"规则之治"的法治理想。其中，人民法院功能与作用的发挥至关重要。法官既是法律的践行者，也是法律的守护者，我们通过将法律规则运用到一个个具体案件的过程，维护着社会的那一座天平。

浦东新区地处改革开放的前沿，正处于创新驱动、转型发展的关键阶段，承载着建设国家改革示范区、"四个中心"核心功能区、战略性新兴产业主导区的发展重任。经济的发展、改革的推进、社会管理的创新，必然要求更加良好的法治环境，对于司法能力也提出了更高的要求和期待。在这样一种背景下，浦东新区人民法院深入推进审判机制改革，狠抓司法能力提升，勇当践行科学发展的先行者、服务浦东大局的排头兵、促进社会和谐的领头羊，取得了全国模范法院、全国司法公开示范法院、全国知识产权审判基层示范法院等荣誉，涌现出全国模范法官、全国审判业务专家等多名优秀法官。

《浦法精萃》正是浦东新区人民法院多年来审判经验积淀、职业知识汇聚的结晶，凝结着全体浦法人的智慧与心血。它是在总结审判经验的基础上，推出的涉及刑事、民事、商事、知识产权、金融、行政、执行等领域，涵括专题调研、优秀文书、典型案例、学术论文等多项内容的系列丛书。它以发生在审判实践中的真实个案为素材，通过法律文书的说理论证、典型案例的阐释剖析、疑难问题的调查研究，充分展示我院法官在法律适用过程中的探索与思考。我们衷心期待这套丛书能够为社会公众理解法律、认识法院提供直观资料，为法律实务工作者运用法律、司法工作人员适用法律提供可资借鉴的经验。

《浦法精萃》编委会

一路走来一路歌

——写在《知识产权审判实务研究（2012～2014）》出版之际

伴随着法槌声声，浦东的知识产权审判已走过了整整 20 年。20 年的时光，足以让幼苗长成参天大树，足以让垂髫小儿成为国之栋梁。在 20 年的审判实践中，我院知识产权庭一步一个脚印，沉淀出一个个智慧结晶，已先后出版 4 本知识产权审判实务专著，向公众充分展示了我院知识产权法官对典型案件和疑难问题的积极探索和思考。在我院知识产权庭成立 20 周年之际，我们精选近 3 年来审结的 36 个精品案例，汇集成我院第 5 本知识产权审判实务专著出版。

与前 4 本书一样，本书中选录的案件依旧具备"三合一"和精品荟萃的特点，集合了在全市乃至全国都极具影响力的知产民事、刑事、行政案件，囊括了员工跳槽中的不正当竞争、影视剧植入广告的虚假宣传、汇编作品的独创性及抄袭认定、楼盘名称的著作权保护问题、次商标的侵权判断、未使用商标的保护尺度、期货自动化交易参数的商业秘密认定、工商行政处罚中网页证据的证明力判断等新类型、疑难复杂问题。上述案件中的精彩论证反映了我院知产庭在加大知识产权保护力度、合理划定保护范围、防止权利滥用等方面的积极探索。同时又有一些新的变化：

一是与时俱进愈发凸显。面对现代人越来越倾向于网上阅读、网上购物的趋势，我们通过一个个鲜活的案例，对电子书网站侵犯著作权罪的认定、阅读网站"避风港"规则的适用、手机阅读软件搜索接口服务的性质认定、网络交易平台经营者帮助侵权的认定、网络销售中商标淡化侵权行为的认定等疑难问题进行了解答，一方面通过规范网络上的经营行为，提高网络经营者的知识产权法律意识，另一方面通过合理界定保护范围，促进网络经济的繁荣和技术的发展。

二是技术事实查明方式多样化。司法鉴定系技术事实查明的主要方式，但存在鉴定费用高且耗时较长的问题。我们此次选取的案件中，部分案件采用多种替代手段查明技术事实，收到较好的效果。例如在一件计算机软件开发合同案件中，以现场直接比对的方式取代技术鉴定，极大地节约了当事人的诉讼成本，提高了司法效率。在一件手机阅读软件被控侵犯著作权案件中，通过引入专家陪审员，以现场勘验的方式回到软件开发环境来对其真实运行过程进行逆向分析，从而对被控侵权软件所提供的服务性质进行了正确判定。

三是合同纠纷显著增多。侵权纠纷向来是知识产权案件的绝对主角，但近年来随着特许经营、知识产权许可等成为企业运用其知识产权的重要方式，由此而导致的纠纷也越来越多。本书对合同履行中易产生的纠纷诸如合同定性及效力认定、解除权的行使及后果、违约责任的认定、先履行抗辩权的适用等问题进行了详细剖析，使得企业在合同的签订和履行过程中能更有效地防范风险。

对于一个人而言，20岁正值青春年华、风华正茂的好时光；对于一线业务庭而言，20岁则是一个开拓创新、起帆远航的新起点。面对新一轮司法改革带来的机遇与挑战，祝愿知识产权审判庭继续努力，以更大的激情和勇气不断探索、勇立潮头，使我们的知识产权审判焕发更强的生命力。

是为序。

张越

2014年7月31日

目 录

著作权民事案件

手机阅读软件搜索接口服务的性质认定及法律责任 ········ 陈惠珍 叶菊芬（1）
  ——袁某某诉上海第九城市信息技术有限公司侵害作品
   信息网络传播权纠纷案

不构成"作品"的楼盘名称无法受到著作权法的保护 ····· 倪红霞 袁 田（8）
  ——上海 路发文化发展有限公司等诉上海金陵股份
   有限公司侵害作品复制权、署名权纠纷案

大赛主办方对获奖作品不侵害他人著作权负有合理注意
义务 ·· 许根华 郭 杰（16）
  ——钱某诉香格里拉饭店管理（上海）有限公司等著作权权属、侵权案

人物辞典类汇编作品的独创性及抄袭侵权的司法认定 ············· 许根华（23）
  ——梁某某等诉顾某某等著作权侵权纠纷案

适用"避风港"规则，平衡权利人与网络服务提供者的利益 ····· 张 毅（30）
  ——北京书生网络技术有限公司诉上海玄霆娱乐信息科技
   有限公司侵害作品信息网络传播权纠纷案

商标权民事案件

网络交易平台经营者帮助侵权的司法认定 ················ 许根华 邵 勋（37）
  ——衣念（上海）时装贸易有限公司诉浙江淘宝网络有限
   公司等侵害商标权纠纷案

网络销售环境中商标淡化侵权行为的司法认定 ·········· 许根华 郭 杰（46）
  ——卡地亚国际有限公司诉北京梦克拉科技有限公司等侵害
   商标权及不正当竞争纠纷案

次商标的侵权判断及赔偿金额的认定 …………………………… 杜灵燕（53）
　　——利惠公司诉杭州洪业服饰有限公司、坚持我的服饰（杭州）
　　　有限公司、中山市沙溪镇仁信制衣厂、上海新宁购物中心
　　　有限公司侵害商标权纠纷案
商标注册后多年不使用且无真实使用意图可不予判赔 … 倪红霞　袁　田（62）
　　——付某诉上海邮乐贸易有限公司侵害商标权纠纷案
确认不侵权之诉与行政处理并行的可行性 ………………………… 倪红霞（68）
　　——苏州国信集团旺顺进出口有限公司诉特制自行车配件有限公司
　　　确认不侵害商标权纠纷案
商标合理使用的司法判断 …………………………………………… 倪红霞（76）
　　——震旦行股份有限公司诉上海市震旦进修学院侵害商标权纠纷案
标注引人误解的真实信息亦可构成商标侵权或不正当竞争 ……… 徐　飞（82）
　　——艾欧史密斯（中国）热水器有限公司诉广州史密斯电器有限
　　　公司等商标侵权、不正当竞争纠纷案
组合商标近似比对中的"要部"选择 ……………………… 许根华　郭　杰（90）
　　——诺基亚公司诉无锡金悦科技有限公司侵害商标权纠纷案
关联商品构成类似商品的司法认定 ……………………… 许根华　郭　杰（95）
　　——欧司朗有限公司诉陕西欧司朗电气有限公司等侵害商标权、
　　　擅自使用他人企业名称纠纷案
合同外纠纷不因存在仲裁条款而排除法院管辖权 ………………… 许根华（102）
　　——丸万株式会社诉北京德霖高尔夫体育发展有限公司等侵害
　　　商标权纠纷案
出口货物侵权的证明标准及货代公司的责任确定 ………………… 杨　捷（109）
　　——无锡尚德太阳能电力有限公司诉南通思凯索拉光电科技有限
　　　公司等侵害商标权、擅自使用他人企业名称、姓名纠纷案
行政处罚认定的事实对民事案件的影响 …………………………… 杜灵燕（115）
　　——罗某诉上海宠乐宠物用品有限公司侵害商标权纠纷案
保险产品名称中使用吉庆词汇是合理使用 ………………………… 王琳泷（124）
　　——王某某诉长生人寿保险有限公司商标权纠纷案
违反竞业限制义务与不正当竞争的关系 …………………………… 陈惠珍（131）
　　——西门子（深圳）磁共振有限公司诉余某某等不正当竞争纠纷案
影视剧植入广告的辨识及虚假宣传的认定 ………………………… 徐　飞（137）
　　——北京珂兰信钻网络科技有限公司诉上海辛迪加影视有限公司、
　　　上海卓美珠宝有限公司虚假宣传不正当竞争纠纷案

具有一定知名度的企业名称简称应视为企业名称予以保护 ………… 杜灵燕（144）
  ——上海精密科学仪器有限公司诉上海精学科学仪器有限公司、
   成都科析仪器成套有限公司擅自使用他人企业名称纠纷案

网络域名侵权纠纷中"恶意"的认定标准 ……………… 倪红霞 袁 田（153）
  ——上海枫晴化工有限公司诉上海弘昊化工有限公司侵害网络
   域名纠纷案

自由竞争与不正当竞争行为的法律界限 …………………… 杜灵燕（160）
  ——北京鑫秀伟烨科技发展有限公司诉上海客齐集信息技术
   有限公司不正当竞争纠纷案

反不正当竞争法中仿冒行为的认定与法律适用 …………… 郭 杰（167）
  ——瓦文土耳其塑业股份有限公司诉上海合众管业科技有限
   公司不正当竞争纠纷案

非知名字号作为企业名称获得保护的审查要点 …………… 叶菊芬（175）
  ——上海企赢企业登记代理有限公司诉企盈企业管理咨询（上海）
   有限公司擅自使用他人企业名称案

反向假冒他人商品作为样品展出构成虚假宣传 …………… 郭 杰（182）
  ——徐州工程机械集团有限公司等诉青州装载机厂有限公司商标
   侵权与不正当竞争案

违反保密义务与侵害经营秘密不必然构成"一事再理" ……… 许根华（190）
  ——力福汀钢绳（上海）有限公司诉陈某等侵害商标权、经营
   秘密纠纷案

知识产权合同案件

先履行抗辩权在著作权许可使用合同纠纷案中的适用 ………… 杜灵燕（198）
  ——上海颂德影视有限公司诉突触计算机系统（上海）有限
   公司著作权许可使用合同纠纷案

协议解除合同按双方过错认定责任 ………………………… 张 毅（206）
  ——上海天照信息科技有限公司诉银大（天津）贵金属经营
   有限公司计算机软件开发合同纠纷案

被特许人任意解除特许经营合同的司法认定 ……………… 许根华（212）
  ——冯某诉上海培正教育投资管理有限公司特许经营合同纠纷案

特许经营合同的定性及其效力的认定 …………………… 许根华（217）
　　——北京魅力视觉服装有限责任公司诉维尔坦国际贸易（上海）
　　　有限公司特许经营合同纠纷案
特许经营合同违约责任的确定 …………………………… 邵　勋（225）
　　——上海培正教育投资管理有限公司诉徐某某特许经营合同纠纷案

知识产权刑事案件

期货自动化交易软件使用产生的商业秘密的认定 ………… 冯　祥（232）
　　——储某某侵犯商业秘密罪案
假冒注册商标商品的认定 ………………………………… 冯　祥（237）
　　——顾某、张某某销售假冒注册商标的商品罪案
网络环境下侵犯著作权罪的司法认定 ………… 倪红霞　袁　田（243）
　　——阎某侵犯著作权罪案

知识产权行政案件

工商行政处罚中网页证据的取证规范及证明力判断 …… 陈惠珍　叶菊芬（248）
　　——上海加酷贸易有限公司不服上海市工商行政管理局机场分局
　　　工商行政处罚决定案

著作权民事案件

手机阅读软件搜索接口服务的性质认定及法律责任

——袁某某诉上海第九城市信息技术有限公司侵害作品信息网络传播权纠纷案

陈惠珍　叶菊芬

裁判要旨

本案涉及手机阅读软件中的搜索下载服务属于内容服务还是网络服务的问题。根据相关司法解释的规定，若提供的是网络服务，则网络服务商的责任承担主要以其存在过错即明知或应知作品侵权为限，不存在过错则不应承担责任。因此，被告提供服务的种类及其主观上是否有过错，是认定被告是否应承担侵权责任的关键。审理中，通过网络演示及逆向分析，认定被告提供的是搜索接口服务而非内容提供服务，根据被告的行为特征认定其对作品是否侵权不存在过错，故其行为不构成侵权。

案　情

原告：袁某某
被告：上海第九城市信息技术有限公司

原告是文字作品《历史是个什么玩意儿》（1～4）的作者。被告是"开卷有益 3.1"软件的开发者和经营者。

原告在 Android 系统手机上对"开卷有益 3.1"软件的运行过程所做公证显示：该软件中有"开卷书城""在线搜索"等栏目。"开卷书城"中有作品列表，但无搜索框。点击"在线搜索"后出现的页面上方有"网络搜索"字样及一个搜索框，下方空白，搜索框内有"网络全本小说搜索"字样。在搜索框输入"历史是个什么"可搜索到六个结果，点击其中五个结果，有四个能下载成功，一个下载失败。下载成功的四个文档中，三个文档的作品内容分别对应于原告作品的相关内容，一个文档中无作品内容，但均有"TXT 小说下载网－www.85txt.com"等表明文档来源于其他网站的字样。

被告为证明涉案软件的搜索框提供的是搜索接口服务而非内容提供服务，通过在 Android 模拟器上运行涉案软件的方式对该软件运行时的技术分析过程进行公证，过程显示：在搜索框输入"历史是个什么"进行搜索得到五个结果，在搜索时可以抓取到"http：//api.shupeng.com/search？psize=30&q=%E5%8E%86%E5%8F%B2%E6%98%AF%E4%B8%AA%E4%BB%80%E4%B9%88&format=txt&p=1"的网络地址，对该地址进行解码则得到"http：//api.shupeng.com/search？psize=30&q=历史是个什么&format=txt&p=1"。下载各搜索结果时，抓取到的网络地址为"http：//r.book118.com/……"等第三方网站地址，将该些地址输入 IE 浏览器后下载的文档与通过模拟器下载的文档内容相同。

在两次审理过程中，分别在手机上通过涉案软件的搜索框搜索"历史是个什么玩意儿"，第一次可以搜索到四个结果，但只有一个能够成功下载；第二次搜索则无与"历史是个什么玩意儿"相关的任何结果，但显示"一切好书，尽在书朋网 m.shupeng.com"和"手机书朋网 m.shupeng.com，超越您的预期"两个标题，点击后均不能下载。

第二次审理时，法院主持原、被告双方按照被告公证过程对涉案软件进行进一步的演示和分析，其中点击"开卷书城"下载作品时抓取的网络地址为"kingreader.com……"即被告的服务器地址，在搜索框输入"历史是个什么玩意儿"进行搜索时抓取的网络地址为"http：//api.shupeng.com/search？psize=30&q=%E5%8E%86%E5%8F%B2%E6%98%AF%E4%B8%AA%E4%BB%80%E4%B9%88%E7%8E%A9%E6%84%8F%E5%84%BF&format=txt&p=1"，对该地址的解码为"http：//api.shupeng.com/search？psize=30&q=历史是个什么玩意儿&format=txt&p=1"。但是，此次演示过程的搜索情况与同日通过手机直接在该软件上进行搜索时一样，均未搜索到与"历史是个什么玩意儿"相关的结果，仅显示"一切好书，尽在书朋网 m. shupeng. com"和"手机书朋网 m. shupeng. com，超越您的预期"两个标题，点击后亦均不能下载。

另查明，"shupeng. com"是书朋网的域名，该网站的搜索框提供搜索链接服务，输入"历史是个什么玩意儿"可搜索到多个结果，点击则跳转到其他网站。

原告诉称，被告擅自将原告享有信息网络传播权的作品《历史是个什么玩意儿》（1~4）上传至服务器，通过其所有及经营的开卷有益软件供人下载阅读、浏览，侵犯了原告对上述作品享有的著作权。即便该软件如被告所称系指向书朋网的搜索接口，则被告与书朋网必然存在利益合作分成，也应认定被告与书朋网共同提供内容服务。被告作为专业的依靠在线图书浏览和阅读赚取利润的企业，对作品版权应具有更高的注意义务，涉案作品知名度高，而被告疏于审查，明显存在过错。故起诉请求判令被告：1. 立即停止侵权行为；2. 在《法制日报》上公开赔礼道歉；3. 赔偿原告经济损失人民币23.84万元；4. 赔偿原告公证费、律师费、差旅费等合理费用4.5万元。审理中，原告申请撤回第1项和第2项诉讼请求。

被告辩称：其并未上传涉案作品。涉案软件的"网络搜索"是一个第三方搜索接口，涉案作品的搜索链接地址、搜索结果均来源于第三方，与被告无关；且被告已经在搜索框中作出了"网络全本小说搜索"的必要提示，下载到手机上的作品段落中也明确标明了作品来源网址。因此，被告的侵权事实不能成立，请求驳回原告诉请。

审 判

一审法院经审理认为，本案审理的重点在于：一是被告是否直接提供了涉案作品；二是若非被告直接提供，被告是否构成侵权。关于被告是否直接提供了涉案作品，现有证据及本院演示过程表明，用户通过涉案软件的搜索框进行搜索时，被告系根据用户设定的关键词向书朋网发出请求，由书朋网将从互联网搜索的结果返回搜索页面，用户点击后则直接从第三方网站下载，且在不同时间输入相同关键词的搜索结果亦并不完全相同，也并非均能下载。因此，根据此种行为特征可以认定涉案作品并非由被告直接提供。原告称被告与书朋网存在合作分成故应认定为共同提供内容服务，但未提交相应证据，该主张不予采纳。关于被告是否构成侵权，取决于其对于通过涉案软件"网络搜索"中的信息构成侵权是否存在过错。被告系在接到用户指令后根据用户的要求将关键词发送给书朋网，其事先无法判断用户将键入什么关键词、是否能够搜索到相关结果以及该结果是否能够被下载；且被告并未对搜索结果做任何修改，系如实、被动地将书朋网自互联网搜索的结果呈献给用户。基于这种服务的技术性、自动性和被动性等性质，即使被告施予其能力所及的注意，也难以知道其所提供服务涉及的信息是否侵权，因此被告主观上不存在过错，其行为不构成侵权。据此，依照《民事诉讼法》第64条第1款，《最高人民法院关于民事诉讼证据的若干规定》第2条、第73条第1款，《最高人民法院关于审理侵害信息网络传播权民事纠纷案件适用法律若干问题的规定》第4条和第6条的规定，于2013年3月23日作出如下判决：驳回原告袁某某的诉讼请求。

一审判决后，原告不服，提起上诉。原告认为，被告提交的公证书内容不具有真实性、合法性、关联性；被告经营的开卷有益软件直接提供了涉案作品；即使被告提供的是搜索接口服务，因该服务行为具有主动性，对搜索结果进行了分析、归类、整理，从用户体验而言已与提供内容服务无异，且被告从该服务中获益，涉案作品也具有较高知名度，被告亦应构成侵权。

上海市第一中级人民法院经审理认为，原审法院对被告提交的公证书效力的认定正确，二审法院予以认同。涉案被控侵权作品系通过在涉案软件"网络搜索"中输入关键词搜索下载获得，原告虽主张上述作品存在于被告的服务器上，并以搜索及下载过程中未出现任何第三方网站的链接地址或进行页面跳转为由认为被告直接提供作品，但根据被告提供的公证书以及原审庭审演示，运行涉案开卷有益软件后，"开卷书城"中书籍的下载地址为被告的服务器地址，"网络搜索"中搜索结果地址均指向第三方网站，且系根据用户设定的关键词向书朋网发出请求，由书朋网对互联网上的相关文件进行搜索，并将搜索结果返回"网络搜索"页面，而在不同时间在"网络搜索"输入相同的关键词其搜索结果亦并不完全相同，故被告主张其涉案软件中的"网络搜索"服务仅是提供搜索接口服务具有一定的事实依据，对原告认为被告直接提供作品的理由不予采信。涉案软件的"网络搜索"服务本身具有被动性，被告对搜索结果亦不具有预知能力，且该软件本身亦不预先存储任何作品信息或作品链接地址，不存在上诉人所述主动对搜索结果进行分析、归类、整理的情况。另外，对于搜索结果中的侵权链接，被告除断开与书朋网的接口服务外，并不能采取诸如断开某一侵权链接的措施，即被告对于搜索结果不具有控制力。原告认为被告从上述提供搜索接口服务中获利，然并未提供证据加以证明。综上，难以认定被告对涉案作品的传播具有过错，其行为亦不构成帮助侵权。据此，于2013年6月24日判决驳回上诉，维持原判。

评　析

本案所涉"开卷有益3.1"软件系一款手机阅读软件，其中的"网络搜索"功能使得用户能根据其阅读的需要进行个性化搜索，在目前的手机阅读市场是一种较为新颖的服务模式。本案审理的关键在于如何正确认定这一服务模式的性质，以及在此基础上的侵权认定，此类涉技术事实的认定、新型商业模式的责任等问题给审判人员带来了较大的挑战。

一、手机阅读软件搜索服务性质的认定

手机阅读软件提供的搜索服务与传统搜索相比，区别在于搜索、下载的过程中均未出现任何第三方网站的链接地址或进行页面跳转。对于用户而言，其能够直观感受到的，是通过涉案软件能够进行搜索，而点击搜索结果则直接将侵权作品下载到手机上，这样极易使人认为侵权作品系由涉案软件的经营者也即被告提供。然而，被告提出了其仅提供搜索接口服务而非内容提供服务的抗辩，并为此提交了相反证据。双方的诉辩意见针锋相对，被告软件提供的是什么性质的服务，成为本案事实认定的关键，这也是认定被告是否构成侵权的关键。

从技术角度来看，本案通过回到涉案软件的开发环境来对其真实运行过程进行逆向分析，从而认定涉案服务的性质。借助Android模拟器对涉案软件的搜索及下载过程进行分析可知，涉案软件的搜索功能中使用了书朋网的API（即应用程序编程接口，用于软件组件间彼此通信的接口的协议）。书朋网提供的是搜索链接服务，涉案软件根据用户设定的关键词向书朋网发出请求，由书朋网在互联网上进行搜索后将搜索结果返回"网络搜索"页面，用户点击搜索结果则直接从第三方网站将涉案作品下载到用户手机上。上述运行过程所体现的技术特征即调用书朋网的搜索引擎功能，可以认定被告提供的是搜索接口服务。

从合理性角度分析，根据被告提交的公证书及本院演示过程，从涉案软件的"开卷书城"中下载作品的地址为被告的服务器地址，而通过搜索框搜索涉案作品的搜索地址为书朋网、下载地址为第三方网站，若如原告所称涉案作品由被告直接提供，则上述情况无法解释。因此，被告主张其提供搜索接口服务具有高度的合理性。

基于上述理由，法院确认涉案作品并非被告直接提供，被告提供的是搜索接口服务。

二、搜索接口服务提供者的责任承担

提供搜索接口服务属于网络服务，网络服务商是否侵权，主要是指是否构成间接侵权。根据《最高人民法院关于审理侵害信息网络传播权民事纠纷案件适用法律若干问题的规定》（以下简称《规定》）第 6 条、第 8 条的规定，间接侵权的归责原则是过错责任原则。因此，被告是否构成侵权，取决于其对于通过"网络搜索"中的信息构成侵权是否存在过错。过错存在于内心，只能从客观事实来分析行为人的主观状态。上述规定的第 7 条规定了两种间接侵权责任，即教唆侵权责任和帮助侵权责任，行为模式分别为"以言语、推介技术支持、奖励积分等方式诱导、鼓励网络用户实施侵害信息网络传播权行为"和"明知或应知侵权时未采取删除、屏蔽、断开链接等必要措施，或者提供技术支持等帮助行为"。此处的"明知或应知"一般以权利人的通知或"侵权具体事实是否明显"（也即"红旗标准"）作为分析行为人主观心理状态的外在判断要素。

在涉案软件中点击"在线搜索"后，页面上方显示"网络搜索"字样及一个搜索框，搜索框内有"网络全本小说搜索"字样，页面下方均系空白，可见被告并未实施诱导或鼓励的行为。被告的行为模式系根据用户指令，将书朋网自互联网自动搜索的结果不加改变地呈现给用户，其中关键词完全取决于用户，搜索结果系基于技术自动产生，而网络上信息数量庞大且不断变化、更新，被告无法逐条甄别并预先过滤可能构成侵权的搜索结果，因此被告对于下载的信息是否合法并无预见性。因此，在整个搜索及下载过程中，并不存在所谓的"红旗"。从搜索及下载过程来看，能否成功取决于书朋网是否对外开放 API 及存储相关信息的第三方网站是否允许下载，故即便原告向被告发送了侵权通知，被告也无法对某个具体作品断开链接，除非停用整个搜索功能，可见被告对搜索结果也不具有控制力。综上，被告对侵权作品的传播不存在过错，其行为不构成教唆侵权或帮助侵权。

三、版权保护与技术创新的利益平衡

本案被控侵权的"网络搜索"服务是被告自书朋网的开放平台获取 API 后所开发的一项服务，通过该搜索框可以调用书朋网的搜索引擎功能。随着智能手机和平板电脑等移动终端设备的迅速发展，依托开放平台开发的移动客户端应用市场越来越繁荣，由此而引发的侵权也逐渐进入人们的视野。涉案软件运行的表面过程符合侵害作品信息网络传播权的条件，但若仅以通过涉案软件的"网络搜索"能够搜索并下载侵权作品且不显示被链网址即认定侵权，则无异于宣判了该项技术的死刑，不利于技术创新和信息传播。因此，需要在透过表面现象认定该技术本质的基础上，在加强著作权保护、推动技术创新和促进信息传播方面找到平衡点。正如《最高人民法院关于充分发挥知识产权审判职能作用推动社会主义文化大发展大繁荣和促进经济自主协调发展若干问题的意见》第 7 条规定："……既要准确把握技术作为工具手段所具有的价值中立性和多用途性，又要充分认识技术所反映和体现的技术提供者的行为与目的。既不能把技术所带来的侵权后果无条件地归责于技术提供者，窒息技术创新和发展；也不能将技术中立绝对化，简单地把技术中立作为不适当免除侵权责任的挡箭牌。……"

根据现有证据体现的技术过程，涉案软件的搜索功能旨在使用户不必登录书朋网，即能通过搜索框享受到与直接在书朋网进行搜索相同的服务，可见被告主观上并非为了传播侵权作品；客观上看，搜索结果来自互联网，数量繁多且千变万化，并不限于侵权作品，也不能证明主要是侵权作品。从制止涉案侵权作品的传播来看，由于侵权作品的直接提供者是第三方网站，书朋网提供的是针对第三方网站的搜索链接（可见书朋网也未必侵权），原告可以通过起诉侵权作品的直接提供者或通知书朋网断开链接来达到保护其著作权的目的。如果仅因用户通过涉案软件的搜索框能够搜索、下载侵权作品，就认定软件开发者帮助侵权的话，人们将无法获得使用开放 API 开发的应用程序所提供的服务，公共利益可能受到损害。因此，认定被告的此种服务模式不构成侵权，也符合利益平衡的理念。

案例索引

一审：上海市浦东新区人民法院（2012）浦民三（知）初字第 594 号民事判决书

一审判决时间：2013 年 3 月 23 日

二审：上海市第一中级人民法院（2013）沪一中民五（知）终字第 75 号民事判决书

二审判决时间：2013 年 6 月 24 日

不构成"作品"的楼盘名称无法受到著作权法的保护

——上海一路发文化发展有限公司等诉上海金陵股份有限公司侵害作品复制权、署名权纠纷案

倪红霞　袁　田

裁判要旨

认定是否构成作品，不但要求作品由作者独立完成，而且还需要有一定程度的智力创造性，达到最基本的智力创造高度。只有符合独创性要求的智力成果才能受我国著作权法的保护。作品是对思想的表达，过分简短的、简单组合的楼盘名称无法反映出作者的独创性智慧，不能被认定为作品。

案　情

原告：上海一路发文化发展有限公司（以下简称"一路发公司"）
原告：胡某某
被告：上海金陵股份有限公司

原告上海一路发文化发展有限公司成立于1994年，经营范围广告设计、广告制作等。位于上海浦东金海路的"金领之都"商务园区由被告开发，被告楼盘外墙、门牌号、巴士、宣传册等处均使用了"金领之都"字样。2008年4月21日，被告取得的上海市浦东新区地名管理办公室颁发的《准予行政许可决定书》，对被告提出的"金领之都"地名申请，准予行政许可，并发给《地名使用

批准书》。

原告一路发公司及胡某某诉称：2006年7月，经被告原监事长张某某介绍，原告一路发公司总经理胡某某与时任被告副总经理的邬某某认识，邬某某希望一路发公司参与金陵园区楼盘销售的策划和设计，并称若策划通过可以推荐一路发公司销售该楼盘。原告一路发公司遂于2006年9月6日完成了房地产销售书《金陵现代产业服务园区营销提案》（以下简称《营销提案》），并将原楼盘名称改为"金领之都"。后被告告知原告该提案不予采用。2011年4月，原告却发现被告楼盘已经改名为"金领之都"并自行销售。原告认为，楼盘名称"金领之都"中，"金"具有高贵之意；"金领"是"金陵"的谐音，既有企业字号的读音，又有高贵典雅的含义，是群英荟萃之地；因楼盘面积较大，使用"之都"二字，寓意公司总部汇集之地。故该楼盘名称显然具有独创性，应受著作权法保护。原告一路发公司对"金领之都"楼盘名称享有著作权，原告胡某某是作品的实际创作人，享有署名权，被告的行为侵犯了原告的著作权。故要求判令被告：1. 停止使用"金领之都"楼盘名称；2. 在《新民晚报》上登报赔礼道歉，消除影响；3. 赔偿原告一路发公司经济损失人民币50万元；4. 赔偿原告胡某某精神损失人民币10万元；5. 承担原告的合理费用人民币10万元。

被告辩称：其与原告之间没有委托创作的关系和其他合同关系，原告提供的"金领之都"与被告没有联系，且被告从未收到原告的提案书。"金领"是独立词汇，"金领之都"不具有独创性，此前在浦东新区就有楼盘名称为"金领国际之都"。因此请求驳回原告的诉讼请求。

审 判

上海市浦东新区人民法院经审理后认为，本案的争议焦点有二：（1）原告一路发公司是否为被告制作了楼盘销售策划书，被告楼盘名称"金领之都"是否来源于原告；（2）"金领之都"楼盘名称是否能够构成作品受我国《著作权法》的保护。

首先，根据《最高人民法院关于民事诉讼证据的若干规定》第2条规定，原告一路发公司应对其主张的为被告制作并交付楼盘策划书的事实承担举证责任。原告提供的营销提案的内容和被告园区规划设计图可以证明其从邬某某处得到关于被告楼盘的销售信息，为获得被告楼盘的销售业务制作了营销提案。但原告现有的证据不能证明其已将营销提案交给了被告，也就不能证明被告的楼盘名称"金领之都"来源于原告。

其次，根据我国《著作权法》的规定，只有符合独创性要求的智力成果才能受我国《著作权法》的保护。"金领之都"的楼盘名称只有简短的四个字,"之"的表达方式已经被广泛使用,"之都"一词也早已被大量使用在对具有某种特色的城市的称呼、楼盘名称等中。"金领"是社会上对于具有良好的教育背景,较高的收入,在某一行业中有所建树的一类人的称呼。因此"金领之都"的名称只是两个固有的常用词汇的简单组合,缺乏必要的长度和创造性,不能充分体现该名称的独创性特征,不符合作品的独创性要求,因而不能成为我国著作权法意义上的作品而受到《著作权法》的保护。

综上,原告的证据不能证明被告的楼盘名称"金领之都"必然源自于原告的营销提案。同时,即使"金领之都"的楼盘名称由原告提出,该名称也不构成我国著作权法意义上的作品,原告对该名称主张著作权保护没有法律依据。一审法院依照《著作权法实施条例》第2条、《民事诉讼法》第64条第1款、《最高人民法院关于民事诉讼证据的若干规定》第2条之规定,判决驳回两原告的全部诉讼请求。

一审判决后,两原告不服提起上诉。两原告认为,原审判决否定原告向被告交付过楼盘《营销提案》,显属定性不当。"金领之都"有"精英荟萃之地"的深刻寓意,系原告结合被告楼盘原有的名称、楼盘消费群体的特点以及如何迅速打出品牌等因素,创作出来的具有独特创意的名称,也是《营销提案》的创意成果和核心部分,能够表达完整的思想,属于作品范畴,应当受到《著作权法》的保护。请求撤销原审判决,依法改判。被告辩称:同意一审判决,"金领之都"系在其公司营销部门召开的专题会议上提出的。

上海市第二中级人民法院认定的事实与一审认定一致。二审法院经审理后认为,"金领""之都"均属于广泛使用的词汇,并非原告所臆造,原告将两者简单组合不符合作品独创性的最低要求,即便如原告所述反映了其特定创意,也会因为字数过少,导致思想与表达的混同,难以受到《著作权法》的保护。在缺乏其他证据相互印证的情况下,原审没有认定原告已将《营销提案》交给被告并无不当。至于被告楼盘名称"金领之都"是否来自原告,因"金领之都"尚不构成我国《著作权法》所定义的作品,不予评判。综上,原审法院判决并无不当。依照《民事诉讼法》第153条第1款第(1)项、第158条的规定,判决驳回上诉,维持原判。

评 析

本案争议的焦点在于楼盘名称"金领之都"能否受我国《著作权法》的保护。作品是《著作权法》保护的客体,《著作权法》通过保护其客体"作品"达到保护创作主体的目的。只有构成作品，才能受到《著作权法》的保护。楼盘名称确实对于楼盘有标识意义并且承载着一定的商业价值，但要得到著作权法的保护，前提要件是其构成作品。何谓"作品"？美国著作权法第102条规定，对于固定于任何有形的表现媒介中的作者的独创作品给以著作权保护。法国1958年的文学和艺术产权法第5条规定，智力作品的标题，只要有独创性，同作品一样受本法保护。我国《著作权法实施条例》第2条对"作品"所下的定义是："著作权法所称作品，是指文学、艺术和科学领域内具有独创性并能以某种有形形式复制的智力成果"。由此可见，大部分国家的著作权法都明确了要构成受著作权法保护的作品，核心要件是具有"独创性"特征。另外，由于楼盘名称字数较短，在认定时尤需注意著作权法"表达"和"思想"两分法原则。

一、"独创性"的认定——认定楼盘名称是否构成作品的核心要件

作品需符合独创性要件已为公众所知，但理解了构成作品为何需要满足独创性的要件才能更好地把握独创性的认知标准。作品之所以要具备独创性，是由《著作权法》鼓励创作和传播的立法目的所决定的。《著作权法》通过对作品独创性要件的要求，保护作者的创作活动，排除通过抄袭、剽窃获得著作权法权益的可能性，并基于此保护作者因创作而产生的正当权益。因此，立法和司法实践普遍认为独创性系作品取得著作权的实质要件。在当代，"无论是在英美法系还是在大陆法系国家，均采用独创性这一概念来作为作品是否受保护的实质性判断标准。"[1]

虽然大部分国家的立法都将具备"独创性"作为作品受保护的前提，但如何认定具有"独创性"各国又有不同的标准。英国法律及司法实践认为，只要作品中体现了作者的"劳动"，就应当认为该作品具有独创性。因此曾将BBC广播时间表判为享有著作权。而美国则在"电话号码簿"一案中认为具备"独创性"的条件是作者的"劳动"加"技巧与判断"。仅有劳动很难把作为创作成果的作品与一般劳动成果产品相区别。我国法律虽然明确规定了"独创性"为作品的构成要件，但是对认定"独创性"却没有具体的标准。审判实践中主要依靠法官对作品和独创性的理解、分析、创作过程等来判断作品是否具有独创性，这种主观上的判断又容易产生分歧。笔者认为，由于我国的著作权法系典型的法律移植的产物，把握该标准需对独创性要件的形成及历史发展有所认知。英美法系与大陆法系对"独创性"曾标准不一，大陆法系国家对于"创"的标准相对

---

[1] 吴汉东，胡开忠. 无形财产权制度研究 [M]. 修订版. 北京：法律出版社，2005：262.

高于英美法系国家,但随着国际交流的不断扩大和知识产权一体化潮流的推动,对此问题的认知渐趋一致,逐渐摒弃了"额头流汗"规则。从"独创性"本身的字义理解,包含了"独"和"创"两个含义。因此,我国著作权法采用"独创性"的表达实际上明确了作品的独创性需符合以下两点要求:一是作品源自作者的独立创作;二是作品系智力创作的成果,即存在最低程度的创造性。

前一条件"作品源自作者的独立创作"分为两种情形:一种是从无到有地进行创作。另一种是在对他人作品的合理使用基础上,注入了自己的见解和构想,以作者独有的表现手段进行创作完成的新作品。这种创作必须有足够的创造性投入,与原作品存在可被识别的差异。而后一条件"作品存在最低程度的创造性"的判断需要对系争标的创造性程度进行衡量:首先,创造性程度的最低限应控制在纯粹的"额头流汗"类的机械劳动之上,必须具有最起码的智力创造劳动,融入了作者个人的智慧、判断、选择。如按照字母顺序编排的电话号码薄就不具备独创性。否则过低的创造性标准会阻碍创作与传播,有限的资源将被垄断,著作权保护范围将被无限制地扩大。其次,创造性劳动的最低限亦不应界定过高,否则同样会阻碍作品的创作。"价值或质量是一个与鉴赏力有关的问题,应交由公众和评论家,而不是由著作权去作出评价。应该看到,价值或质量和独创性是两种截然不同的概念。在发生争议的情况下,法官应当核实作品是否带有作者的个性特征,如果带有这种特征,则满足了独创性的要求。"❶ 基于每个人的认知、欣赏水平等的不同,对于作品价值的判断亦会有所不同,有时也会受到一些外界因素的影响。对于作品独创性的判断不可避免地会产生一些争议。虽然创造性的高低也很难用一个具体的、统一的标准来判断。但我们至少应把握一个原则,即对独创性程度的判断应集中于判断系争标的中是否存在作者主观的选择、分析、判断等智力创造性活动,能不能体现作者的思想、内涵,而不是用文学性、艺术性、价值性的高度来判断。

当然对于作品标题、楼盘名称等能否受《著作权法》保护,抑或进行选择性保护,还存在一定的分歧。国家版权局 2001 年曾就昆明市中级人民法院致函的电影《五朵金花》名称是否受《著作权法》调整和保护作出答复,称文学作品名称不宜受《著作权法》保护。这主要也是由于作品名称太过简短,不符合作品独创性的要求,作者的思想体现在作品的具体内容中,而不能全面体现在作品名称中。就楼盘名称来说,为方便记忆,一般都只有几个字,且较多采用常用

---

❶ 德利娅·利普希克. 著作权和邻接权 [M]. 联合国教科文组织,译. 北京:中国对外翻译出版公司,2000:44-45.

的词汇，很难符合独创性的要求。

本案中，"金领之都"一词字面上的理解是金领的都城，即金领云集之地。其中"金领"一词系由"白领"衍生而来，用于统称具有良好的教育背景，在某一行业有所建树的资深人士，属于固定词组。"之都"二字被广泛地用于房地产销售、景区介绍甚至店铺名称中，常见的有"美食之都""音乐之都""味之都"等。"之"系结构助词，用在定语和中心词之间，组成偏正词组。"金领"与"都"均非作者的臆造词，"金领之都"的名称由两个固有的常用词汇"金领""都"与助词"之"组成，只是词语的简单组合，缺乏必要的长度和创造性。该词语无法反映作者独特的个性特征，因此不符合作品的独创性要求。

二、区分"思想"与"表达"——认定楼盘名称是否构成作品的重要规则

在考虑对楼盘名称、作品标题及广告语进行著作权法保护之时，须注意《著作权法》仅保护"表达"而不保护"思想"的特质。由于楼盘名称、作品标题及广告语字数较少，容易导致思想与表达的混同。而著作权法理上秉持"思想"与"表达"两分法原则。TRIPS 第 9 条规定："著作权法保护应延及表达，而不延及思想、工艺、操作方法或数学概念之类"。美国著作权法第 102 条规定："在任何情况下，对作者的独创作品的著作权保护，绝不能扩大到作品所描述的任何思想、程序、方法、体系、操作法、概念或原理，或发现上。"我国《著作权法》对此未有明确表述，但我国《计算机软件保护条例》第 6 条规定："本条例对软件著作权的保护不延及开发软件所用的思想、处理过程、操作方法或者数学概念等。"

著作权法区分思想与表达的原因是由其需维护著作权人利益与公众利益合理的平衡的性质决定的。思想是人的大脑对于接收到的各种信息进行思维活动产生的结果，表达是将这个思维结果通过语言、文字、线条、行为等方式表现出来。思想是作者通过一定的形式表达在作品中的。不同的人对于同一种思想可以有各种不同的表达方式和内容。比如，描写同一个故事情节，不同的人用文字表述出来的内容就不可能完全相同。一方面著作权法应激励作者创作，保证其独立创作的表达得到保护；另一方面又要为公众保留不被著作权限制的思想使用自由，因为思想是所有创造的根源。不体现任何思想的表达是不存在的，但是对于一个作品而言，什么程度上思想还停留在不受保护的层次，什么程度上思想已经具体化为受保护的表达，并没有固定的尺度。对于这个区分的尺度，汉德法官曾说，

"从没有确立过,而且也没有人能确立这条线"。❶ 如果作品的表达展开得越具体,受保护的力度越大,反之展开得越少,受保护的力度越小。任何作品都存在思想与表达。当思想只有一种或者有限的表达方式,思想与表达紧密结合,难以区分时,则会产生思想与表达的混同,复制表达将不应受到禁止。在此种情形下,如果对表达进行保护,则会导致垄断,与著作权法促进文化发展的立法本意相冲突。因此在混同的情况下,著作权法连表达也不予保护。比如在计算机软件的开发中,计算机软件的语言表达是有限的,因此对同一种功能的软件程序编写很有可能相似,所以《计算机软件保护条例》第29条就规定"软件开发者开发的软件,由于可供选用的表达方式有限而与已经存在的软件相似的,不构成对已经存在的软件的著作权的侵犯。"

以上述原理分析"金领之都"楼盘名称。从含义上说,该楼盘名称要表达的意思是"金领"云集之地。"金领"和"之都"均不是原告臆造出来的,而是大家都能使用的公有领域的内容,将这两个词语组合也不是原告的创造。即使这两个词语的组合是原告首创,由于创造性程度过低,且该词过于简短,其固定含义仅有极其有限的表达方式,导致思想与表达的混同,这种表达就不能受到《著作权法》的保护。如果对这种有限的表达方式加以著作权法的保护,则会造成对"金领之都"一词的垄断,从而限制了他人的自由使用,也就是说任何人使用"金领之都"一词都需征得原告的许可。这无疑是荒谬的,也与《著作权法》促进文化发展的立法本意相冲突。有观点认为,楼盘名称虽然简短,但也体现了作者蕴含于该名称中的思想,因此应受到《著作权法》的保护。这种观点实际没能很好地理解思想与表达的区分尺度,没能很好地理解"独创性"的内涵。

三、楼盘名称寻求保护的法律路径

虽然涉案楼盘名称无法构成著作权法保护的对象,但是不能忽视的是,好的楼盘名称的价值日益被政府、开发商、置业者所重视,对其价值寻求法律保护的路径也是楼盘开发者的共同诉求。

由于楼盘名称构成著作权法意义上的作品而受保护的难度较大,目前越来越多的房地产企业开始重视寻求《商标法》保护。如上海的"联洋""绿地"等,即为知名的房地产商标。但是将楼盘名称注册为商标保护还存在以下限制:一是基于楼盘名称无法重复使用的情况,其"商标"特性无法体现。1997年《上海市高层建筑、住宅区及其他建筑物名称管理规定》第3条规定,大楼、大厦的命

---

❶ Nichol5 v. Universal Pidures Corp. 45F. 2d 119(2d Cir. 1930)。

名、更名，在全市范围内不得重名、同音（包括同音方言）。因此即使将楼盘名称注册为商标，一般也只能在进行房地产销售时一次性使用。某些大型房地产企业更注重企业品牌的树立，如万科房地产公司，在不同地段、不同城市的楼盘名称前冠以"万科"，并将其注册为商标，如此加强对楼盘名称的保护。二是将地名注册为商标受到的商标法保护力度较弱。地名是指标志自然形态或者地理区域的符号，属于社会通用名称。《商标法》第10条第2款规定，县级以上行政区划的地名或者公众知晓的外国地名不得作为商标。因此在我国县级以下行政区划地名仍可作为商标注册。房地产商如果将地名作为楼盘名称并注册为商标，除自己正当使用外，还不能排除他人的正当使用。因此在对楼盘名称寻求商标法保护时，应尽量避免上述两种保护力度有所限制情况的出现。

由于楼盘名称是一种新兴权益，基于其特殊性，通过《商标法》《著作权法》保护都受到了一定的限制，因此还可以考虑通过反不正当竞争法保护楼盘名称。《反不正当竞争法》第5条第（2）项规定，"擅自使用知名商品特有的名称、包装、装潢，或者使用与知名商品近似的名称、包装、装潢，造成和他人的知名商品相混淆，使购买者误认为是该知名商品"属于不正当竞争行为。楼盘是商品，因此运用《反不正当竞争法》的上述规定可以制止滥用楼盘名称的不正当竞争行为，但适用该条规定的前提之一是该楼盘必须是知名楼盘，因此一般的楼盘名称适用该条保护同样会受到限制。虽然我国《反不正当竞争法》第2条规定："经营者在市场交易中，应当遵循自愿、平等、公平、诚实信用的原则，遵守公认的商业道德。本法所称的不正当竞争，是指经营者违反本法规定，损害其他经营者的合法权益，扰乱社会经济秩序的行为……"，但该法条是一个原则性的兜底条款，在一种侵权行为有法条可以对应的情况下，一般不宜通过第2条来规制。

楼盘名称得到法律保护的途径很多，但权利人应当结合具体情况，选择对己最为有利的保护方式。

案例索引

一审：上海市浦东新区人民法院（2012）浦民三（知）初字第8号民事判决书

一审判决时间：2012年6月18日

二审：上海市第一中级人民法院（2012）沪一中民五（知）终字第214号民事判决书

二审判决时间：2012年10月22日

大赛主办方对获奖作品不侵害他人著作权负有合理注意义务

——钱某诉香格里拉饭店管理（上海）有限公司等著作权权属、侵权案

许根华　郭　杰

裁判要旨

复制他人作品参加摄影大赛，在获奖作品数量有限、原始照片容易提供、审查人员具有专业性、获奖作品使用范围较广且未支付使用费等情形下，大赛主办方对参赛作品不侵害他人著作权负有较高的注意义务，未善尽注意义务的，具有主观过错。大赛主办方对侵权作品进行颁奖、公布、巡展、汇集成册等行为构成著作权直接侵权，应当承担著作权侵权责任。

案　情

原告：钱某
被告：香格里拉饭店管理（上海）有限公司
被告：香格里拉饭店管理（上海）有限公司北京分公司
被告：北京新浪互联信息服务有限公司
第三人：徐某

原告钱某持有"Canon"品牌、"Canon EOS 5D Mark Ⅱ"型号、"230106213"

序列号的照相机一台,持有一组藏民肖像摄影照片,并有原告与上述人物的合影,其中有一张一个藏族小女孩的面部特写照片。该组照片的技术参数信息显示,拍摄时间为2011年6月11日,照相机制造商为"Canon"、型号为"Canon EOS 5D Mark II"、序列号为"230106213"。原告于2011年8月8日在"POCO"网站发布题为"2011西藏之旅——人像"的一组摄影照片,其中的《转山路上的小女孩》即为上述藏族小女孩的面部特写照片。

三被告于2011年8月30日在新浪网旅游频道发布"2011'我的香格里拉'摄影大赛活动介绍"一文,称其主办该摄影大赛,参赛照片须为参赛者独立完成的原创作品,2011年10月31日前将参赛照片及证明作品原创的相关信息上传至大赛官网,大赛不接受通过数字软件改变原始影像的作品,入围作品须提交原始数码照片,初选评出入围作品50个,2011年11月30日前从入围作品中评出获奖作品,参赛者同意主办方将获奖作品以任何方式公布和使用等。第三人徐某获悉上述大赛信息后,从"POCO"网站下载了一张一个藏族小女孩的面部特写照片,取名《无邪的眸》后提交参赛。2011年11月21日,被告通知第三人《无邪的眸》照片已获入围奖,要求第三人提供原始数码照片。第三人向被告提交了《无邪的眸》照片光盘,该照片的技术参数信息中有"软件Adobe Photoshop CS3 Windows"字样,并显示该照片修改于2011年11月23日。2011年12月,上述署名第三人的《无邪的眸》摄影照片获得入围奖,并在大赛官网获奖公告中发布,后被收录于2012年1月制作的《2011"我的香格里拉"摄影大赛获奖作品选》及《2011"我的香格里拉"摄影大赛》宣传片,还自2012年3月起在上海、广州的香格里拉酒店展出。该《无邪的眸》照片与原告主张权利的一个藏族小女孩的面部特写照片极为相同,两者仅存在外形上的细微区别,即原告主张权利的照片为长方形,《无邪的眸》照片为正方形且没有原告主张权利照片左右两侧边缘部分的内容。2012年4月18日起,原告与被告进行交涉,双方意见不一,原告遂提起本案诉讼。

原告钱某诉称,《无邪的眸》由原告创作,原告是该摄影作品的著作权人。被告主办摄影大赛,明知第三人提供参赛的照片不属于原始照片,但不仅未取消第三人参赛资格,反而将该照片评为获奖作品,并广为传播,此系放任侵权行为的发生和侵权后果的扩大,侵害了原告著作权,故请求判决:确认原告为《无邪的眸》的著作权人;被告向原告公开赔礼道歉、消除影响;被告赔偿原告经济损失及合理费用共56000元。

被告香格里拉饭店管理(上海)有限公司、香格里拉饭店管理(上海)有限公司北京分公司辩称,原告无证据证明其系《无邪的眸》的著作权人;该照片由第三人提供参赛，符合大赛规程要求，被告不构成侵权；大赛系公益活动，被告无篡改涉案照片作者署名的主观恶意，未获得经济利益，且在收到原告通知后采取了补救措施，故即使原告系权利人且被告构成侵权，被告也不应承担赔礼道歉、赔偿损失等民事责任。

被告北京新浪互联信息服务有限公司未应诉答辩。

第三人徐某述称，《无邪的眸》由其从"POCO"网站下载后提交参赛，其在该照片入围后已告知被告没有原始照片。第三人侵害了原告著作权，向原告赔礼道歉。

审　判

上海市浦东新区人民法院经审理认为，《转山路上的小女孩》具有一定的独创性，属于摄影作品，受法律保护。依据原告持有的照相机、原始照片文件及其技术参数信息，可认定原告是《转山路上的小女孩》的作者，对该摄影作品享有署名权、信息网络传播权、展览权、复制权、发行权等著作权权利。《无邪的眸》与《转山路上的小女孩》极为相同，具有经图片修改软件处理过的显著特征，可认定为剽窃自原告照片的复制品。被告主办摄影大赛，对获奖作品不侵害他人著作权负有合理注意义务。《无邪的眸》的技术参数信息清晰表明该照片并非原始照片，被告有能力判定该照片系复制品，显属疏于履行合理注意义务，具有过失，导致原告照片被冒用署名、公开传播等后果，应当依法承担民事责任。因《无邪的眸》被冒用署名的事实经大赛活动而得以成立、延续，故被告构成侵害署名权；因《无邪的眸》在大赛官网中发布，故被告构成侵害信息网络传播权；因被告香格里拉饭店管理（上海）有限公司、香格里拉饭店管理（上海）有限公司北京分公司将《无邪的眸》在酒店巡展并制作在影集及宣传片中，故该两被告构成侵害展览权、复制权、发行权。据上，依照《侵权责任法》第8条；《著作权法》第10条第1款第（2）、（5）、（6）、（8）、（12）项，第11条第1、2、4款，第47条第（6）项，第48条第（1）项，第49条，第53条；《最高人民法院关于审理著作权民事纠纷案件适用法律若干问题的解释》第7条，第19条，第20条第1、2、4款，第25条第1、2款，第26条；《民事诉讼法》第130条的规定，判决：确认原告是摄影作品《转山路上的小女孩》的著作权人；三被告在新浪网旅游频道"2011'我的香格里拉'摄影大赛"栏目主页面显著位置发布向原告赔礼道歉、消除影响的声明；三被告共同赔偿原告经济损失及合理费用共7000元；被告香格里拉饭店管理（上海）有限公司、香格里拉饭店管理（上海）有限公司北京分公司共同赔偿原告经济损失及合理费用5000元；

驳回原告的其余诉讼请求。

一审判决后,被告香格里拉饭店管理(上海)有限公司、香格里拉饭店管理(上海)有限公司北京分公司不服,提起上诉。二审法院上海市第一中级人民法院经审理,判决驳回上诉、维持原判。

评　析

在摄影大赛、征文大赛等此类活动中,社会公众剽窃他人作品后署名参加比赛,参赛方的行为无疑构成侵权,但大赛主办方是否构成著作权侵权、应否承担侵权责任,法无明文规定,司法实践中争议较大。本案判决从《著作权法》的相关规定出发,认定此类大赛活动的主办方对获奖作品不侵害他人著作权负有合理注意义务,疏于履行该义务并导致损害后果的,构成侵权,应当承担侵权责任。本案判决对此类大赛活动主办方的侵权构成要件的认定具有一定的指导意义,有利于依法规范相关主办行为。

一、大赛主办方的行为构成分析

著作权侵权有直接侵权与间接侵权之分。直接侵权是指未经著作权人许可且没有法律规定的免责事由,擅自实施受著作权控制的行为;间接侵权是指行为人虽未直接实施受著作权控制的行为,但其行为与他人的直接侵权行为存在特定关联,如教唆、引诱、帮助他人实施侵权等,属于间接侵权。就直接侵权而言,行为人是否存在主观过错,不影响著作权侵权的认定;就间接侵权而言,主观过错是侵权行为认定的构成要件,没有主观过错则不构成著作权侵权。

本案大赛主办方实施了公开征集参赛作品、对参赛作品进行评选、在大赛官网中发布署名的获奖作品以及将获奖作品印制影集、制作大赛宣传片并在相关酒店巡回展出等行为,其中征集与评选作品行为没有落入著作权控制的范围,其余行为则受著作权控制。对获奖作品进行署名,受在作品上署名以表明作者身份的署名权的控制;在网络上公布获奖作品并播放含有获奖作品的大赛宣传片,使公众能在其选定的时间和地点获得作品,受信息网络传播权的控制;将获奖作品在相关酒店巡回展出,受展览权的控制;印制获奖作品影集、制作大赛宣传片,系将获奖作品印刷和电子拷贝成一份或多份,受复制权的控制;以出售或者赠与形式向公众提供获奖作品影集,受发行权的控制。由于获奖作品系剽窃作品,故大赛主办方对该作品的上述使用行为已构成著作权直接侵权行为。

基于侵权行为产生的源头,直接侵权行为可区分为源头性的直接侵权行为与后续性的直接侵权行为,前者是指侵权行为系最初、源头的行为,后者是指因源头行为而后续产生的侵权行为。如甲剽窃乙的作品上传到网站，网站发布该作品，甲的剽窃行为就属源头性的直接侵权行为，没有甲的行为就没有网站的后续性的直接侵权行为。本案中，如果没有第三人剽窃原告作品提交参赛的行为，也就不存在大赛主办方的后续性的直接侵权行为，即大赛主办方的侵权行为在客观上源于第三人的侵权行为。对于此种客观上源于第三人的后续性直接侵权行为，侵权人应当承担停止侵权的民事责任，但是否还应承担赔偿损失等民事责任，则需考量其行为有无主观过错，如无过错则无需承担赔偿损失等民事责任。后续性侵权行为人在具有过错的情况下才承担赔偿责任，是法律对权利人、侵权人利益平衡的结果，也是权利义务对等及公平原则的要求。

二、大赛主办方的义务内容分析

后续性侵权行为人负有某种义务而不履行的，可认定或者推定其具有主观过错，故在过错判定上须首先分析后续性侵权行为人是否负有某种义务以及该义务的具体内容。我国《著作权法》规定，除合理使用、法定许可使用外，未经著作权人许可而使用权利人作品的，均构成侵权。本案大赛主办方主办大赛虽在一定意义上激发了参赛者的创作激情、丰富了公众文化产品，但其以比赛为载体进行商业宣传、获取经济利益也是客观事实，故大赛主办方的相关行为不具有法定的免责情形，其行为同样应当受到《著作权法》的规制，不能以剽窃者系参赛者等为由进行抗辩，而应当对参赛者提交参赛并且被评定为获奖的作品不侵害他人著作权承担合理的注意义务。

如何确定上述合理注意义务的具体内容，我国《侵权责任法》《著作权法》及相关司法解释并无明文规定，与本案法律关系最相适应的立法例是我国《著作权法》第53条的规定，即复制品的出版者不能证明其出版有合法授权的，复制品的发行者不能证明其发行的复制品有合法来源的，应当承担法律责任。分析本案大赛行为，可以认为主办方相当于出版者，故本案可以依据该条规定进行裁判。司法解释对于《著作权法》第53条进行了诠释。《最高人民法院关于审理著作权民事纠纷案件适用法律若干问题的解释》第20条规定："出版物侵害他人著作权的，出版者应当根据其过错、侵权程度及损害后果等承担民事赔偿责任。出版者对其出版行为的授权、稿件来源和署名、所编辑出版物的内容等未尽到合理注意义务的，依据《著作权法》第48条的规定，承担赔偿责任。出版者尽了合理注意义务，著作权人也无证据证明出版者应当知道其出版涉及侵权的，依据《民法通则》第117条第1款的规定，出版者承担停止侵权、返还其侵权所得利润的民事责任。出版者所尽合理注意义务情况，由出版者承担举证责任。"依据上述规定，将未发表的作品予以出版必然受到发表权、复制权、出版权的控制，出版社的行为构成著作权直接侵权，但出版社的行为是因提供出版物人的侵权行为而产生，作为后续性侵权行为人的出版社是否尽到了合理的注意义务，主观是否存在过错，直接决定赔偿责任的承担与否。同样，对本案大赛主办方而言，如果尽到了合理注意义务，主观没有过错，则不承担赔偿责任，反之则不然。在合理注意义务的证明上，采用举证责任倒置的方式，由行为人承担举证责任。

就合理注意义务的内容而言，因大赛主办方对征集到的参赛作品未发布、使用，不会产生侵权后果，故其对尚未评奖的参赛作品不负有相关注意义务，但对于获奖作品，因获奖作品需署名公布并在此后进行相关使用，故需要对该作品不侵害他人著作权、肖像权等合法权益进行审核，其核心是对该作品是否属于原创作品进行审核。是否属于原创作品，一般而言，参赛者提交了原始照片的，可认为已经证明该照片由参赛者独立创作完成，由此可认定主办方对不侵害他人著作权履行了合理注意义务。由于主办方不能控制参赛的原始照片的来源是否合法、作者署名是否真实，故即使参赛者盗用他人原始照片参赛且该照片获奖的，主办方对此并无过错，通常情况下不能认定主办方未履行合理注意义务。

三、大赛主办方履行义务分析

合理注意义务要求行为人能够预见侵害他人著作权行为存在的可能，并有能力加以避免，且在实际上也采取了避免措施，三个条件缺一不可，否则就不能认定为行为人没有履行合理注意义务。

第一，主办方已经预见到侵害他人著作权行为发生的可能性。主办方在大赛规程中明确规定参赛照片须为参赛者独立完成的原创作品，参赛者应当提供证明作品原创的相关信息，入围作品须提交原始数码照片，大赛不接受通过数字软件改变原始影像的作品，参赛者保证不侵害第三方著作权等，以上规程表明主办方已经注意到大赛可能会产生侵害著作权方面的问题，故预先制定了相关规程。如果严格执行该规程，可认为主办方对参赛获奖作品的著作权已持谨慎态度，已较好履行了合理注意义务，但主办方未严格执行上述规程。

第二，主办方有能力注意到可能存在侵害他人著作权的行为。主办方举办专业摄影大赛，有审核人员，有专业评委，故可认为主办方有较强专业能力、技术条件判断参赛作品是否属于原始照片。第三人提交参赛照片的技术参数信息中不仅有相关图片修改软件字样，而且该照片有明显裁剪痕迹，足以表明该照片系经相关图片修改软件处理过的图片，并非原始照片。上述剽窃特征显而易见，主办方应当能够轻易发现，故可认定主办方明知参赛者未提供原始照片，但仍将该照片评为获奖作品并加以使用。

第三，主办方有条件采取措施避免侵权。大赛征集到的作品虽众多，但入围作品只有50张，主办方只要对该50张照片加以合理注意，就不难甄别其中是否存在可能通过复制等手段剽窃他人照片参赛的非原始照片。主办方在参赛者不能提供原始照片的情况下，完全有条件采取阻止侵权的措施，其只要将该照片排除在获奖作品外，就能避免参赛者侵害他人著作权的行为因大赛而延续。但主办方在已经预见到、有能力注意到侵权行为且有条件阻止侵权行为的情况下，没有采取避免继续侵权的措施，反而主动实施一系列后续性侵权行为，使侵权行为的范围、后果进一步扩大，具有过错，应当承担赔偿损失等民事责任。

案例索引

一审：上海市浦东新区人民法院（2012）浦民三（知）初字第297号民事判决书

一审判决时间：2012年10月25日

二审：上海市第一中级人民法院（2012）沪一中民五（知）终字第351号民事判决书

二审判决时间：2013年2月19日

人物辞典类汇编作品的独创性及抄袭侵权的司法认定
——梁某某等诉顾某某等著作权侵权纠纷案

许根华

裁判要旨

书画家人物辞典类书籍在入编书画家的选择上以具体的时间、地域、艺术风格等为标准,在小传内容的选择上组成要素及详略不一,在数量上达到汇编材料以形成汇编作品所需要的合理高度的,体现了编撰者对入编书画家及其生平简历类内容、艺术评论类内容的独特选择,具有一定的独创性,构成汇编作品。在后汇编作品的汇编者接触到在先汇编作品,两者内容高度相同,后者存在节选、摘录前者内容的显著特征的情况下,应当由在后汇编者对实质性相似问题作出合理解释并举证证明,不能合理解释并举证证明的,构成对在先汇编作品的抄袭,应当承担著作权侵权责任。

案 情

原告:梁某某、邱某友、邱某余
被告:顾某某
被告:潘某某
被告:上海中西书局有限公司(以下简称"上海中西书局")
被告:上海文艺出版(集团)有限公司(以下简称"上海文艺出版集团")

书籍《上海市现代书画家名录》（以下简称《名录》）由原告梁某某、邱某友、邱某余编撰，于1999年首次出版，2003年第2次出版，2011年第3次出版，第3版版权页上有"《海上艺坛》丛书编委会"字样。书籍《海派书画家名典》（以下简称《名典》）由被告顾某某、潘某某编撰，于2012年由被告上海中西书局出版，版权页有"《海上画坛》丛书编委会"字样，"后记"称该书参考了《名录》等书。

《名录》为简要介绍书画家生平简历、评论书画家艺术风格成就的人物辞典类书籍，每个书画家各一篇小传，共计992篇，小传由原告在汇总整合书画家提供的自传材料、报刊资料等基础上，结合原告对书画家的认知等情况编撰而成，内容以生平简历性文字为主、以评论性文字为辅，主要由姓名、籍贯、生卒年月、艺术风格成就等组成，字数短则数十字，长则二三百字。就生平简历方面的内容而言，文字平铺直叙、简单扼要，如"某某，某年出生，某省某市人，某年毕业于某校。师从某某。在某单位工作。"就艺术风格成就方面的内容而言，使用了主观评论性文字，遣词造句有一定修辞性，但内容十分简略，如"所作以行草见长，健朴茂盛，劲秀俊逸，情趣盎然。"就结构而言，不分段落。《名典》是与《名录》相同题材、类型的书籍，共有1308篇小传。两书涉及相同书画家971名。经比对，一字不差、完全相同的小传1篇；9篇小传几乎完全相同，并在多处存在相同的笔误等差错；80篇小传高度相同，在生平简历类内容方面，《名录》有的，《名典》基本都有，但比《名录》简略，而《名录》没有的，《名典》基本都没有。在艺术风格成就评论类内容方面，《名典》基本对应《名录》，前者文字可以从后者文字中找到出处。

2012年4月，潘某某以甲方上海虎林画院的名义与乙方上海中西书局签订《图书出版合同》，约定由乙方审校、出版《名典》。2012年5月起，顾某某在其新浪博客中宣传《名典》。涉案上海虎林画院、《海上艺坛》丛书编委会、《海上画坛》丛书编委会均未办理任何注册登记手续，亦无固定组成人员及办公场所、运行经费等。

原告梁某某等诉称，原告是《名录》的著作权人，《名典》大量抄袭《名录》，被告顾某某、潘某某构成侵害原告著作权，被告上海中西书局、上海文艺出版集团未履行出版者的合理注意义务，构成共同侵权，请求判决：被告停止侵权，在报刊刊登向原告赔礼道歉、消除影响的声明，顾某某在其博客上发布同样内容的声明；顾某某、潘某某赔偿原告经济损失9.5万元、精神损害抚慰金1.5万元、律师费1万元，上海中西书局、上海文艺出版集团承担连带赔偿责任。

被告顾某某、潘某某辩称，《名录》《名典》的著作权人分别为《海上艺坛》

丛书编委会、《海上画坛》丛书编委会，故原、被告均不是适格的诉讼主体；书画家生平简历及艺术风格等信息为业界熟知和固定，属于公共资源，被告有权使用；书画家提供了相同简介材料，故两书内容相同、相似是合理的，且两书存在很大差异，故被告没有抄袭，不构成侵权。因此，请求驳回原告的诉讼请求。

被告上海中西书局辩称，《名录》《名典》的内容是公共资源的收集和汇编，此类书籍虽编者不同但内容相同、相似的情况不可避免；《名典》系合法出版物，被告已尽审核义务。因此，请求驳回原告的诉讼请求。

被告上海文艺出版集团辩称，《名典》由上海中西书局出版，该单位系独立法人，故上海文艺出版集团不是适格被告，请求驳回原告的诉讼请求。

审 判

上海市浦东新区人民法院经审理认为，《名录》系由人物小传组成的简要介绍书画家生平简历和简要评论书画家艺术风格成就的合法图书出版物，在内容选择上具有一定独创性，在数量上达到了汇编作品所需要的合理高度，属于汇编作品，原告系著作权人。涉案90篇小传分别存在完全相同、几乎完全相同、高度相同等情况，《名典》抄袭《名录》的特征明显，除7篇有合理来源外，其余83篇构成抄袭，侵害了原告的著作权，被告顾某某、潘某某应承担侵权责任；被告上海中西书局对出版《名典》未履行合理注意义务，构成共同侵权；被告上海文艺出版集团未出版《名录》，不构成共同侵权。据此，依照《侵权责任法》第8条、第15条，《著作权法》第10条、第11条、第14条、第47条、第48条、第49条，《最高人民法院关于审理著作权民事纠纷案件适用法律若干问题的解释》第7条、第19条、第20条、第25条、第26条的规定，判决：顾某某、潘某某、上海中西书局停止侵权，停止销售《名典》；顾某某、潘某某在《新民晚报》刊登向原告赔礼道歉、消除影响的声明，顾某某在其博客中发布向原告赔礼道歉、消除影响的声明；顾某某、潘某某赔偿原告经济损失1.5万元、律师费1万元，上海中西书局承担连带赔偿责任；驳回原告的其余诉讼请求。

一审判决后，顾某某提起上诉，但因拒交上诉费而被二审法院裁定按撤回上诉处理。一审判决生效后，顾某某、潘某某主动履行了赔礼道歉、消除影响、赔偿损失等义务。

评 析

本案涉及人物辞典类汇编作品的独创性及抄袭方式侵害著作权的司法认定问题，有一定的典型性。

一、人物辞典类汇编作品的独创性认定

根据《著作权法》的规定，汇编若干作品、作品的片段或者不构成作品的数据或者其他材料，对其内容的选择或者编排体现独创性的作品，为汇编作品。

本案中，《名录》系通过文字形式简要介绍书画家生平简历、评论书画家艺术风格成就的书画家人物辞典类书籍。在介绍对象上，介绍了新中国成立后在上海的书画家992名，对入编书画家以时间、地域为具体标准，该标准系原告主观自定的标准，并受编撰完成时间等因素的影响，故原告在哪些书画家入编的选择方面具有一定的独创性。在介绍内容上，组成书画家生平简历类的内容是多样的，在编撰小传时，根据编撰者对生平简历类内容有无必要入编的不同认识以及书籍篇幅长短需要等情况，编撰者在具体介绍某个书画家时可以提及或者不提及某些生平简历，由此产生对生平简历类内容的选择。《名录》中的各个书画家生平简历类内容不具有固定模式，篇幅长短不一，组成要素及详略不一，体现了原告对书画家生平简历类内容的选择，具有一定的独创性。同时，基于对书画艺术认知水平或者欣赏、理解的不同等情况，对同一书画家的艺术风格成就等，不同的人可能有不同的认识和评论。编撰者可以结合书画业界的通常认知、书画家的自我评论、编撰者的个人喜好等情况对评论类内容进行选择，选择的评论类内容可能客观、准确、全面，也可能有失偏颇，但该种选择由编撰者自行决定，故亦具有一定的独创性。由于《名录》在入编书画家的选择和小传内容的选择上具有一定独创性，且小传有近千篇，在数量上达到了汇编材料以形成汇编作品所需要的合理高度，故属于在内容的选择上体现了原告的独创性的汇编作品。同理，在形式上，《名典》在入编书画家的选择和小传内容的选择上具有一定独创性，且有1308篇小传，故亦属于在内容的选择上体现了独创性的汇编作品，但该独创性的存在并不影响对其因部分内容抄袭而构成著作权侵权的认定。

二、汇编作品的著作权人的认定

根据《著作权法》的规定，如无法定情形，作品的著作权属于作者；如无相反证明，在作品上署名的公民、法人或者其他组织为作者。汇编作品的著作权由汇编人享有。专门为编书而临时成立的编委会不属于著作权法中的非法人单位，不能成为著作权人，但该编委会系常设机构的除外。书籍的主编、副主编、执笔人是整部书的设计、组织、实施者，并在书中体现自己的编撰意图，故如无明确约定，主编、副主编、执笔人是著作权人。

本案中，《名录》署名主编梁某某、副主编邱某友、编委（执笔）邱某余，

故原告系《名录》的著作权人。该书版权页虽有"《海上艺坛》丛书编委会"字样，但该编委会不是合法成立的能够独立承担民事责任的民事主体，也不是由特定人员组成的常设工作机构，故该编委会不是《名录》的著作权人。《名典》署名主编顾某某、潘某某，故顾某某、潘某某系《名典》的著作权人。该书版权页虽有"《海上画坛》丛书编委会"字样，涉案《图书出版合同》虽以上海虎林画院的名义签订，但基于同样理由，该编委会、该画院均不是《名典》的著作权人。

三、抄袭人物辞典类汇编作品的认定

汇编作品的著作权受到法律保护，其实质是保护汇编者对汇编作品的内容在选择、编排上的独创性。对相同题材，不同的汇编者可以围绕相同主题，选取该题材内的不同作品或者作品的片段或者不构成作品的相关材料进行汇编，或者对相同材料采取不同的编排方式进行汇编，以此形成各自独立的汇编作品。

本案中，《名录》虽汇编出版在先，但原告对书画家信息不享有专有汇编出版的权利，无权禁止他人在后汇编出版相同题材的书籍。首先，在入编书画家的选择上，基于《名录》《名典》的入编标准在时间、地域、艺术风格上的部分重合性，出现相同书画家实属正常，也不可避免，故在书画家选择方面不存在侵权问题。其次，组成书画家生平简历类内容、评论类内容是多样的，在汇编时应当体现编撰者独到的选择，不能以书画家生平简历、艺术风格成就为业界熟知和固定等为借口而抄袭，除非能够证明相关内容属于公有领域的信息，或者内容来源于书画家本人等。《名典》在后编撰出版，故应由顾某某、潘某某对其具有抄袭《名录》外观特征的小传内容的合理来源承担举证责任。

本案的特殊性在于，书画家人物辞典类汇编作品涉及的被汇编材料一般为书画业界所知悉，同一个书画家可能向不同的汇编者提供了同一内容的简历等材料，个别书画名家大师的相关信息已进入公有领域，一些名家大师的艺术风格成就等方面的评论已有定论。书画家小传内容包括生平简历类内容、评论类内容虽然是多样的，但生平简历类内容的组成要素毕竟十分单一，汇编时的选择余地较小，且不能胡编乱造，故不同汇编者汇编的内容出现部分相同在一定程度上是合理的，并且对生平简历类内容的文字表述方式也较为单一，难以创作发挥，故不同汇编者对生平简历类内容的文字表述出现部分相同或者相似在一定程度上也是合理的。同时，艺术风格成就等评论类内容须紧密结合书画家的艺术风格成就等具体情况作出，力求客观、准确、全面。在通常情况下，具有一定书画艺术造诣、认真负责态度的不同汇编者对同一书画家的艺术风格成就等作出或者选择的

评论内容一般不会南辕北辙、相差甚远，故在评论类内容的文字表述上出现部分相同或者相似在一定程度上也是合理的。基于上述特殊情况，不能仅凭存在抄袭的外观特征而直接认定构成侵权。但是，对上述合理性必须有严格的限制，即应当将该种合理性限定在一个可以容忍的范围之内，不能基于该合理性而否定抄袭的存在，更不能基于该合理性而得出抄袭不可避免的结论。

在后汇编行为的正当性应当具备以下条件：一是在性质上属于对在先内容的合理参考、借鉴、规范、继承等；二是汇编的相关内容是组成该书画家小传的必不可少的基本要素，缺了该些内容就不再成为一篇完整的小传；三是唯有使用与在先汇编者相同的表述才能进行客观、准确、全面的评论。在后汇编者接触到在先汇编作品，两者内容高度相同，后者存在节选、摘录前者内容的显著特征的情况下，应当由在后汇编者对实质性相似问题作出合理解释，并举证证明，不能合理解释并举证证明的，构成对在先汇编作品的抄袭。本案中，涉案83篇小传内容具有抄袭《名录》的外观特征，又不具有书画家本人提供等方面的合理来源，被告对存在大量实质性相似也不能作出合理解释，故构成对《名录》的抄袭，侵害了原告的著作权。《名典》在后记中虽提及该书参考了《名录》，但一般读者没有能力识别《名典》相关文字的引用出处，不能认定《名典》合理、适当引用了《名录》，不构成不属于抄袭的正当事由。

四、出版者共同侵权的认定

根据《最高人民法院关于审理著作权民事纠纷案件适用法律若干问题的解释》的规定，出版物侵犯他人著作权的，出版者应当根据其过错、侵权程度及损害后果等承担民事赔偿责任。出版者对其出版行为的授权、稿件来源和署名、所编辑出版物的内容等未尽到合理注意义务的，应当依法承担赔偿责任。出版者所尽合理注意义务情况，由出版者承担举证责任。

本案中，被告上海中西书局与上海虎林画院签订出版、发行《名典》的《图书出版合同》，上海虎林画院不是适格的民事主体，故上海中西书局的上述行为显有过错，并导致侵权书籍《名典》的出版发行。同时，按照法律规定，上海中西书局应对准备出版的《名典》的内容进行审查，避免内容违法或者侵害他人合法权益，但上海中西书局未举证《名典》样稿及相关审查材料，属于未履行出版者的合理注意义务，具有过错，构成共同侵权，应承担民事责任，其承担民事责任的方式为停止侵权，并对直接侵权人的赔偿义务承担连带赔偿责任。

案例索引

一审：上海市浦东新区人民法院（2012）浦民三（知）初字第789号民事判决书

一审判决时间：2013年9月11日

二审：上海市第一中级人民法院（2013）沪一中民五（知）终字第211号民事判决书

二审裁定时间：2013年11月21日

适用"避风港"规则,平衡权利人与网络服务提供者的利益

——北京书生网络技术有限公司诉上海玄霆娱乐信息科技有限公司侵害作品信息网络传播权纠纷案

张 毅

裁判要旨

信息网络作为传输信息的媒介或者平台,网络服务提供者提供的服务难免会与第三人产生著作权纠纷,如果法律不规定哪些网络服务可以免责,就可能使网络服务提供者陷入无休止的侵权纠纷中,无暇顾及自身业务的发展,这对网络产业的发展是十分不利的。正确适用"避风港"规则,有利于平衡权利人与网络服务提供者的利益。

案 情

原告:北京书生网络技术有限公司
被告:上海玄霆娱乐信息科技有限公司

2005年4月,小说《这种感觉你不懂》(以下简称"涉案作品")由中国广播电视出版社出版。该书版权页载明:作者吴淑平、字数160千字、定价18.80元。全书共51章。

2005年8月,原告通过与吴淑平签订的协议,依法取得了涉案作品数字形式

在协议有效期内的各项权利（包括但不限于信息网络传播权、复制权、发行权）的专有使用权和再许可权，作品授权期限自该协议生效之日起为5年，期满后双方未提出异议则视为自动续约。并且，协议约定在合作有效期内原告有权自行采取维权行为制止第三方对授权作品的侵犯。

原告认为，原告已获得涉案作品的独家信息网络传播权，但被告未经原告许可，擅自通过被告所有并经营的榕树下网站（www.rongshuxia.com）提供涉案作品的在线阅读服务。被告的上述行为严重侵犯了原告的合法权益，给原告造成巨大的经济损失，故起诉，要求被告停止侵权、在榕树下网站首页刊登书面致歉声明持续一周、赔偿原告经济损失人民币6000元、承担原告为制止侵权行为支付的合理费用人民币1037元。

被告辩称，榕树下网站是完全免费的原创文学发布平台，被告对作者上传的作品采取关键词过滤的方式进行了审核，且该作品知名度较小，被告尽到了审查义务。涉案作品上传到被告网站的时间为2002年11月，远早于原告取得信息网络传播权的时间。涉案作品是作者为扩大影响而自行上传到被告网站的，本案只是在作者将作品授权给原告后未及时撤下作品，属于作者与原告合同履行的瑕疵。本案不涉及侵害著作人身权的情形，原告要求赔礼道歉的诉请没有依据。被告在收到诉状后已经删除涉案作品。

审　判

上海市浦东新区人民法院认为，涉案作品的合法出版物已注明作者，在无相反证据的情况下，吴淑平即为涉案作品的作者，其对该文学作品享有著作权，应受到法律保护。现该作者授权原告在全球范围内独占性行使涉案作品的信息网络传播权等权利，并可以自己的名义进行维权，故原告有权在授权范围和期限内向他人主张相应权利。经比对，涉案作品的实体书与被告网站上刊载的涉案作品网络版基本一致，可认定构成实质相似。被告的榕树下网站是为用户提供信息存储空间服务的服务商，供服务对象通过信息网络向公众提供作品。被告并没有改变服务对象所提供的作品，也没有对涉案作品进行推荐和排行。被告也未针对涉案作品进行广告投放，也未从中直接获得经济利益。该作品在被告网站上发表时尚未出版纸质图书，原告亦未取得相关权利，作者署名相同，且被告在接到本案诉状后即删除了涉案作品，故被告属于《信息网络传播权保护条例》第22条规定的情形，不应承担赔偿责任。由于原告主张的系著作权中的信息网络传播权，属财产权，被告的行为并未侵犯原告的人身权，故被告亦不应承担赔礼道歉的法律责任。法院遂按照《著作权法》第11条第1款、第4款，《信息网络传播权保护条例》第 22 条和《最高人民法院关于民事诉讼证据的若干规定》第 2 条的规定，判决驳回了原告的诉讼请求。

一审判决后，原、被告均服判，未提起上诉。

评 析

本案就原告享有涉案作品独占性的信息网络传播权及被告网站提供了涉案作品的在线阅读的事实认定双方没有较大争议，争议的焦点在于被告作为提供信息存储空间服务的网络服务商能否根据《信息网络传播权保护条例》的规定，即"避风港"规则免除赔偿责任。下文将围绕该争议进行阐述和分析。

一、我国《信息网络传播权保护条例》规定"避风港"规则的立法目的

我国 2006 年颁布的《信息网络传播权保护条例》借鉴美国 1998 年《数字千年版权法》的立法模式，从第 20 条至第 23 条为四类网络服务提供者规定了免予承担赔偿责任的情形，又称"避风港"。这四类"避风港"主要是以"免责条件"的形式出现的，即规定在符合法定条件的情况下，网络服务提供者不承担赔偿责任。

我国之所以在《信息网络传播权保护条例》中设置了"避风港"规则，是因为在网络上进行信息传播，系内容提供者和网络服务提供者共同作用的结果。网络服务提供者是为各类开放性的网络提供信息传播中介服务的主体，其通过网络为信息传输提供存储、链接、搜索等功能，对用户利用网络浏览、上传或下载信息起着重要作用。因此虽然其是按照用户的选择传输或接受信息，本身并不编辑所传播的信息，但是作为信息在网络上传输的媒介，其计算机系统或其他设施不可避免地要复制、存储和发送信息，或者为他人借助其计算机系统、其他设施对信息的传输进行中介，因而必然会涉及对他人作品的使用，涉及著作权中的复制权、信息网络传播权等权利，必然从事可能使其承担侵犯著作权责任的许多行为，从而在法律上产生责任风险。立法当然要保护版权人的合法利益，但是，立法也要鼓励网络技术和网络产业的发展，需要在保护权利人的合法权益与促进网络产业发展之间取得平衡。如果网络服务提供者的责任负担过于沉重，会损害网络服务业的健康发展，进而损害整个网络的健康发展。因此，法律不仅要明确网络服务提供者的责任标准，使责任风险具有较强的可预见性，而且要对网络服务提供者的责任加以适当限制，使其责任负担不至于过于沉重。

二、提供信息存储空间服务的网络服务商适用"避风港"规则的一般判断依据及本案的认定

《信息网络传播权保护条例》第 22 条对于信息存储空间服务提供商的"避风港"保护作了明确规定:"网络服务提供者为服务对象提供信息存储空间,供服务对象通过信息网络向公众提供作品、表演、录音录像制品,并具备下列条件的,不承担赔偿责任:(一)明确标示该信息存储空间是为服务对象所提供,并公开网络服务提供者的名称、联系人、网络地址;(二)未改变服务对象所提供的作品、表演、录音录像制品;(三)不知道也没有合理的理由应当知道服务对象提供的作品、表演、录音录像制品侵权;(四)未从服务对象提供作品、表演、录音录像制品中直接获得经济利益;(五)在接到权利人的通知书后,根据本条例规定删除权利人认为侵权的作品、表演、录音录像制品。"

由上述规定可知,原则上《信息网络传播权保护条例》为信息存储空间服务的提供者提供了"避风港"保护,不要求其承担赔偿责任,但同时亦为该保护规定了严格的限制条件,如该行为不符合上述规定中任何一个免责条件,则须承担赔偿责任。以下逐条进行分析阐述。

1. 对"未改变服务对象所提供的作品、表演、录音录像制品"的理解及在本案中的适用

对于该项免责条件的含义,该条款中"未改变服务对象所提供的作品、表演、录音录像制品"应当理解为"未改变服务对象所提供的作品、表演、录音录像制品的内容",也就是网络服务提供者主观上没有实施该行为的故意。因此,对该条的"改变"应当作严格解释,即仅指对服务对象提供的作品、表演、录音录像制品的内容进行了改变。司法实践中,以下一些常见的行为不应视为对服务对象提供的作品、表演、录音录像制品进行了改变:仅对作品、表演、录音录像制品的存储格式进行了改变;对作品、表演、录音录像加注数字水印等网站标识;在作品、表演、录音录像之前或结尾处投放广告以及在作品、表演、录音录像中插播广告等。

本案中,虽然被告的榕树下网站在其版面上设置了长篇小说、短篇文学、排行榜、读书等栏目分类,并分有原创推荐、热点关注、各种小说的推荐及排行榜,对文字作品的呈现方式及整个网站的使用内容进行编排,同时在网站上提供了搜索服务。但判断被告是否改变了服务对象所提供的作品,应当以这种改变是否构成了对作品的修改权或保护作品完整权的侵犯作为判断标准,即关键看是否对作品的内容本身进行了改变。就本案而言,从原告提供的公证页面显示,被告

网站上对于涉案作品具体内容的呈现系网站被动地接受服务对象所提供的内容，除每页在作品首段左侧出现了小幅广告外，网站本身对于服务对象上传的作品并未作任何形式的修改，也没有对涉案作品进行推荐和排行，因此不属于著作权法意义上的改变。

2. 对"未从服务对象提供作品、表演、录音录像制品中直接获得经济利益"的理解及在本案中的适用

尽管该项免责条件在美国《数字千年版权法》中是以免除替代责任的规定出现，且已得到法定化，但美国法院在运用上亦十分谨慎。相比之下，我国法律中虽也有替代责任制度，但适用范围受到很大限制。因此，在该项免责条件的适用上必须作严格解释，可以将直接获得经济利益限制为：网络服务提供者的收入与侵权行为之间存在必然的联系，即网络服务提供者的收入与侵权内容挂钩。据此判断，网络服务提供者为服务对象提供信息存储空间服务时按照时间、流量等向用户收取标准费用，不应属于"从服务对象提供作品、表演、录音录像制品中直接获得经济利益"。网络服务提供者因提供信息存储空间服务而收取广告费，是我国不少信息存储空间服务提供者采用的经营模式，是信息存储空间服务提供者主要的获利方式。如果简单认定投放广告就是直接获得经济利益，则会导致动辄侵权，从而会阻碍信息存储空间服务这种技术及商业模式的发展，所以，因提供信息存储空间服务而收取的广告费，一般也不应认定为直接获得的经济利益。

本案中，虽然在涉案作品的在线阅读页面上存在广告投放，但从原告提供的公证页面显示，在涉案作品打开的每一页上的广告均有所不同，系随机呈现且不断变化，可见该些广告均系针对网站的全站投放，而非针对某一特定作品的投放。此外，在网站页面上植入广告，通过广告获取收益是网站盈利的普遍模式，都与具体的作品不相对应，不属于"直接从作品中获得经济利益"。就本案而言，原告未提供证据证明被告针对涉案作品进行了广告投放，亦未提供证据证明被告就涉案作品进行了在线销售并从销售中获得了经济收益，故不能认定被告从涉案作品中直接获得了经济利益。

3. 对"明确标示该信息存储空间是为服务对象所提供，并公开网络服务提供者的名称、联系人、网络地址"和"在接到权利人的通知书后，根据本条例规定删除权利人认为侵权的作品、表演、录音录像制品"的理解及在本案中的适用

《信息网络传播权保护条例》之所以规定该两项免责条件，目的在于方便权利人在发现侵权行为后向该服务提供者发送通知。虽然网络服务提供者不公布联系信息并非侵权构成条件，不公布联系信息与用户上传侵权内容及损害后果之间

也不存在因果关系。但是，如果该服务提供者并未公开其联系人及相应的联系方式，则必然会导致权利人无法发送通知。而如果在此种情形下，仅因信息存储空间提供者未收到权利人通知而免除其责任，这既是不公平的，亦同时为信息存储空间提供者规避责任开启了一道方便之门。该条规定一方面可以推动权利人积极地寻找和发现侵权信息、保护自己的利益，另一方面也促使网络服务提供者及时地制止侵权行为、防止侵权后果的蔓延。

本案中，被告在其网站首页上方右侧即设有"版权声明""投诉举报"等相关栏目，相关权利人只需点击打开即可便捷地获取网络服务提供者的名称、联系人、网络地址，而且被告在涉案网站下方还标注了"本网站为网友写作提供上传空间存储平台，请上传有合法版权的作品，如发现本站有侵犯权利人版权内容的，请向本站投诉，一经核实，对上传人作封号处理。举报地址：……"的字样，被告的这些设置都为权利人维护其权利、与网络服务提供者快速解决纠纷提供了便利条件。同时在本案中，原告未提供证据证明其在本案诉讼前曾向被告发出过侵权通知，而双方亦确认被告在接到原告的起诉材料后即删除了涉案作品，因此被告已经尽到了其作为网络服务提供者的删除义务。

4. 对"不知道也没有合理的理由应当知道服务对象提供的作品、表演、录音录像制品侵权"的理解及在本案中的适用

该项免责条件中使用了"不知道也没有合理的理由应当知道"的概念，其中的"不知道"的反义自然指的是"明知"，"没有合理的理由应当知道"反过来就是"有理由知道"，即"应知"。这样规定的目的，是要求网络服务提供者提供服务一定是出于善意，主观上没有过错。由此可见，过错是网络服务提供者承担责任的基础。过错包括"故意""过失"或者"明知"和"应知"。其中对于"应知"必须有严格的适用条件，一方面侵权信息内容的违法性必须非常明显，一般人即可识别；另一方面网络服务提供者应该知道侵权信息的存在，且采取了不作为的侵权行为，如该信息应存在于网络服务提供者可以看到的位置、如榜单、推荐标题等，但其视而不见，放任侵权行为的发生或存在。

本案中，由于涉及的作品系文字作品，其与影视作品、美术作品、摄影作品等在侵权概率大小、明显程度、对人的判断能力要求等方面均不同。特别是文字作品，是否合法较其他作品更难以判断，不仅需要知道有关作品的创作、作者和许可等情况，还需要对该作品以及与该作品相关作品的内容有全面、详细的了解，因此，对文字作品而言，除非是非常有名、广泛流行的作品，否则即使该作品是非法上传或者抄袭自他人的，也不宜得出网络服务提供者"有合理理由应当认识到"的结论。而从本案原告提供的相关证据显示，被告网站上涉案作品的在

线阅读版发表时间为 2002 年 12 月 11 日，实体书出版时间为 2005 年 4 月，原告最早取得授权时间为 2005 年 8 月，再结合两个版本的比对结果，可见该作品在被告网站上发表时尚未出版纸质图书，原告亦未取得相关权利，且作者的署名也相同，故对于涉案作品并不能排除系由作者自行上传至被告网站的可能，被告不知道也没有合理的理由应当知道用户上传的作品侵权。

综上所述，虽然原告根据作者的授权依法取得了涉案作品的信息网络传播权，有权就本案提起诉讼，但被告作为网络服务提供者，其在本案中就涉案作品所实施的行为符合《信息网络传播权保护条例》规定的免责条件，不承担赔偿责任，故法院据此作出了驳回原告诉讼请求的判决。

案例索引

一审：上海市浦东新区人民法院（2012）浦民三（知）初字第 197 号民事判决书

一审判决时间：2012 年 9 月 18 日

商标权民事案件

网络交易平台经营者帮助侵权的司法认定
——衣念（上海）时装贸易有限公司诉浙江淘宝网络
有限公司等侵害商标权纠纷案

许根华 邵 勋

裁判要旨

网络交易平台经营者对于网络商户的侵权行为一般不具有预见和避免的能力，故不当然为此承担赔偿责任，但如果网络交易平台经营者知道网络商户利用其所提供的网络服务实施侵权行为，而仍然为侵权行为人提供网络服务或者没有采取必要措施，则应当与网络商户承担共同侵权责任。网络交易平台经营者是否知道侵权行为的存在，可以结合权利人是否发出侵权警告、侵权现象的明显程度等因素综合判定。网络交易平台经营者是否采取了必要的避免侵权行为发生的措施，应当根据网络交易平台经营者对侵权警告的反应、避免侵权行为发生的能力、侵权行为发生的几率大小等因素综合判定。

案 情

原告：衣念（上海）时装贸易有限公司
被告：杜某某

被告：浙江淘宝网络有限公司

案外人依兰德有限公司是第 1545520 号注册商标（熊头图形商标）和第 1326011 号注册商标（TEENIE WEENIE 图文组合商标）的权利人。第 1545520 号注册商标核定使用的商品为第 25 类的服装，第 1326011 号注册商标核定使用的商品为第 25 类的夹克（服装）、短裤、工作服等。依兰德有限公司授权原告衣念（上海）时装贸易有限公司（以下简称"衣念公司"）在中国大陆独占使用上述注册商标。衣念公司生产的 TEENIE WEENIE、E. LAND 休闲女装被上海市名牌推荐委员会推荐为 2009 年度上海名牌。

被告浙江淘宝网络有限公司（以下简称"淘宝公司"）是淘宝网的经营管理者，淘宝公司为用户提供网络交易平台。个人卖家在淘宝网注册账户并通过淘宝网的实名认证后即可开设网络店铺，在该店铺发布待售的商品信息，包括价格、尺码、颜色、图片等。非淘宝商城的卖家和买家通过淘宝网实现交易时，淘宝网不收取费用。

淘宝公司制订并发布《淘宝网服务协议》《商品发布管理规则》《淘宝网用户行为管理规则》等规则，这些规则多处提到禁止用户发布侵犯他人知识产权的商品信息，并制订了相关处罚措施。卖家发布、销售侵权商品的，根据其侵权次数、情节等因素，将受到警告、扣分、限制发布商品信息、店铺屏蔽、关闭账户等处罚措施。淘宝网还公布了知识产权侵权投诉途径，权利人可通过电话、信函、电子邮件等途径向淘宝公司进行投诉。

由于淘宝网有大量卖家发布侵权商品信息，衣念公司几乎在每个工作日都向淘宝公司投诉，每天投诉的商品信息少则数千条，多则达数万条，上述投诉均包含了商品信息的具体网络地址。根据统计，自 2009 年 9 月 29 日至 2009 年 11 月 18 日，衣念公司向淘宝公司投诉的侵权商品信息有 131261 条，淘宝公司经审核后删除了其中的 117861 条。2010 年 2 月 23 日至 2010 年 4 月 12 日，衣念公司向淘宝公司投诉的商品信息有 153277 条，淘宝公司经审核后删除了其中的 124742 条。淘宝公司删除的商品信息数量约占衣念公司投诉总量的 85%。衣念公司的投诉涉及 TEENIE WEENIE、Eland 等 14 个商标。淘宝公司根据衣念公司的投诉删除商品信息后，有的卖家会向淘宝公司提出异议，并提供其销售的商品具有合法来源的初步证据。淘宝公司会将卖家的异议转交给衣念公司。衣念公司有时会撤回投诉，撤回投诉的原因，有的确实属于因错误投诉而撤回投诉，有的则是由于其暂时无法判断是否侵权而撤回投诉。上述投诉中，包含了衣念公司于 2009 年 9 月 29 日至 2009 年 11 月 11 日期间针对杜某某的 7 次投诉，其中有 3 次涉及

TEENIE WEENIE 商标，4 次涉及依兰德有限公司的另一个注册商标 SCAT。淘宝公司接到衣念公司投诉后即删除了杜某某发布的商品信息，杜某某并未就此向衣念公司及淘宝公司提出异议，淘宝公司也未对杜某某采取处罚措施。直至 2010 年 9 月，淘宝公司才对杜某某进行扣分等处罚。

杜某某在淘宝网开设了一家名为"传说中 de 傀傀"的店铺。衣念公司于 2009 年 11 月 19 日向上海市长宁公证处申请证据保全公证的公证书载明："传说中 de 傀傀"创店时间为 2008 年 2 月 7 日，卖家信用为 606，买家信用为 109，宝贝数量为 1037，其中有一款"品牌原单 TW 小熊（PNR2）后绣花小熊连帽磨毛卫衣"的服装，该服装绣有一个卡通小熊的图案，服装吊牌印有 Teenie Weenie 文字及心型图案，售价 75 元，库存 72 件，30 天售出 0 件。衣念公司的代理人支付了 80 元（其中 5 元为快递费）购买了一件上述服装。

原告衣念公司诉称，被告杜某某销售侵害原告注册商标专用权的商品，被告淘宝公司纵容、帮助商户实施侵权行为，故要求两被告共同赔偿经济损失 3 万元、合理费用 54900 元，并向原告赔礼道歉。

被告杜某某辩称，其所售商品系从其他网站订购，其不知这些服装是侵权商品；原告只举证证明其销售一件侵权商品，原告主张的经济损失及合理费用过高。

被告淘宝公司辩称，数年来，原告针对淘宝网的卖家进行了大量投诉，据统计，约有 20% 的投诉是错误投诉，原告的轻率投诉引起了相关淘宝网卖家的大量异议，并对淘宝公司的商誉造成损害；淘宝公司对卖家的真实身份进行审核，及时删除了权利人投诉的侵权商品信息，制订并不断完善知识产权保护规则，淘宝公司已经采取了合理审慎措施保护他人的知识产权；淘宝公司善意删除原告投诉的商品信息，并不能就此推定淘宝公司明知杜某某及其他被投诉人存在屡次重复侵权而怠于采取任何措施；在本案中，原告只是公证购买了杜某某销售的一件商品并鉴定为假货，并不能由此认定其他 7 次投诉的商品均为假货。综上，淘宝公司并不构成侵权，请求驳回原告的诉讼请求。

审 判

上海市浦东新区人民法院经审理认为，衣念公司经依兰德有限公司许可而对第 1545520 号注册商标和第 1326011 号注册商标享有的独占许可使用权受法律保护。杜某某销售的服装上有与第 1545520 号、第 1326011 号注册商标相同或近似的商标，已侵犯原告注册商标专用权。杜某某不能举证证明其销售的商品有合法来源，应当依法承担赔偿责任。

淘宝公司接到衣念公司的投诉通知后,对投诉内容进行了审核并删除了杜某某发布的商品信息。根据淘宝公司的相关管理规则,其在接到衣念公司投诉并经核实后应对杜某某采取限制发布商品信息、扣分直至冻结账户等处罚措施,但淘宝公司除了删除商品信息外没有采取其他任何处罚措施。淘宝公司有条件、有能力针对特定侵权人杜某某采取措施,但在知道杜某某多次发布侵权商品信息的情况下,未严格执行其管理规则,依然为杜某某提供网络服务,为杜某某销售侵权商品提供便利条件,系对杜某某继续实施侵权行为的放任、纵容,具有主观过错,构成帮助侵权,应当依法承担连带赔偿责任。

因原、被告均未举证证明杜某某因侵权所得利益或者衣念公司因被侵权所受损失,故综合考虑涉案商标具有较高知名度、杜某某网店经营规模较小、获利不多等因素,酌定经济损失赔偿额,并根据维权支出的真实性、关联性、必要性和合理性,酌定合理费用。因被告侵权并不涉及原告的人格利益,故原告要求被告赔礼道歉的诉讼请求不予支持。因此,一审法院依照《民法通则》第130条,《商标法》第52条第(2)项和第(5)项、第56条,《最高人民法院关于贯彻执行〈中华人民共和国民法通则〉若干问题的意见(试行)》第148条第1款,《最高人民法院关于审理商标民事纠纷案件适用法律若干问题的解释》第16条第1款和第2款、第17条,《商标法实施条例》第50条第(2)项之规定,判决:被告杜某某、淘宝公司共同赔偿原告衣念公司经济损失3000元、为制止侵权而支出的合理费用7000元;驳回原告衣念公司的其余诉讼请求。

一审判决后,淘宝公司不服,提起上诉。上海市第一中级人民法院判决驳回上诉,维持原判。

评 析

近年来,电子商务发展迅猛,至2012年,国内最大的网络交易平台淘宝网已拥有会员3.7亿,在线商品10亿件,每天有6000万固定访客,日交易峰值达到43.8亿元。❶ 网络交易在活跃经济、促进就业的同时,也带来一些负面影响。网络交易平台已成为商标侵权的重灾区,网络交易平台经营者是否承担侵权赔偿责任是此类案件的核心问题。

一、网络交易平台经营者帮助侵权责任的构成要件

普通侵权损害赔偿实行过错责任原则,侵权损害赔偿责任构成要件包括损

---

❶ 俞思瑛. 完善体制建设寻求社会合作 [J]. 电子知识产权, 2012 (3).

害、过错、因果关系三个要件。通常情况下，权利人要对上述三个构成要件承担举证责任。法律规定了对于一些特殊场合，从损害事实的本身推定加害人有过错，如果加害人不能证明对于损害的发生自己没有过错，那么加害人就要承担赔偿责任，此即过错推定原则。由于过错推定原则加重了加害人的证明责任，故以法律明确规定为限。2001年《商标法》第52条规定，销售侵犯注册商标专用权的商品属侵犯注册商标专用权的行为。第56条第3款规定，销售不知道是侵犯注册商标专用权的商品，能证明该商品是自己合法取得的并说明提供者的，不承担赔偿责任。从上述条文可知，非法销售行为的构成，并不以销售者主观上是否存在过错为前提，只要行为人实际销售了侵犯商标权的商品，即构成侵犯商标权的行为，应当承担停止侵权的责任。对于商品销售者而言，只有在知道销售的商品是侵犯注册商标专用权的商品时，才需承担赔偿责任。对于销售者主观过错的认定采用过错推定的方式，由销售者承担证明自己不存在过错的举证责任。通常情况下，销售者可通过证明该商品是有合法来源以证明主观上不存在过错。

　　网络交易平台经营者并不直接销售商品，故其不承担直接侵权责任。在《侵权责任法》施行之前❶，对于网络交易平台经营者的商标侵权责任没有明确的法律规定。《商标法实施条例》第50条第2项规定，故意为侵犯他人注册商标专用权行为提供仓储、运输、邮寄、隐匿等便利条件的构成商标侵权。审判实务中通常依据该规定及《民法通则》中关于共同侵权的规定认定网络交易平台经营者是否构成帮助侵权。帮助是指通过提供工具、指示目标或以言语激励等方式，从物质上和精神上帮助实施加害的人。帮助行为的构成要件有：一是帮助人一般均出于故意，他和施行人之间都具有共同致人损害的意思联络。在特殊情况下，虽然没有意思联络，但帮助人意识到被帮助人的行为是侵权行为而提供帮助，并客观上对加害行为起到了辅助作用，亦构成帮助侵权。二是帮助人实施了帮助行为，帮助可以是积极的，也可以是消极的。三是帮助人实施的帮助行为与受害人遭受的损害之间存在因果关系。❷ 网络交易平台经营者知道网络用户利用其交易平台实施商标侵权行为，仍然对他人的这种侵权行为提供实质性帮助的，即构成帮助侵权。审判实务中，对于网络交易平台经营者侵权责任认定的争议焦点和难点在于其是否具有过错，即如何认定网络交易平台经营者知道网络用户利用其网络服务实施侵权行为。

---

❶ 本案被告实施侵权行为时，《侵权责任法》尚未施行，故法院依据《民法通则》等法律中关于共同侵权的有关规定作出判决。

❷ 王利明. 侵权责任法研究（上卷）[M]. 北京：中国人民大学出版社，2010：539.

二、网络服务提供者主观过错的认定

《侵权责任法》第 36 条第 3 款规定，网络服务提供者知道网络用户利用其网络服务侵害他人民事权益，未采取必要措施的，与该网络用户承担连带责任。对于"知道"的理解有两种不同意见：一种意见认为，只要证明网络交易平台经营者知道不特定的网络用户实施侵权行为即可；另一种意见认为，需证明网络交易平台经营者知道特定的网络用户实施侵权行为。由于权利人对网络交易平台经营者存在过错要承担证明责任，而过错作为一种主观状态，要证明并非易事。有的权利人意图通过证明网络交易平台存在大量侵权商品信息来认定网络交易平台经营者存在过错。有观点认为，只要网络交易平台经营者概括知道网络用户实施了侵权行为，即应采取必要措施制止侵权。由于网络交易平台上存在大量侵权信息已经成为众所周知的事实，上述观点实际上是要求网络交易平台经营者对平台上的信息进行主动的监控。

笔者认为，网络交易平台经营者对卖家发布的商品信息没有事先审查的义务，也没有主动搜寻、删除侵权信息的义务。主要理由是：第一，法律并没有规定网络交易平台经营者有此项义务。第二，商品信息由网络用户上传，网络交易平台经营者无法预见网络用户将上传的商品信息的内容。第三，即使网络交易平台经营者概括知道网络中存在大量侵权信息，要求其对信息进行监控在技术上也是不可行的。商品信息非常巨大，类型十分复杂，有新品、二手货、代购等不同商品类别，不同的权利人还可能在不同类的商品上注册相同的商标，网络交易平台无法从中甄别和屏蔽侵权信息。即使是权利人自身也会判断错误，如衣念公司曾将一些网络卖家低价销售的库存商品错误认定为侵权商品，进而通知淘宝公司删除，卖家由此发出反通知并提交了进货凭证后衣念公司才撤回投诉。第四，如果要求网络交易平台经营者对所有商品信息进行主动审查，势必极大增加网络服务成本，其后果是导致网络交易成本增加，这些成本将转嫁给网络用户，这不利于电子商务的发展，最终将损害社会公共利益。因此，不能因为网络交易平台中存在大量的侵权信息就认定网络交易平台经营者存在过错，也不能因网络交易平台经营者知道可能有网络用户利用其网络服务实施侵权行为而认定其存在过错。

网络交易平台经营者是否知道侵权行为的存在，可以结合权利人是否发出侵权警告、侵权现象的明显程度等因素综合判定。网络交易平台经营者收到权利人符合要求的侵权通知后，其就知道了侵权事实的存在。但"通知"并非认定"知道"的唯一方法，当用户上传的特定内容的侵权信息，已经明显到了像一面鲜亮红旗公然飘扬，而网络服务提供者又能够看到这些内容，则网络服务提供者不能采取不闻不问、视而不见的"鸵鸟政策",放任侵权内容的传播。❶ 当然,权利人要对存在"红旗"这一事实承担证明责任。

三、"通知与移除"规则的适用

《信息网络传播权保护条例》规定了"通知与移除"规则,该规则很好地平衡了权利人、网络服务提供者及社会公众的利益,是实现网络环境中利益平衡的最佳机制。一方面,可以推动权利人积极地寻找和发现侵权信息,保护自己的利益;另一方面,也促使网络服务提供者及时制止侵权行为,防止侵权后果的蔓延。❷ 笔者认为,由于商品交易平台提供的是信息存储服务,"通知与移除"规则的原理可同样适用于认定网络交易平台经营者帮助侵权责任的情形。根据"通知与移除"规则,权利人的通知书应当包含下列内容:(一)权利人的姓名(名称)、联系方式和地址;(二)要求删除或者断开链接的商品信息和网络地址;(三)构成侵权的初步证明材料。网络交易平台经营者收到权利人符合条件的通知后,即知道有网络用户通过交易平台销售侵权商品,若网络交易平台经营者未及时删除侵权商品信息,可认定网络交易平台经营者存在过错,构成帮助侵权,应与实施直接侵权的网络用户承担连带责任。网络交易平台经营者根据权利人的通知删除商品信息后,若权利人所指称的侵权事实并不成立,网络卖家可通过"反通知与恢复"规则获得救济。

若权利人的通知不符合上述要求,则网络交易平台经营者没有删除侵权商品信息的义务。有的权利人的侵权通知没有指出侵权信息的具体网络地址,仅概括指出网络交易平台中存在侵权信息,或者仅例举部分侵权信息的网络地址,而要求网络交易平台经营者删除全部的侵权信息。上述要求实际上是要网络交易平台经营者主动搜寻侵权信息,这加重了网络交易平台经营者的责任。在本案中,衣念公司发给淘宝公司的函中均明确指出侵权商品信息的具体网络地址,同时衣念公司还附上商标证等权利证明,并说明了其认定侵权的主要理由,衣念公司所发的通知符合要求。淘宝公司在接到衣念公司的函后,应当及时删除衣念公司所指的侵权商品信息。淘宝公司也确实及时删除了侵权商品信息,并根据衣念公司的要求,将发布信息的卖家信息告知衣念公司。因此,在及时删除侵权信息方面,淘宝公司没有过错。

---

❶ 王迁. 网络环境中的著作权保护研究 [M]. 北京:法律出版社,2011:292.
❷ 王迁. 网络环境中的著作权保护研究 [M]. 北京:法律出版社,2011:252 - 253.

四、制止侵权的必要措施的认定

网络服务提供者接到通知后及时删除侵权信息是其免于承担赔偿责任的条件之一，但并非是充分条件。网络服务提供者删除侵权信息后，如果网络用户仍然利用其提供的网络服务继续实施侵权行为，网络服务提供者则应当进一步采取必要的措施以制止继续侵权。哪些措施属于必要的措施，应当根据网络服务的类型、技术可行性、成本、侵权情节等因素确定。具体到网络交易平台经营者，这些措施可以是对网络用户进行公开警告、降低信用评级、限制发布商品信息直至关闭该网络用户的账户等。

就本案而言，淘宝公司作为国内最大的网络交易平台经营者，完全有能力对网络用户的违规行为进行管理，淘宝公司也实际制订并发布了一系列的网络用户行为规则。根据当时施行的《淘宝网用户行为管理规则（非商城）》❶的规定，用户有商标侵权的违规行为的，每次都将受到限制发布商品 14 天、下架所有商品信息、公示处罚（警告）14 天的处罚。对于情节特别严重的违规行为，淘宝公司有权对用户作永久封号处理。淘宝公司若能够严格根据其制订的规则对违规行为进行处理，虽不能完全杜绝网络用户的侵权行为，但可增加网络用户侵权的难度，从而达到减少侵权的目的。

淘宝公司接到衣念公司的投诉通知后，对投诉的内容进行了审核并删除了杜某某发布的商品信息。根据淘宝网当时有效的用户行为管理规则，其在接到衣念公司的投诉并经核实后还应对杜某某采取限制发布商品信息、扣分、直至冻结账户等处罚措施，但淘宝公司除了删除商品信息外没有采取其他任何处罚措施。在 7 次有效投诉的情况下，淘宝公司应当知道杜某某利用其网络交易平台销售侵权商品，但淘宝公司对此未采取必要措施以制止侵权，杜某某仍可不受限制地发布侵权商品信息。淘宝公司有条件、有能力针对特定侵权人杜某某采取措施，在知道杜某某多次发布侵权商品信息的情况下，未严格执行其管理规则，依然为杜某某提供网络服务，此是对杜某某继续实施侵权行为的放任、纵容。其故意为杜某某销售侵权商品提供便利条件，构成帮助侵权，具有主观过错，应承担连带赔偿责任。

案例索引

一审：上海市浦东新区人民法院（2010）浦民三（知）初字第 426 号民事

---

❶ 此后，淘宝公司对《用户行为管理规则》等规定又进行了多次修正。

判决书

一审判决时间：2011 年 1 月 19 日

二审：上海市第一中级人民法院（2011）沪一中民五（知）终字第 40 号民事判决书

二审判决时间：2011 年 4 月 25 日

网络销售环境中商标淡化侵权行为的司法认定

——卡地亚国际有限公司诉北京梦克拉科技有限公司等侵害商标权及不正当竞争纠纷案

许根华 郭 杰

裁判要旨

未经商标注册人的许可,在同一种商品的款式名称、设计风格等商品信息的表述中嵌入与其商标相同的文字,且该商标具有较高显著性、知名度和较好商誉的,易使相关公众误认为该商标文字已成为一类商品的款式、设计风格等方面的通用名称,减弱了该商标的显著性,损害了其商标标识作用,构成侵害注册商标专用权;提供网络销售平台服务的网络经营者,尽到合理注意义务的,不构成共同侵权。

案 情

原告:卡地亚国际有限公司(以下简称"卡地亚公司")
被告:北京梦克拉科技有限公司(以下简称"梦克拉公司")
被告:上海益实多电子商务有限公司(以下简称"益实多公司")

原告卡地亚公司是"Cartier(卡地亚)"品牌的持有人,该品牌于1847年在法国创立,是珠宝类商品的世界知名品牌。原告于1983年在第14类珠宝等商品上核准注册了第202386号"Cartier"商标和第851573号"卡地亚"商标,上述商标均在注册有效期内。1999年，"Cartier"商标被列入《全国重点商标保护名录》；2004年至2011年12月期间，"Cartier""卡地亚"商标多次被工商行政管理机关及人民法院认定为驰名商标。

被告梦克拉公司生产珠宝类商品，在其商品上使用其"梦克拉"注册商标，并在被告益实多公司经营的"1号店"网站上开设店铺销售其商品。两被告所签合同约定：梦克拉公司在"1号店"网站开设店铺销售梦克拉品牌的珠宝类商品，自行管理商品，在商品描述中不得进行虚假宣传、不得使用非该商品制造商的特定品牌名称等；梦克拉公司保证商品来源合法、不侵犯第三方权利等。"1号店"网站设有客服电话、顾客投诉等服务栏目。

2011年8月15日，在"1号店"网站的商品搜索框内分别输入"Cartier""卡地亚"后搜索到6个商品信息，显示梦克拉公司在"1号店"网站上的"梦克拉珠宝旗舰店"销售6款不同规格的钻戒商品，商品名称中有"梦克拉18K钻石戒指Cartier款百年经典皇冠钻戒"等字样，商品介绍中有"品牌：梦克拉""生产厂家：梦克拉""设计风格源自百年经典Cartier（卡地亚）Solitaire1895系列。经典大气的四爪镶嵌，将一粒完美切工的奢华美钻冉冉托起""Cartier款百年经典皇冠钻戒是世界上最流行的钻戒镶嵌法之一""梦克拉钻石多年与提供国际一线品牌珠宝Cartier等钻石生产贸易商合作，意味着梦克拉得以与全球奢侈品品牌共享全球顶级供应链渠道，从而保证钻石最纯正的切工与优质品质"等内容。原告在发现上述情况后，以3978元的价格向梦克拉公司购买了1件名称为"梦克拉18K钻石戒指Cartier款百年经典皇冠钻戒"的商品。

原告卡地亚公司诉称，原告的"Cartier""卡地亚"注册商标具有极高驰名度、美誉度，该品牌的珠宝类商品是高档、时尚、奢华的象征。被告梦克拉公司生产珠宝类商品，被告益实多公司共同销售该商品。两被告在商品信息中使用了原告商标，易使消费者产生混淆，构成侵害原告注册商标专用权；两被告还利用原告商标知名度和商誉感召力进行虚假宣传，易使消费者误认为其商品与原告有密切关联，构成虚假宣传的不正当竞争。因此，请求判令两被告立即停止商标侵权及不正当竞争行为，共同赔偿经济损失人民币50万元（以下币种相同）及为制止侵权行为支出的合理费用55978元。

被告梦克拉公司辩称，被控侵权商品信息中的"Cartier""卡地亚"字样是对该商品的造型样式、设计风格的正当描述，不属于对原告商标的使用，且商品信息中标明了生产商、品牌等标识商品来源的内容，不存在与原告商品发生混淆的可能性，故不构成侵害原告商标权；被控侵权商品信息中的"梦克拉钻石多年与提供国际一线品牌珠宝Cartier等钻石生产贸易商合作"字样是指世界上的钻石生产、贸易商集中于几家公司，其与原告都需向该些生产、贸易商采购钻石，故不属于虚假宣传，不构成不正当竞争。因此，请求驳回原告的诉讼请求。

被告益实多公司辩称，为被告梦克拉公司销售商品提供电子商务平台的网络服务，已尽到合理注意义务，请求驳回原告的诉讼请求。

审 判

上海市浦东新区人民法院经审理认为，原告对核定使用在第 14 类的珠宝、宝石等商品上的"Cartier""卡地亚"注册商标享有的专用权依法受到保护。在该两商标系驰名商标，具有较高显著性、知名度和较好商誉的情况下，被告梦克拉公司在商品信息中使用与原告商标相同的"Cartier""卡地亚"字样，虽不易使相关公众对涉案商品来源与原告商品产生混淆或者误认，但会因上述字样所蕴含的较高显著性、知名度和较好商誉而吸引相关公众对其商品的注意力，并易使相关公众产生"Cartier""卡地亚"已成为相关钻石戒指款式、设计风格的通用名称等方面的错误认识，其行为减弱了原告驰名商标的显著性，降低了原告驰名商标的标识作用，构成商标侵权。梦克拉公司在商品信息中表述"设计风格源自百年经典 Cartier（卡地亚）""多年与提供国际一线品牌珠宝 Cartier 等钻石生产贸易商合作"等，无事实依据，其行为显属攀附原告品牌知名度以宣传自己商品，易使相关公众产生涉案商品在质量、原材料、款式等多方面与原告商品同样高端或者涉案商品品质向原告商品靠拢等方面的误解，属于引人误解的虚假宣传，构成不正当竞争。被告益实多公司系网络服务提供者，对梦克拉公司的网络销售行为尽到了合理注意义务，不构成共同侵权。据上，依照《侵权责任法》第 15 条第 1 款第（1）项、第（6）项，第 36 条；《商标法》第 51 条，第 52 条第（5）项，第 56 条第 1 款、第 2 款；《反不正当竞争法》第 9 条第 1 款及《最高人民法院关于审理商标民事纠纷案件适用法律若干问题的解释》第 16 条第 1 款、第 2 款、第 17 条第 1 款；《最高人民法院关于审理不正当竞争民事案件应用法律若干问题的解释》第 17 条第 1 款的规定，判决：梦克拉公司停止侵害原告"卡地亚""Cartier"注册商标专用权及虚假宣传的不正当竞争行为；梦克拉公司于本判决生效之日起 10 日内赔偿原告经济损失 10 万元及为制止侵权行为支出的合理费用 30978 元；驳回原告的其余诉讼请求。

一审判决后，原、被告均未提起上诉。

评 析

随着互联网技术的高速发展，当今社会已经进入"网络时代"，发生在网络环境中的各类纠纷也越来越多。本案系互联网环境下网络店铺销售商品所引发的商标侵权与不正当竞争纠纷案件，其显著特点之一是被告在商品款式、设计风格描述中使用原告驰名商标文字的行为一般不会导致消费者对被告商品与原告商品产生混淆或者误认，由此产生被告行为系合理使用原告商标文字还是构成商标侵权的争议；其显著特点之二是网络服务经营者对网络用户（网络店铺）的侵权行为不当然构成共同侵权，由此产生如何界定网络服务经营者构成共同侵权的争议。

一、商标淡化侵权行为不以存在混淆可能性为构成要件

（一）商标混淆侵权行为与商标淡化侵权行为的区分

商标的基本功能是区分商品或者服务的来源，授予注册商标专用权的目的是确保商标基本功能的实现，只要被控侵权行为损害了商标基本功能的实现，就构成商标侵权。按照损害商标基本功能行为的不同实现方式或者商标侵权构成要件的不同，可以将商标侵权行为分为两大类：一是商标混淆的侵权行为；二是商标淡化的侵权行为。商标混淆的侵权行为系在相同或者类似商品上将相同或者近似的标识指向同一来源，使得相关公众误认为侵权商品与注册商标商品来源同一或者来源有关联。原、被告之间存在竞争关系和被告行为存在混淆可能性是混淆类商标侵权的构成要件。商标淡化的侵权行为系行为人使用相同或者近似的标识指向不同的来源，从而降低权利人商标的显著性，弱化其商标的标识作用，行为人利用权利人具有一定知名度商标的声誉获得不正当的竞争利益。淡化类商标侵权行为的成立不以原、被告之间是否存在竞争关系和被告行为是否存在混淆可能性为构成要件。

本案中，由于被告梦克拉公司对"卡地亚""Cartier"字样的使用非属突出使用，且原、被告双方商品的价格、消费群体、消费渠道等的确存在巨大不同，梦克拉公司在其网店上对涉案商品的品牌、生产销售商等有明确标注，故可以认定被告使用"卡地亚经典款式""Cartier款百年经典"的行为一般不会使相关公众对被告商品与原告商品的来源发生实际混淆或者具有混淆可能性。但是，不具有混淆可能性并不是商标侵权成立的充分必要条件。在构成淡化类商标侵权行为的认定中，被告行为不具有混淆可能性并不影响对其构成侵权的认定。

（二）商标淡化侵权行为的构成要件分析

商标淡化侵权行为有以下构成要件：一是原告商标具有较高显著性、知名度和较好声誉，该种显著性、知名度和声誉与原告商标使用的商品具有比较紧密的联系即对应性；二是被告没有正当理由使用了与原告商标相同或者近似的标识，不论该种使用是否在实质上起到标识其商品来源的作用;三是被告行为在客观上导致了原告商标显著性的降低或者损害了原告商标的声誉。

本案中,被告梦克拉公司构成商标淡化的侵权行为,主要理由是:第一,"Cartier""卡地亚"均系臆造词,文字本身具有较强的固有显著性。同时,"Cartier"早在1983年就已在我国注册商标并使用,1999年起就被列入我国重点商标保护名录,2004年起"Cartier""卡地亚"商标多次被行政机关和司法机关认定为驰名商标,故该两个商标具有较高显著性、知名度,表明了高质量、高品质的钻石、珠宝类商品的来源,显著起到了区分原告商品与其他钻石、珠宝类商品的来源的作用。相关公众看到"Cartier""卡地亚"字样,就会与世界知名、高端的钻石、珠宝类商品等产生联系。第二,梦克拉公司系专业的珠宝生产、销售商,在对自己商品的款式、设计风格等作表述时,完全可以从商品的形状、特点等出发,使用具体的描述性文字进行客观、形象地表述,但其在明知或者应当知道原告"Cartier""卡地亚"商标的显著性、知名度的情况下,回避使用具体描述性文字而使用具有较强显著性、较高知名度和较好市场声誉的原告的商标文字,在主观上具有刻意借助原告品牌以吸引消费者并达到宣传、提升自己商品知名度以及扩大自己商品市场份额的目的和故意。原告商标对消费者的较强吸引力是原告通过长期的良好经营而获得,梦克拉公司的行为显属搭乘原告品牌便车,不正当的利用原告商标声誉。第三,梦克拉公司使用"卡地亚经典款式""Cartier款百年经典"等文字表述的行为在客观上易使相关公众产生"Cartier""卡地亚"已经由世界知名品牌、驰名商标演变、沦落为相关钻石戒指商品的款式、设计风格的通用名称等方面的错误认识,并易使相关公众认为"Cartier""卡地亚"品牌不再是高品质珠宝商品的代表,故梦克拉公司的行为减弱了原告驰名商标的显著性,降低了原告驰名商标的标识作用,属于我国2001年《商标法》第52条第5项规定的"给他人的注册商标专用权造成其他损害的"行为,构成商标侵权。

(三)商标侵权行为中合理使用的抗辩

商标侵权行为的界定一方面直接决定了商标专用权的保护范围,另一方面还涉及其他竞争者(商标所有人的竞争对手)的交易以及竞争的空间和自由,故在界定商标侵权行为时,必须注意商标所有人与竞争者之间的利益平衡,既要确保商标所有人的正当权利,防止竞争对手不正当地损害商标所有人的正当权益或不正当地搭便车,又要防止保护过度,妨碍竞争对手的交易自由和竞争自由,不适当地增加交易成本。❶ 商标的合理使用作为商标侵权的抗辩理由,正是商标权

---

❶ 孔祥俊. 商标与不正当竞争法原理和判例 [M]. 北京:法律出版社,2009:178.

保护中利益平衡的一个杠杆，系保护自由竞争的结果。商标的合理使用要符合以下构成要件：一是在后标识使用人的行为在主观上必须是善意的，没有损害在先商标权人的利益或者搭乘在先商标声誉的主观恶意；二是在后标识使用人的行为在客观上必须没有损害在先商标权人的合法权益。

本案中，两被告辩称梦克拉公司使用"Cartier""卡地亚"字样系对商品款式、设计风格的叙述性使用，构成商标的合理使用。由于"Cartier""卡地亚"系臆造词，自身具有很强显著性，他人对自己商品的来源、款式、品质等的叙述性使用通常不可能或者非常巧合的使用与原告商标文字相同的臆造词，且梦克拉公司与原告存在竞争关系，也不存在不使用"Cartier""卡地亚"就无法准确描述其商品款式、设计风格的情况，其完全可以从商品的形状、特点等出发，使用具体的描述性文字进行客观、形象地表述，故梦克拉公司在主观上不具有善意，且在客观上，其行为减弱了原告驰名商标的显著性，降低了原告驰名商标的标识作用，损害了原告的合法权益，故被告关于合理使用的抗辩意见不能成立。

二、已履行合理注意义务的网络服务提供者对网络内容提供者的侵权行为不构成共同侵权

原告指控益实多公司是涉案商品的共同销售者，但由于在被告益实多公司的"1号店"网站上，商品信息中有突出显示的"商家：梦克拉珠宝旗舰店""品牌直送""品牌：梦克拉""生产商：梦克拉"等内容，涉案商品由被告梦克拉公司直接送货且开具销售发票，结合两被告之间的相关合同，故可认定涉案商品的实际生产商与销售商为梦克拉公司，益实多公司仅为涉案商品的网络销售提供了电子商务平台。因此，益实多公司不是侵权行为的直接实施者，不构成直接侵权。

我国《侵权责任法》规定，网络用户利用网络服务实施侵权行为的，被侵权人有权通知网络服务提供者采取删除、屏蔽、断开链接等必要措施。网络服务提供者接到通知后未及时采取必要措施的，对损害的扩大部分与该网络用户承担连带责任。网络服务提供者知道网络用户利用其网络服务侵害他人民事权益，未采取必要措施的，与该网络用户承担连带责任。根据以上规定，网络服务提供者对网络用户的侵权行为不当然承担共同侵权责任，网络服务提供者是否构成间接侵权或者共同侵权以其存在主观过错为构成要件。商标侵权行为中的"间接侵权"有各种不同的表现形式，对不同行为主观过错的认定标准也有一定差异。❶

---

❶ 王迁. 商标间接侵权研究［G］//吴汉东. 知识产权年刊（2006年号）. 北京：北京大学出版社，2007：330.

也就是说，间接侵权行为主观过错的认定要依据不同的行为表现特征而决定，网络环境下如何认定行为人的主观过错就成为本案的又一争议焦点。

本案中，益实多公司作为网络服务提供商，尽到了合理的注意义务，不构成间接侵权，主要理由是：第一，益实多公司的"1号店"网站经营规模较大，网络平台上的商品信息海量，从网络技术、管理成本、认知甄别能力等角度出发，不能苛求其对"1号店"网站上的众多网络店铺中的大量商品的知识产权权利状况进行全面有效的审核，不能苛求其对网店所售商品是否侵害他人知识产权进行全面有效的判断，故在通常情况下，益实多公司对网络用户的侵权行为不具有预见和避免的能力，对梦克拉公司的商标侵权、不正当竞争行为不当然承担共同侵权责任。第二，益实多公司在与梦克拉公司签订网络交易平台服务合作协议时审核了梦克拉公司的经营资质，作出了梦克拉公司发布的商品信息应当不侵害他人合法权益包括不得在商品名称中滥用他人品牌名称、不得进行虚假宣传等规定，并设有在线客服电话、顾客投诉等售后服务栏目，梦克拉公司也出具了不侵犯第三方权利内容的《承诺函》，故可以认定益实多公司对于梦克拉公司的网络店铺经营活动不侵害他人合法权益在事先已制订了较为合理的防范规则及权利救济渠道，已经对预防、避免侵权行为履行了较为合理的注意义务。第三，无证据证明原告在发现涉案侵权行为后向两被告发送了书面侵权通知，故难以认定益实多公司在本案被诉之前已经知道梦克拉公司存在侵权行为。第四，两被告在收到本案起诉状后已经删除了"1号店"网站上的涉案侵权商品信息，故不存在益实多公司因被诉而知道侵权后仍然为梦克拉公司提供网络服务的情形。

案例索引

一审：上海市浦东新区人民法院（2012）浦民三（知）初字第331号民事判决书

一审判决时间：2013年2月19日

次商标的侵权判断及赔偿金额的认定
——利惠公司诉杭州洪业服饰有限公司、坚持我的服饰
（杭州）有限公司、中山市沙溪镇仁信制衣厂、
上海新宁购物中心有限公司侵害商标权纠纷案

杜灵燕

裁判要旨

缺乏显著特征的图形、型号经过使用取得显著特征的，可以作为商标注册，取得商标权。若侵权人在自有品牌的产品上使用与该类商标近似的标识作为产品装饰使用时，会使相关公众将侵权产品与商标权人的产品建立联系，认为两者存在出资或授权等关系。商标权人在经营自身品牌所获得的高知名度和高商誉亦会影响到消费者对侵权产品的评价，从而影响消费者作出是否购买侵权产品的抉择。侵权人的行为不当搭乘了商标权人商标的高知名度，足以造成消费者的混淆，构成侵权。但在损失的确定上，应与其他商标侵权案件有所区别，即还需考虑侵权人经营自有品牌时的付出和投入，适当减少判赔金额。

案　情

原告：利惠公司（LEVI STRAUSS & CO.）
被告：杭州洪业服饰有限公司（以下简称"洪业公司"）
被告：坚持我的服饰（杭州）有限公司（以下简称"坚持我的公司"）
被告：中山市沙溪镇仁信制衣厂（以下简称"仁信厂"）
被告：上海新宁购物中心有限公司（以下简称"新宁公司"）

第 2023725 号"〰"商标的商标权人为原告,该商标被核定在第 25 类的服装、牛仔裤、裤子等商品上使用,现尚在有效期限内。

原告将上述商标主要用于其 LEVI'S 品牌牛仔裤的后袋上,原告在报刊、杂志投放的广告中通常将涉案商标称为双弧线或飞鸟弧线,并通常作为其产品的经典细节之一在广告中以组图的形式重点介绍或以刊登牛仔裤背面照片的形式突出上述商标在牛仔裤后袋上的使用。

百度百科关于 LEVI'S 品牌的介绍中表明 LEVI'S 牛仔裤自 1886 年开始在后口袋采用双弧形缝法,双弧形缝法是当今历史最悠久的服饰商标。该种缝纫方式也是 LEVI'S 牛仔裤的几大特点和标志之一。

被告新宁公司与被告坚持我的公司在 2009 年 11 月前就建立了合作关系,坚持我的公司作为供应商,在新宁公司经营的巴黎春天新宁店设专柜销售其 JASONWOOD 品牌服装。专柜上出售的商品由新宁公司负责收银,并以新宁公司的名义开具增值税专用发票。新宁公司提供的坚持我的公司在其处的销售发票显示,2010 年 1 月 14 日至 2011 年 3 月 17 日期间,坚持我的公司销售的牛仔裤销量比例占该公司销售额的 45.75%,金额为人民币 271756 元。

被告洪业公司还提供了被告坚持我的公司与被告仁信厂签订的《成衣承揽合同》,表示被告坚持我的公司系受其委托根据被告洪业公司的设计稿、服装板式等与仁信厂签订了上述合同,仁信厂遂生产了被控侵权产品。

据工业和信息化部 ICP 备案查询系统显示,网站 www.jasonwood.com.cn 的主办单位为被告洪业公司。登录该网站,网站相关内容介绍,被告坚持我的公司是一家以设计和销售牛仔休闲系列服饰等为主的品牌公司,网站上销售的服装品牌 JASONWOOD 系该公司旗下的品牌,该品牌目前已拥有加盟形象店铺逾 300 家,覆盖全国 20 多个省份 70 多个大中城市。北京市长安公证处对上述网页浏览过程进行了公证并出具(2010)京长安内经证字第 23220 号公证书。原告委托代理人还自行浏览了上述网站的产品,相关网站页面显示三款"坚"或"JASONWOOD"品牌的牛仔裤左右后袋上分别对称使用了图形"⌒⌒""⌒⌒"(以下简称"被控侵权标识")。

2010 年 5 月 24 日,原告委托代理人至巴黎春天新宁店 JASONWOOD 专柜以 554 元的价格购得 JASONWOOD 品牌的牛仔裤两条,两条牛仔裤的生产商均为被告仁信厂,经销商分别为被告洪业公司和坚持我的公司。上述牛仔裤的左右后袋上分别对称使用了被控侵权标识。上海市黄浦公证处对上述购买过程进行了公证并出具(2010)沪黄证经字第 4325 号公证书。

2010年9月27日,原告委托代理人在淘宝网的"JASONWOOD旗舰店"以2497.60元的价格购买了12款JASONWOOD品牌的牛仔裤(单价从96元至413元不等)。旗舰店上显示店铺经营者为被告洪业公司。上述牛仔裤的生产商均为被告仁信厂,其中7款产品的经销商为被告坚持我的公司、5款产品的经销商为被告洪业公司。上述产品中,11条牛仔裤的后袋上使用了被控侵权标识。上海市黄浦公证处对上述购买过程进行了公证并出具(2010)沪黄证经字第8760号公证书。

2009年8月至2010年6月期间,原告曾三次向被告洪业公司发函,要求其停止在其销售的JASONWOOD牛仔裤后袋上使用与涉案商标完全相同或高度近似的缝线图案,但未果。

原告利惠公司诉称,四被告的行为构成对原告注册商标专用权的侵害,故起诉,要求1.四被告立即停止生产、销售侵犯原告第2023725号注册商标的产品;2.被告洪业公司和坚持我的公司立即在其经营的网站www.jasonwood.com.cn和http://jasonwood.mall.taobao.com/上移除对侵权产品宣传的链接;3.四被告立即销毁侵权产品并承担销毁费用;4.被告洪业公司、坚持我的公司、仁信厂连带赔偿经济损失及合理费用100万元。

被告洪业公司、坚持我的公司辩称,牛仔裤系通过店招和吊牌来确定商品来源,牛仔裤后兜的袋花作为装饰使用是服装行业通用的使用方式,消费者不会也没有必要通过袋花识别产品的来源。原告的双弧线袋花仅由过于简单的线条组成,原告也从未将该袋花脱离过LEVI'S商品单独、突出使用过,故涉案商标属于缺乏显著性、独创性和不具有识别性的商标,不应给予商标专用权的保护或应严格限制其保护范围在相同商品上使用的相同商标。被告产品上使用的袋花系其商标JASONWOOD的大写J字的演化,该袋花与原告的双弧线袋花存在明显的区别,两者不构成近似。消费者也不会将两者作为商标来识别,混淆原、被告商品的来源。据此,请求法院驳回原告的诉请。

被告仁信厂辩称,被告仁信厂系受被告洪业公司委托生产了被控侵权产品,产品上并未使用原告的商标,请求法院驳回原告诉请。

被告新宁公司辩称,被控侵权产品并不构成对原告商标权的侵害。收到本案诉状后,被告新宁公司就立即要求经销商停止了被控侵权产品的销售,故被告新宁公司不应承担本案的责任。

审 判

上海市浦东新区人民法院经审理后认为,就原、被告标识的组合要素、构图、组合后的整体结构而言,两者构成近似。被告牛仔裤上虽然标有自己的品牌,但其在后袋上使用与原告商标近似标识的行为易使相关公众认为其产品与原告 LEVI'S 系列产品具有一定的联系或与原告公司具有一定的关联关系,客观上已造成相关公众的混淆。故被告行为构成对原告注册商标专用权的侵害,理应立即停止侵权、赔偿损失。

关于四被告责任承担问题,现有证据表明,侵权产品系由被告仁信厂生产,被告洪业公司和坚持我的公司共同实施了销售行为,上述三被告应共同承担停止侵权和赔偿损失的民事责任。被告新宁公司作为巴黎春天新宁店的开设方亦应立即停止在其商场内存在的侵权产品的销售行为。

关于原告要求被告洪业公司、坚持我的公司共同移除网站宣传的链接问题,网站"www.jasonwood.com.cn"和"http://jasonwood.mall.taobao.com/"上存在对被控侵权产品宣传的链接,相关经营者理应立即删除。但"http://jasonwood.mall.taobao.com/"上的信息并未显示与被告坚持我的公司相关的内容,故法院确认,该网店的开设方为被告洪业公司。关于网站"www.jasonwood.com.cn"的经营者,鉴于网站 ICP 备案在被告洪业公司名下,但网站的内容均显示与被告坚持我的公司相关的信息,法院确认该网站由上述两被告共同经营。据此,上述两网站的经营者理应立即删除相关侵权产品的链接。

关于原告要求被告立即销毁侵权产品的诉请,被告洪业公司、坚持我的公司表示已对被控侵权产品的袋花进行修改,已无侵权产品,原告虽予以否认,但未能举证。鉴于原告未能举证证明被告尚存侵权产品及相关数量,本院对原告的该项诉请不予支持。

关于被告洪业公司、坚持我的公司、仁信厂应承担的赔偿金额,原告主张 100 万元,并根据被告的销售情况提供了三种计算方式。法院认为,虽然双方对被告洪业公司、坚持我的公司的年销售额、门店数、牛仔裤的销售比例确认一致,但原告未能举证证明被告所生产、销售的牛仔裤后袋上全部使用了被控侵权标识。鉴于被告牛仔裤产品的后袋上确实还存在使用其他图案的情形,故原告主张的赔偿金额的计算方式并不能明确计算出被控侵权产品的实际销量,相关数据不能作为本案赔偿金额的计算依据,法院不予采纳。鉴于原、被告对原告的损失和被告的获利情况均未能举证,就被告洪业公司、坚持我的公司、仁信厂应承担的赔偿额由本院根据原告商标知名度、被告经营规模等因素予以酌定。

一审法院遂依照《侵权责任法》第 8 条;《商标法》第 52 条第(1)项、第(2)项,第 56 条第 1 款、第 2 款;《最高人民法院关于审理商标民事纠纷案件适用法律若干问题的解释》第 16 条第 1 款、第 2 款,第 17 条之规定,判决如下:

被告洪业公司、坚持我的公司、仁信厂、新宁公司于判决生效之日立即停止侵犯原告对第 2023725 号商标享有的注册商标专用权；被告洪业公司、坚持我的公司于判决生效之日起 10 日内立即移除网站"www.jasonwood.com.cn"上对侵犯原告第 2023725 号注册商标专用权的侵权产品宣传的链接；被告洪业公司于判决生效之日起 10 日内立即移除"http：//jasonwood.mall.taobao.com/"上对侵犯原告第 2023725 号注册商标专用权的侵权产品宣传的链接；被告洪业公司、坚持我的公司、仁信厂于判决生效之日起 10 日内连带赔偿原告经济损失及合理费用人民币 35 万元；驳回原告的其余诉讼请求。

一审判决后，被告洪业公司不服提起上诉，后因与原告达成调解协议，故未按期缴纳上诉费，二审法院遂按撤回上诉处理。

评 析

本案与一般的商标侵权案件相比特殊性在于原告将商标用于其 LEVI'S 品牌牛仔裤的后袋上，被告亦采用与原告相同的使用方式，即使用在其 JASONWOOD 品牌牛仔裤的后袋上。原告商标的组成要素又较为简单。因此，被告抗辩其系将被控侵权标识作为其产品的装饰使用而非商标法意义上的商标使用。故本案审理难点在于原告将其商标用于其产品的次商标使用时，商标侵权的判断及赔偿金额的确定。

一、次商标的侵权判断

目前，相较国内企业的商标保护状况，国外企业具有较强的商标保护意识。一些知名品牌的产品上不仅标有主商标，原本用于产品装饰的图案、装饰通常也被申请注册为商标，作为产品的次商标使用。这种主商标加次商标的使用方式成为国际知名品牌在其产品上常用的使用方式，如可口可乐产品上不仅有"可口可乐""Coca-Cola""ICOKE"等商标，其作为瓶身装饰使用的彩带图案""也已注册为商标使用；阿迪达斯产品上不仅有"adidas"商标，其产品上同时使用的三条纹商标""也已通过国内多起诉讼被国内公众知晓。本案原告的 LEVI'S 牛仔裤在国内外均具有较高的知名度，该品牌牛仔裤上除使用本案双弧线商标""外还使用了双马商标""。

图形商标比起文字商标更加丰富多彩，视觉冲击力也要大得多，而且不受语言的限制，在国际贸易中具有文字商标无可比拟的优越性，因此深受企业的喜欢。❶ 鉴于此，企业通常以文字商标作为主商标，将图形商标作为次商标，使次商标依附于主商标与主商标共同使用于产品上。但是，若企业宣传不当，未向公众突出宣传次商标的使用方式，使次商标未能与主商标一起共同取得知名度的情况下，相关公众通常最早熟悉的系以文字形式出现的主商标，而易将次商标仅作为产品装饰看待，从而忽略其商标的作用。本案被告就以此作为主要的抗辩理由。在案件审理中，中国服装协会也曾出具意见函认为，原告的双弧线图案设计极为简单，是采用服装行业通用的基本装饰性图案，作为商标不具有显著性，消费者通常也不会以牛仔裤后兜上的图案来识别商标。

（一）《商标法》第11条对本案的影响

根据2001年《商标法》第11条第1款中的规定，在标志仅有本商品的通用名称、图形、型号和缺乏显著特征等情形下，相关标志不得作为商标注册，但是，该条第2款同时也规定了除外情形，即上述标志经过使用取得显著特征，并便于识别的，可以作为商标注册。

对上述条款的理解，直接影响到涉案双弧线商标在本案中的保护程度。将上述条款第1款和第2款的内容结合起来，可以看出即便相关标志系由本商品通用图形组成或缺乏显著特征的，只要该标志经过使用取得显著特征并便于识别的，即可作为商标注册。鉴于涉案双弧线商标的组成要素确实较为简单，被告使用的标识与原告商标又不完全相同。本案原、被告的举证责任分别为原告需举证证明其商标已取得显著特征，被告需举证证明上述商标系本商品通用图形，不具有显著特征。原告遂提供了大量广告宣传和网页内容介绍，这些资料表明原告在报刊、杂志投放的广告中通常将涉案商标称为飞鸟弧线或双弧线，并通常作为其产品的经典细节之一在广告中以组图的形式重点介绍或以刊登牛仔裤背面照片的形式突出上述商标在牛仔裤后袋上的使用。百度百科关于LEVI'S品牌的介绍中表明LEVI'S牛仔裤自1886年开始在后口袋采用双弧形缝法，双弧形缝法是当今历史最悠久的服饰商标。该种缝纫方式也是LEVI'S牛仔裤的几大特点和标志之一。由此可见，涉案双弧线商标通过原告与其LEVI'S牛仔裤的共同使用和突出宣传，已使相关公众将上述双弧线标识与原告的LEVI'S牛仔裤建立了联系，该标识已成为LEVI'S牛仔裤的标志性经典元素之一。鉴于原告LEVI'S品牌在牛仔裤行业中具有的高知名度，原告双弧线商标依附于LEVI'S品牌已取得显著特征，并具有识别性，即涉案商标与原告LEVI'S品牌产品建立了唯一的对应关系。被告虽然也提供了中国服装协会的证明，欲证明涉案商标不具有显著性及其行为不构成

---

❶ 黄晖. 商标法［M］. 北京：法律出版社，2004：37.

商标侵权。但法院通过对中国服装协会服务宗旨的查询，注意到，中国服装协会主要系以提供与服装业相关的各种服务为主要宗旨，商标的显著性判断和侵权认定非该协会职责范围，因此而形成的相关意见并不具有权威性，故法院对该协会出具的意见函不予采纳。据此，原告已完成了涉案商标具有显著性的举证责任。

（二）原、被告标识比对情况

被告将被控侵权标识使用在与原告商标核定使用的相同商品内，通过对原、被告标识的比对，两者均采用弧线交叉的方式，差别仅在于被告标识的弧线交叉点在另一弧线的底部略微向上位置，而原告标识采用闭合交叉的方式，即两条弧线在底部交叉。但原、被告弧线的弧度几乎相同，弧线交叉点在裤袋上的位置也大致相同。交叉处虽然略有不同，但交叉点均采用菱形框的表现形式，被告标识仅比原告标识少了一条分割线。就原、被告标识的组合要素、构图、组合后的整体结构而言，两者构成近似。

（三）两者是否构成混淆

传统商标法的基本功能是防止消费者对商品来源发生混淆，因此"混淆"是构成商标直接侵权的基本条件。《最高人民法院在关于审理商标民事纠纷案件适用法律若干问题的解释》第9条第2款将消费者的"误认"或"认为其来源与原告注册商标的商品有特定的联系"作为判断商标是否近似的依据。《最高人民法院关于审理商标授权确权行政案件若干问题的意见》第16条进一步明确，人民法院认定商标是否近似，既要考虑商标标志构成要素及其整体的近似程度，也要考虑相关商标的显著性和知名度、所使用商品的关联程度等因素，以是否容易导致混淆作为判断标准。

就混淆问题，被告的抗辩意见认为，原告在其专卖店、专柜或公司旗舰店销售、且在店招、产品上均突出使用了易于消费者识别的自有商标JASONWOOD。作为普通消费者的生活、消费准则，购买牛仔裤是通过店招、吊牌确定商品来源，牛仔裤后兜的袋花作为装饰使用是服装行业通用使用方式，消费者不会也没有必要通过袋花识别产品来源，更不会仅凭袋花购买产品。因此，消费者仅仅施以应有的注意力（如店铺店招、吊牌等），也能够根据原、被告牛仔裤上的商标（LEVI'S和JASONWOOD）以识别和判定产品来源，更不会依据一些装饰性图案来识别商品来源，故被告在产品上使用的标识不会引起消费者的混淆和误认。

但是正如美国纽约南区法院和第二巡回上诉法院在本案原告诉Lois Sportswear公司商标侵权一案中认为的，被告牛仔裤上的吊牌也许能够在销售地点防止消费者误认为这是LEVI'S品牌的牛仔裤。但是，消费者一旦购买并穿上之后，吊牌就被丢弃了。而此时看到这些牛仔裤的其他消费者就会误以为这是LEVI'S

品牌的牛仔裤,或者是经过 LEVI'S 公司授权制造的。因此被告使用的吊牌无法防止在销售之后消费者的混淆,其抗辩是不成立的。❶ 虽然美国法院的上述判案理由中引用的"售后混淆"理论在我国《商标法》中并未明确规定,但结合我国商标法相关司法解释中的"认为其来源与原告注册商标的商品有特定的联系"的规定,亦可得出本案被告的使用方式已与原告商标构成混淆的结论。因为原告的双弧线商标已与原告的 LEVI'S 品牌牛仔裤建立了紧密的联系,并在牛仔裤行业取得了较高的知名度。消费者虽然在被告店铺或网店购买时接触到的商标为被告的 JASONWOOD 商标,但是被告在牛仔裤后兜上使用与原告商标近似标识的行为会使消费者与原告在其 LEVI'S 牛仔裤同样位置上使用的双弧线商标建立联系,从而会认为被告的该款产品与原告 LEVI'S 产品有出资或授权等关系。原告在经营 LEVI'S 品牌过程中所取得的高知名度和高商誉亦会影响到消费者对被告产品的评价,从而影响消费者作出是否购买被告产品的抉择。因此,被告的行为不当搭乘了原告商标的知名度,增强了其在国内牛仔裤行业中的竞争力,其行为足以造成消费者的混淆。

综上,被告行为已构成对原告双弧线商标的侵害,理应承担相应的法律责任。

二、本案赔偿金额的确定

根据我国《商标法》和商标法相关司法解释的规定,商标侵权案件赔偿金额的确定有侵权人获益、被侵权人损失、50 万以下法定赔偿三种方式,权利人可以选择适用其中一种方式作为其主张赔偿金额的依据,同时权利人需为自己选择的赔偿方式提供相应的证据。本案原、被告对被告坚持我的公司在新宁公司处的销量和牛仔裤在销售产品中占的比例和被告洪业公司、坚持我的公司在全国的店铺数、年营业额均无异议,原告据此要求按被告获利额作为本案赔偿额的确定方式,并提供三种计算方式,认为其均可得出被告获利超过其诉请 100 万元的主张。这三种计算方式分别为:1. 被告 15 个月牛仔裤每月平均销售额 18711.08 元(根据被告新宁公司提供的发票统计)×275(店铺数量)×4.33%(利润率)(行业平均利润率)= 323.6 万元;2. 被告年营业额超 1 亿元×45.75%(牛仔裤销售比例)×4.33%×15/12×275/300 = 227 万元;3. 被告坚持我的公司在被告新宁公司处的专柜 15 个月销售牛仔裤 1522 条,共 275 家店铺,按 400 元一条计算,以 4.33% 的利润率计算,获利为 579 万余元。虽然原告的上述计算方式貌似

---

❶ 王迁. 知识产权法教程 [M]. 北京:中国人民大学出版社,2007:510.

证据凿凿，但是原告忽略了上述基础数据的重要因素，即在被告确认牛仔裤的销量中，原告无法证明被告在其所有牛仔裤的后兜上均使用了被控侵权标识。同时被告也举证证明其产品后兜上还存在使用不同图形的情形，故原告使用的基础数据不能真实代表被告销售被控侵权产品的情况，本案只能按照法定赔偿的方式确定赔偿金额。

本案在确定赔偿金额时需考量的酌定因素中相较其他商标侵权案件的特殊性在于，虽然被告的经营规模较大，但其在经营过程中均突出使用了其自有的JASONWOOD品牌，其所使用的被控侵权标识只是使消费者将被告产品与原告产品建立起一定的联系。这种商标侵权方式的赔偿金额确定时应当考虑到被告在经营过程中对其自有品牌的投入和付出，也就意味着应适当减少对原告的赔偿金额。因此，尽管原告提供的侵犯其LEVI'S商标案件的判例中，相关法院均给予高额赔偿，但本案考虑到被告侵权方式的特殊性作出了35万元赔偿额的认定。

三、结　语

本案的判决对次商标被侵权时的认定作出了准确的处理，亦考量了被告存在使用其主商标的情形，确定了合理的赔偿金额，平衡了各方利益。判案后，被告洪业公司虽然提起上诉，但在一审将案件移送二审之前双方就在一审确定的赔偿金额基础上达成了调解协议，洪业公司从而以不缴纳上诉费的方式，被二审按撤回上诉处理。该案系原告就其双弧线商标在国内提起的首例诉讼，案件判决结果直接影响到其今后在国内准备提起的针对涉案双弧线商标商标侵权案件的处理，具有一定的指引作用。本案的审理受到国内十几家媒体的关注，案件判决后，上述媒体纷纷以"LEVI'S打响'双弧线'保卫战"等为题进行了报道。

案例索引

一审：上海市浦东新区人民法院（2011）浦民三（知）初字第42号民事判决书

一审判决时间：2011年10月14日

二审：上海市第一中级人民法院（2011）沪一中民五（知）终字第268号民事判决书

二审判决时间：2011年12月15日

商标注册后多年不使用且无真实使用意图可不予判赔

——付某诉上海邮乐贸易有限公司侵害商标权纠纷案

倪红霞　袁　田

裁判要旨

本案是一起典型的原告"囤积"商标作为索赔工具而引起的商标侵权纠纷。主要的争议焦点在于：原告注册了"Duwop"商标，但注册后多年未进行任何实际使用，被告通过网络销售"Duwop"商品的行为是否侵犯了原告的商标权；如果构成侵权，被告是否应承担赔偿责任。法院经审理查明原告注册了包括涉案商标在内的多个商标但未进行任何实际使用，也不具有真实使用意图。根据商标侵权赔偿的填平原则，为防止将抢注或囤积商标作为营利手段，参照最高人民法院相关意见的规定，最终判决驳回了原告的赔偿请求。本案对目前较为泛滥的商标囤积、闲置等商标寻租行为起到了一定的警示作用，具有一定的典型性和指导意义。

案　情

原告：付某
被告：上海邮乐贸易有限公司

2008年10月7日，原告付某取得第4666087号"Duwop"商标，核定使用于第 3 类化妆品、香水、口红、眉笔、成套化妆用具，注册有效期自 2008 年 10 月 7 日至 2018 年 10 月 6 日止。注册之后，原告自己从未使用过该商标。2012 年 6 月 19 日，原告通过被告经营的 www.ule.com.cn 网站购买唇彩一瓶，公证书显示在搜索栏中输入"duwop"后，显示有关该品牌介绍及 20 多件"DuWoP"品牌的商品。所购唇彩的"商品信息"显示产地美国，该唇彩外包装盒及商品上有"DuWoP"标志。百度百科显示"Duwop"系美国知名的专注唇部护理彩妆品牌。被告网站上销售的涉案商品的供货商为案外人凡之美公司。被告与凡之美公司协议约定被告为凡之美公司在邮乐网上展示并代销符合协议约定的凡之美产品，协议有效期自 2011 年 5 月 10 日至 2012 年 5 月 9 日，但协议附件一中并未包括涉案品牌。2013 年 4 月，凡之美公司向被告出具《公函》，称其在被告经营的电子商务网站邮乐网上销售的"DuWop"品牌化妆品为美国 SKINSTORE 网站（美国 SALU 公司旗下网站）合法销售品牌，根据凡之美公司与美国 SALU 公司签订的代理销售协议，其在中国合法销售美国 DuWop 化妆品公司所有的商品。另查明，原告在浙江法院提起诉讼，诉称凡之美公司在其经营的网站上销售侵犯原告"DuWoP"商标权的商品，要求凡之美公司停止侵权、赔偿损失 8 万元。再查明，除涉案商标外，原告还曾申请注册"FRESH""神州数码""ELLE""宜家"等 80 个商标。2007 年 1 月 16 日的《东方早报》有题为《沪上知名餐饮店疑遭群体恶意抢注》的报道，称涉及"黄浦会""陆唯轩""楼外楼""来天华"均被抢注为月饼、粽子等的商标并有偿转让，注册人为原告。被告庭审中称，其员工在审核过程中发现凡之美公司提供的商品材料存在瑕疵，已于 2013 年 3 月 14 日自行下架了凡之美公司所有商品。被告与凡之美公司签订的合同期限为 1 年，到期后自动顺延。2013 年 3 月被告下架了凡之美公司的产品后双方终止了合同。

原告诉称，其于 2008 年 10 月 7 日向国家工商行政管理总局商标局注册取得"Duwop"商标，注册类别为第 3 类化妆品等。原告注册以后从未使用过该商标。2012 年 7 月，原告在被告上海邮乐贸易有限公司网站上购买了一支"DuWoP"品牌的唇彩。原告认为被告通过网站销售带有"DuWoP"商标标识的产品，侵犯了其商标权。故请求判令被告停止侵权，赔偿原告 8 万元并消除影响。

被告辩称，其经营的邮乐网是一个提供网上购物及服务的平台网站，原告所称的侵权商品是由与被告合作的第三方向美国供货商采购，来源合法，故不应承担法律责任。同时"DuWoP"品牌为美国 Duwop 公司的知名彩妆品牌，1999 年即已在美国申请注册，原告的行为属于恶意抢注商标，且 3 年未使用，应予撤销。

审 判

上海市浦东新区人民法院经审理后认为，本案的争议焦点是被告的销售行为是否侵犯了原告商标权以及被告应承担何种责任。

第一，被告的销售行为侵犯了原告商标权。被告在其经营的邮乐网上销售的商品上有"DuWop"标识，该标识与原告的注册商标"Duwop"读音相同，字形相同，字母及排列顺序上也均相同，仅存在"w"的大小写区别，故二者构成近似。被告销售的涉案商品上使用与原告注册商标近似的商标，且该商品属于原告注册商标核定使用的范围，易使相关公众误以为是原告的产品，故构成对原告注册商标专用权的侵害。对于被告关于"DuWop"品牌早在1995年就已在美国成立，且涉案产品系由凡之美公司向美国供应商采购后向其提供的抗辩意见。法院认为，首先，根据注册商标保护的地域性原则，在国外享有的商标权并不当然延伸到我国，因此境外商标在我国的使用不得侵犯我国的注册商标权。其次，被告提供的凡之美公司与美国供应商之间的协议未经公证，不予采纳，即使该证据真实有效，也不能证明该产品是美国"DuWop"商标权人生产或授权生产的产品，同时被告也未能提供凡之美公司办理了海关报关手续后从境外合法地进口了该商品。再次，被告自2011年7月就应当知道凡之美公司在被告网站上销售涉案品牌商品，而该品牌并不在双方协议所包含的品牌中，被告有义务要求凡之美公司提供品牌资质及货物的合法来源等证明文件，也有义务对凡之美公司的化妆品进口手续是否取得了检验检疫合格证明等予以审核，但却未尽到应尽的义务，行为存在过错。最后，用户在被告网站上下单购买后的发货单上名次为被告，网站的页面显示及送货包装均突出使用"邮乐"字样，被告收取货款并扣除一定费用按货款结算给凡之美公司，被告以自己的名义开具发票给用户，并处理退换货等售后服务。因此被告并非只是提供网络销售平台，其直接与用户发生了购销关系，被告应对其所销售的产品来源的合法性负责。

第二，关于被告应承担的民事责任。由于原告确认被告网站上已经停止销售涉案商品，被告的侵权行为已经停止，故不再判决被告承担停止侵权的民事责任。关于原告要求被告赔偿经济损失及合理费用8万元的诉请。法院认为，商标权人如果不使用其注册商标，就不会产生经济上的收益，就不存在实际的经济损失。依据填平原则，只有存在损失才能获得相应的赔偿，并以侵权行为造成的实际损失为限。原告作为商标权利人应当举证证明其使用涉案商标并获得收益的事实，以此证明因被告的侵权行为造成其市场利益受损。现原告虽称许可他人使用涉案商标但未提供相应的证据证明，因此本院不能确认原告在2008年注册后实际使用了注册商标,也难以认定原告因被告侵权而遭受经济损失。同时,商标只有使用才能发挥其实际效用,才能建立商标与商品之间的联系,否则就浪费了商标资源,亦可能损害他人的利益。原告注册"Duwop"商标至今已近五年时间却一直未使用,其还曾先后注册了80个他人在使用的商业标识,其中不乏一些知名品牌。原告的上述行为表明其大量注册商标的目的并不真正是为了正常的使用,而是另有意图,这种不当的行为应当受到规制,故原告注册商标后长期不使用,其为了获得经济赔偿而提起诉讼所发生的费用应由其自行承担。综上,对原告主张被告赔偿经济损失及合理费用8万元的诉讼请求,法院不予支持。关于原告要求被告登报消除影响的诉讼请求。由于商业信誉是权利人在长期使用注册商标后积累而成,而原告并没有使用涉案商标,所以被告的行为并不会导致原告商标所包含的商业信誉的降低,故对原告上述诉请不予支持。综上,依照2001年《商标法》第52条第(2)项、第56条,《最高人民法院关于审理商标民事纠纷案件适用法律若干问题的解释》第9条、第10条之规定,判决驳回原告付某的全部诉讼请求。

一审判决后,原、被告均未提起上诉。

评 析

本案是一起典型的原告"囤积"商标作为索赔工具而引起的商标侵权纠纷。主要的争议焦点在于:原告注册了"Duwop"商标,但未进行任何实际使用,被告的销售行为是否侵犯了原告的商标权,被告是否应承担停止侵权、赔偿损失的民事责任。

一、关于被告销售行为是否侵权的认定

商标侵权行为指未经商标权人许可,实施商标法所禁止的使用商标的行为。判定侵害商标权应满足如下条件:第一,商标权属合法有效;第二,被控侵权人使用行为违法。

本案中,被告的销售行为是否侵犯原告商标权的认定,有以下几点需要进行考虑:1.原告对涉案商标的注册是否系恶意抢注;2.原告注册涉案商标之后未使用对侵权认定的影响;3.被告在被控侵权行为中的"角色"是仅作为网络销售平台提供者还是与用户发生了直接的购销关系。现对如上问题逐一分析。首先,原告对涉案商标的注册是否如被告所称构成恶意抢注。恶意抢注是指行为人明知或应知是受他人在先民事权益保护的对象,仍将之作为商标提出注册申请的行为。恶意抢注违反了基本的商业道德,导致他人特定民事权益的损害,属于违

反诚实信用的行为。狭义的恶意抢注中的在先民事权益限定为商业标识类权益，如驰名商标、未注册商标、知名商品特有名称或特有包装装潢、企业名称或其字号等；广义的还包括肖像权、姓名权等。本案中，即使如被告所述"Duwop"已经在美国注册，依据商标保护的地域性原则，在国外享有的商标权并不当然延伸到我国，因此原告注册该商标时他人的在先商标权并不存在。2001年《商标法》第13条规定，"就相同或者类似商品申请注册的商标是复制、摹仿或者翻译他人未在中国注册的驰名商标，容易导致混淆的，不予注册并禁止使用。"本案中，被告并未提供足够的证据证明美国"Duwop"商标的知名度。即使被告提供了证据，由于上述规定是商标局在商标注册时的审查范围，国外商标权人可以据此通过行政程序向商标局申请撤销该商标，国内法院能否根据上述规定直接否定注册商标的效力尚需探讨。其次，原告注册涉案商标之后未使用对侵权认定的影响。本案原告注册商标后5年未进行使用，原告称许可他人使用但无证据证明。有观点认为，若注册商标并未进行任何商业性使用，则被控侵权人使用该标识不会造成相关公众的混淆误认，不构成商标侵权。也有观点认为，连续3年未使用的申请撤销应由行政程序解决，民事诉讼中只要商标注册了就应对商标权利予以确认。因此司法实践中对这种情况会产生不同的判决结果。笔者认为，注册商标权利人对注册商标享有独占使用权和对他人的禁用权，也就是说商标一经注册，他人就不得在相同或类似商品上使用该注册商标。如果因为商标实际不使用而否定商标权，将影响到商标权人以后对商标权的行使。若他人认为该商标注册不当的，可以依据《商标法》的规定请求商标评审委员会撤销该注册商标。最高人民法院在2009年4月21日出台的《关于当前经济形势下知识产权审判服务大局若干问题的意见》（以下简称《意见》）第7条中明确指出："请求保护的注册商标未实际投入商业使用的，确定民事责任时可将责令停止侵权行为作为主要方式。"上述规定说明注册商标未实际使用亦应受到保护。最后，被告虽然为他人销售产品提供了一个网络平台，但其以自己的名义向网络用户发货，开具发票并收款，其与用户产生了直接的购销关系，因此被告应对其所销售产品的合法性负责，承担相应的民事责任。

二、关于赔偿经济损失诉请的处理

我国民法上的侵权赔偿坚持"填平原则"，即仅对被侵权人所遭受的损失进行弥补，使之恢复到未受侵害前的状态。未实际使用注册商标没有投入商业运作，也没有创造任何商业价值，如何确定其因侵权遭受损失是难点问题。有观点认为，未实际使用的商标权人损失除了为制止侵权行为所支付的合理开支，还可能有潜在利益的损失，即商标权人与注册商标之间的联系因他人的商标侵权行为被削弱，今后商标权人实际使用反而可能会造成消费者的"反向混淆"。笔者认为，商标侵权赔偿遵循的是填平原则。根据《商标法》的规定，即原告的损失或被告的获利。潜在利益是不确定的，将来可能发生，也可能不会发生。因此，在原告目前不存在任何损失的情况下，其潜在利益的损失无法得到填补。特别是对于恶意抢注他人商标又不使用的，在确定赔偿额时还应考虑商标权人的真实使用意图。如果并不具有真实使用意图，不宜进行赔偿，否则反而会助长囤积、闲置等商标寻租行为。《意见》规定："请求保护的注册商标未实际投入商业使用的，确定民事责任时可将责令停止侵权行为作为主要方式，在确定赔偿责任时可以酌情考虑未实际使用的事实，除为维权而支出的合理费用外，如果确无实际损失和其他损害，一般不根据被控侵权人的获利确定赔偿；注册人或者受让人并无实际使用意图，仅将注册商标作为索赔工具的，可以不予赔偿……"就本案来说，法院在审理中发现，原告除了注册涉案商标至今已近五年时间却一直未使用外，其还曾先后注册了 80 个他人在使用的商业标识，其中不乏一些知名品牌。原告的上述行为表明其大量注册商标的目的并不真正是为了正常的使用，而是意图通过抢先注册有一定知名度的商标，以期日后获取高额回报，这种行为应该受到规制，不但不能得到经济赔偿，其为了获得经济赔偿而支出的费用包括相应的诉讼费用也应由其自行负担。因此法院依据《意见》的规定，判决驳回原告全部诉讼请求。本案对企图通过商标囤积、闲置等商标寻租获得经济利益的行为起到了一定的警示作用，具有一定的典型性和指导意义。

案例索引

一审：上海市浦东新区人民法院（2013）浦民三（知）初字第 249 号民事判决书

一审判决时间：2013 年 9 月 17 日

确认不侵权之诉与行政处理并行的可行性

——苏州国信集团旺顺进出口有限公司诉特制自行车配件有限公司确认不侵害商标权纠纷案

倪红霞

裁判要旨

确认不侵权之诉是知识产权诉讼领域中的一项特有的制度,提起此类诉讼必须满足一定的条件。对于尚在行政执法部门处理中的商标侵权案件,由于商标权利人已经向行政执法部门提出了处理商标侵权争议的请求,该处理程序可以使处于不确定状态的法律关系得到解决,因此被控侵权方在此期间不能向法院提起确认不侵权之诉。

案 情

原告:苏州国信集团旺顺进出口有限公司

被告:特制自行车配件有限公司

被告是第 3734637 号"FATBOY"注册商标专用权人,2012 年 12 月,案外人昆山小龙人儿童用品有限公司生产了一批标有"Fatboy"标识的儿童自行车,并将该批自行车委托原告出口至马来西亚。上述货物在出口报关过程中,因涉嫌侵犯被告"FATBOY"商标权被上海海关扣留。海关扣留后对该批自行车是否侵犯被告的"FATBOY"注册商标专用权展开调查,至原告提起诉讼时尚未作出定论。

原告诉称：原告主要经营国际贸易进出口代理业务，已建立起婴儿推车、儿童自行车等出口基地。被告作为第 3734637 号"FATBOY"注册商标专用权人，将该商标向中国海关申请了知识产权保护备案。2012 年 12 月，案外人昆山小龙人儿童用品有限公司接受采购方马来西亚 PERNIAGAAN YAN SHAN SDN. BHD 公司委托，按照采购方来样定制要求生产了一批儿童自行车，并将其生产的全部儿童自行车委托原告出口至马来西亚。然而，上述货物在出口报关过程中，因涉嫌侵犯被告"FATBOY"商标权被上海海关查扣。原告认为，上述货物系来样定牌生产，并将全部出口至马来西亚，在中国境内并无任何销售，故不会使中国境内的相关公众产生混淆，且被告的"FATBOY"商标并未在马来西亚申请注册保护。故原告的定牌加工和出口的行为不构成商标侵权。原告遂起诉，请求确认被查扣货物不侵犯被告第 3734637 号"FATBOY"注册商标专用权。

审 判

上海市浦东新区人民法院经审理认为，确认不侵权之诉是指在知识产权权利人发出侵权停止警告而又怠于交有权处理的机构处理的情形下，被警告人或者利害关系人请求法院确认不构成侵权的民事诉讼。提起确认不侵权之诉的目的在于结束由于权利人的侵权警告所带来的不稳定的法律状态，作为一种辅助性救济手段，其提起必须满足一定的条件，包括：原告受到了内容明确的侵权警告；权利人未在合理期间内启动争议解决程序；由于不启动争议解决程序致使争议法律关系状态不明；这种不明法律状态导致原告的合法权益受到或可能受到损害。

本案中，因原告申报出口的商品涉嫌侵犯被告的注册商标专用权，被告向海关申请扣留了原告的商品。海关是国家的进出关境监督管理机关，具有认定、查处知识产权侵权行为的权利和义务。根据《知识产权海关保护条例》（以下简称《条例》）第 20 条的规定，海关发现进出口货物有侵犯备案知识产权嫌疑并通知知识产权权利人后，知识产权权利人请求海关扣留侵权嫌疑货物的，海关应当对被扣留的侵权嫌疑货物是否侵犯知识产权进行调查、认定。《中华人民共和国海关关于〈中华人民共和国知识产权海关保护条例〉的实施办法》第 29 条第 1 款规定，对海关不能认定有关货物是否侵犯其知识产权的，知识产权权利人可以根据《条例》第 23 条的规定向人民法院申请采取责令停止侵权行为或者财产保全的措施。上海海关于 2012 年 12 月 25 日作出《扣留（封存）决定书》判决后，应对涉案货物是否侵权作出认定，而至目前为止上海海关对于本案所涉争议仍在处理期间。被告请求海关进行查扣说明被告作为商标权利人已经要求海关处理涉案商标侵权纠纷，该处理程序可以使处于不确定状态的法律关系得到解决。因此原告在海关处理争议期间提起本案诉讼，不符合提起确认不侵权之诉的条件，原告的起诉应予驳回。依照《民事诉讼法》第119条、第154条第1款第（3）项、《最高人民法院关于适用〈中华人民共和国民事诉讼法〉若干问题的意见》第139条之规定，裁定驳回原告的起诉。案件受理费人民币800元，退还原告。

一审裁定后，原告不服，提起上诉。原告认为本案争议符合确认不侵权之诉的必要受理条件，应当予以受理。原审对法律适用存在偏颇，存在怠于管辖之嫌，故上诉请求二审撤销原审裁定，依法继续审理本案。

上海市第二中级人民法院经审理认为，上海海关系国家进出关境监督管理机关，有权对知识产权的侵权行为作出认定。本案争议目前处于上海海关处理期间，故上诉人另行提起民事诉讼，缺乏依据，不予支持。原审认定事实清楚，适用法律正确，应予维持。故根据《民事诉讼法》第154条之规定，裁定如下：驳回上诉，维持原裁定。

评　析

确认不侵权之诉是指在知识产权权利人发出侵权停止警告而又怠于交有权处理的机构处理的情形下，被警告人或者利害关系人请求法院确认不构成侵权的民事诉讼。确认不侵权之诉是近年来知识产权领域出现的一种新型的、特有的诉讼，此类案件数量目前虽然不是很多，但显然有增长趋势，并涉及了专利、商标、著作权，甚至不正当竞争等知识产权各个领域。由于相关法律法规的缺失，提起确认不侵权之诉需要具备哪些条件及对这些条件如何理解、管辖如何确定、受到警告的利害关系人的界定、原告能否在确认不侵权之诉中提出损失赔偿等诸多问题对法官处理此类案件产生了困扰，都需要在审判实践中不断地摸索和研究。

一、对提起确认不侵权之诉的法律依据的梳理

我国最早的确认不侵权之诉案件被认为是2001年的苏州龙宝生物工程实业公司诉苏州郎力福保健品公司确认不侵犯专利权纠纷案。最高人民法院就此案于2002年7月12日答复江苏省高级人民法院："依据《民事诉讼法》第108条和第111条的规定，对于符合条件的起诉人民法院应当受理。本案中，由于被告朗力福公司向销售原告龙宝公司产品的商家发函称原告的产品涉嫌侵权，导致经销商停止销售原告的产品，原告的利益受到了损害，原告与本案有直接的利害关系；原告在起诉中，有明确的被告；有具体的诉讼请求和事实与理由，属于人民法院受理民事诉讼的范围和受诉人民法院管辖，因此，人民法院对本案应当予以

受理。本案中，原告向人民法院提起诉讼的目的，只是针对被告发函指控其侵权的行为而请求法院确认自己不侵权，并不主张被告的行为侵权并追究其侵权责任。以请求确认不侵犯专利权纠纷作为案由，更能直接地反映当事人争议的本质，体现当事人的请求与法院裁判事项的核心内容。"❶ 最高人民法院的上述批复可以说是审理确认不侵权之诉案件最早的依据，批复除了要求此类案件的受理必须符合《民事诉讼法》规定的立案条件外，同时还确定了受理的两个前提条件，即原告受到了明确的侵权警告，这种警告将会导致原告的利益受损，这两个条件在此后的相关司法解释中均被采用。

2004年6月24日，最高人民法院民三庭在《关于本田技研工业株式会社与石家庄双环汽车股份有限公司、北京旭阳恒兴经贸有限公司专利纠纷案件指定管辖的通知》中指出："确认不侵犯专利权诉讼属于侵权类纠纷，应当依照民事诉讼法第29条的规定确定地域管辖。涉及同一事实的确认不侵犯专利权诉讼和专利侵权诉讼，是当事人双方依照民事诉讼法为保护自己的权益在纠纷发生过程的不同阶段分别提起的诉讼，均属独立的诉讼，一方当事人提起的确认不侵犯专利权诉讼不因对方当事人另行提起专利侵权诉讼而被吸收。但为了避免就同一事实的案件为不同法院重复审判，人民法院应当依法移送管辖合并审理。"❷ 上述通知明确了确认不侵权之诉依照侵权之诉的管辖规定来确定管辖的原则，同时也明确了确认不侵权之诉提起后，权利人仍可提起侵权之诉，但应当合并审理。

2008年4月1日起施行的《民事案件案由规定》，正式将确认不侵权纠纷确定为三级案由，列于知识产权权属、侵权纠纷之下，其中第152个案由确认不侵权纠纷，包括：确认不侵犯专利权纠纷、确认不侵犯注册商标专用权纠纷以及确认不侵犯著作权纠纷。最高人民法院将确认不侵权纠纷定义为"利益受到特定知识产权影响的行为人，以该知识产权权利人为被告提起的，请求确认其有关行为不侵犯该知识产权的诉讼。"

此后，在2010年1月1日起施行的《最高人民法院关于审理侵犯专利权纠纷案件应用法律若干问题的解释》中，首次对提起确认不侵权之诉的条件作了具体规定，其中第18条规定："权利人向他人发出侵犯专利权的警告，被警告人或者利害关系人经书面催告权利人行使诉权，自权利人收到该书面催告之日起1个月内或者自书面催告发出之日起2个月内，权利人不撤回警告也不提起诉讼，被警告人或者利害关系人向人民法院提起请求确认其行为不侵犯专利权的诉讼的，

---

❶ 最高人民法院（2001）民三他字第4号。
❷ 最高人民法院（2004）民三他字第4号。

人民法院应当受理。"上述解释使确认不侵权之诉首次在立法层面上确立了受理的条件,虽然其针对的是专利权,但在审判实践中对于商标、著作权等纠纷都可参照上述司法解释执行。

随着确认不侵权之诉纠纷的案件数量不断增加,最高人民法院多次在各种讲话中涉及确认不侵权之诉,指导此类案件的审理。2004年11月,时任最高人民法院副院长曹建明在全国法院知识产权审判工作座谈会上指出:"对当事人提出的确认不侵权诉讼请求,要以利害关系人受到侵权警告而权利人又未在合理期限内依法启动纠纷解决程序为基本的立案受理条件。"在2005年11月召开的全国法院知识产权审判工作座谈会上,曹建明再次指出:"提起确认不侵权诉讼一般以利害关系人受到侵权警告而权利人又未在合理期限内依法启动程序请求有权机关作出处理为基本条件。所谓合理期限要根据具体案情而定,但一般可掌握在不少于3个月。基于同一法律事实发生的纠纷,已经由有管辖权的法院依法处理完毕或者正在处理中的,当事人就此提出的确认不侵权诉讼,就不要再重复受理。"最高人民法院于2009年4月在《关于当前经济形势下知识产权审判服务大局若干问题的意见》中讲到:"完善确认不侵权诉讼制度,遏制知识产权滥用行为,为贸易和投资提供安全宽松的司法环境。继续探索和完善知识产权领域的确认不侵权诉讼制度,充分发挥其维护投资和经营活动安全的作用。除知识产权权利人针对特定主体发出侵权警告且未在合理期限内依法提起诉讼,被警告人可以提起确认不侵权诉讼以外,正在实施或者准备实施投资建厂等经营活动的当事人,受到知识产权权利人以其他方式实施的有关侵犯专利权等的警告或威胁,主动请求该权利人确认其行为不构成侵权,且以合理的方式提供了确认所需的资料和信息,该权利人在合理期限内未作答复或者拒绝确认的,也可以提起确认不侵权诉讼。探索确认不侵犯商业秘密诉讼的审理问题,既保护原告的合法权益和投资安全,又防止原告滥用诉权获取他人商业秘密。"上述讲话使确认不侵权之诉的受理条件更加具体,内容更加丰富,特别是对于目前尚无法律规定的商标、著作权、商业秘密等确认不侵权案件的审理提供了一定的依据。

二、行政执法部门的处理能否与确认不侵权之诉并存

确认不侵权之诉是知识产权诉讼领域中的一项特有的制度,作为一种非常态的、辅助性的救济手段,可以让被控侵权人掌握主动权,及时有效地减少由于权利人的侵权警告给被控侵权人的经营活动带来的不利影响,因此有其存在的必要性和合理性,但也应防止因基于不正当竞争或其他非法目的而被不恰当地滥用。因此必须严格受理条件,除了必须符合民事诉讼法规定的受理条件外,根据最高人民法院的精神还应当符合以下几个条件：原告受到了内容明确的侵权警告；权利人未在合理期间内请求有权处理机关启动争议解决程序；由于不启动争议解决程序致使争议法律关系状态不明；这种不明法律状态导致原告的合法权益受到或可能受到损害。

我国的知识产权救济方式包括民事司法、刑事司法及行政执法3条途径。根据相关法律法规的规定，工商、海关等行政执法部门也有权对商标、著作权等侵权行为作出认定和处理。权利人既可以选择向法院起诉，也可以请求由行政执法部门处理。但如果行政机关率先介入了对侵权行为的调查，在其作出处理决定前，被控侵权人能否向法院提起确认不侵权之诉，在审判实践中有很大的争议，理论界对此也意见不一。

我国2001年《商标法》第53条规定，有《商标法》第52条所列侵犯注册商标专用权行为之一，引起纠纷的，由当事人协商解决；不愿协商或者协商不成的，商标注册人或者利害关系人可以向人民法院起诉，也可以请求工商行政管理部门处理。据此商标权利人可以选择请求通过行政或司法途径解决商标侵权纠纷，被控侵权方应当积极应对，配合行政程序的顺利进行。行政机关作出的认定结果同样具有法律效力，如果当事人对处理决定不服的，可以在规定期限内依照行政诉讼法的规定向人民法院起诉。也就是说纠纷仍然可以通过司法程序作出最终的裁决。而如果允许被控侵权方在行政机关处理期间提起确认不侵权之诉，造成行政机关与司法机关同时处理一个相同的案件，由此可能引起最终处理结果的不同，这是极其不严肃的。又或者采取"先民事后行政"的处理方式，行政诉讼中止审理，后立案的民事案件先行处理。但这种方式不仅浪费了司法资源，而且把权利人选择的行政救济方式撇在一边，等同于由被控侵权方来决定纠纷的解决方式，这对于权利人也是不公平的。最高人民法院前述讲话中在讲到受理不侵权之诉的条件时采用了"有权机关"的讲法，而没有明确是法院，"有权机关"应当包括对知识产权侵权行为有查处权的行政执法机关。

有观点认为，根据《最高人民法院关于审理商标案件有关管辖和法律适用范围问题的解释》第3条规定，"商标注册人或者利害关系人向工商行政管理部门就侵犯商标专用权行为请求处理，又向人民法院提起侵犯商标专用权诉讼请求损害赔偿的，人民法院应当受理；"其第10条规定"人民法院受理的侵犯商标专用权纠纷案件，已经过工商行政管理部门处理的，人民法院仍应当就当事人民事争议的事实进行审查。"《最高人民法院关于审理著作权民事纠纷案件适用法律若干问题的解释》第3条第1款规定："对著作权行政管理部门查处的侵犯著作权行为，当事人向人民法院提起诉讼追究该行为人民事责任的，人民法院应当受理。"因此按照上述规定，知识产权权利人可以同时行使司法、行政救济权，既然法律法规已经赋予了权利人这一诉权，根据当事人地位平等原则，显然没有理由否定被控侵权人在行政机关处理期间提起确认不侵权之诉。上述观点似乎很有道理。但我们仔细推敲一下上述司法解释，这种观点存在理解上的偏颇。虽然民事诉讼与行政处理都要对行为是否构成侵权作出认定，但行政处理重在对行政相对人的处罚，是依法对行政相对人违反行政法律法规而尚未构成犯罪时给予法律制裁的行政行为，罚款将上缴国库。而民事诉讼是权利人基于要求被控侵权人承担停止侵权、赔偿损失等民事责任而提起的，被控侵权人受到行政处罚不影响权利人获得民事赔偿。在上述《最高人民法院关于审理商标案件有关管辖和法律适用范围问题的解释》第3条规定中，强调的受理条件是"又向人民法院提起侵犯商标专用权诉讼请求损害赔偿的"，也就是说，权利人在寻求行政保护后，可以请求被控侵权人赔偿损失，这一赔偿在行政处理阶段是无法由行政机关作出裁决的，行政机关只能就损失赔偿部分主持双方调解。《最高人民法院关于审理著作权民事纠纷案件适用法律若干问题的解释》第3条的规定是同样的道理。而法院在诉讼中对案件事实的审查是作出判决必需的，不能因为法院同样要审查侵权事实而否定行政处理程序。因此，在权利人选择了有权处理的行政部门进行处理的情况下，被控侵权人不能再行向法院提起确认不侵权之诉。

本案中，根据《条例》第20条的规定，海关发现进出口货物有侵犯备案知识产权嫌疑并通知知识产权权利人后，知识产权权利人请求海关扣留侵权嫌疑货物的，海关应当自扣留之日起30个工作日内对被扣留的侵权嫌疑货物是否侵犯知识产权进行调查、认定；不能认定的，应当立即书面通知知识产权权利人。《中华人民共和国海关关于〈中华人民共和国知识产权海关保护条例〉的实施办法》第29条第1款规定，对海关不能认定有关货物是否侵犯其知识产权的，知识产权权利人可以根据《条例》第23条的规定向人民法院申请采取责令停止侵权行为或者财产保全的措施。海关是国家的进出关境监督管理机关，具有认定、查处知识产权侵权行为的权利和义务。被告向海关总署申请了知识产权海关保护备案，上海海关在出口货物检查的过程中查获涉嫌侵权的货物后，通知了被告，被告向海关提出了扣留侵权货物的申请，海关随即扣押了该批货物。被告请求海关进行查扣说明被告作为商标权利人已经要求海关处理涉案商标侵权纠纷，海关作为有权处理机关对出口行为依法作出侵权或不侵权的结论，该处理程序可以使处于不确定状态的法律关系得到解决。上海海关于2012年12月25日作出扣留决定后，应对涉案货物是否侵权作出认定，而从本案原告提起诉讼直至法院作出裁定之日，上海海关对于本案所涉争议仍然没有作出是否侵权的认定，也没有发出不能认定是否侵权的通知。被告已经启动了争议解决程序，并在等待海关作出处理，其并没有怠于行使其诉权。如果海关最终作出了不能认定侵权的决定，权利人依法可以在规定的期限内向法院提起民事诉讼，请求法院作出裁判。若权利人在规定的期限内不起诉，虽然海关应将货物予以放行，但被控侵权行为是否构成侵权仍然处于不确定的状态，为结束这种状态，使被控侵权行为的定性有一个明确的定论，被控侵权人可以提起确认不侵权之诉。因此原告在海关处理争议期间提起本案诉讼，不符合提起确认不侵权之诉的条件，原告的起诉应予驳回。

案例索引

一审：上海市浦东新区人民法院（2013）浦民三（知）初字第424号民事判决书

一审裁定日期：2013年7月16日

二审：上海市第一中级人民法院（2013）沪一中民四（商）终字第1435号民事判决书

二审裁定时间：2013年8月16日

商标合理使用的司法判断

——震旦行股份有限公司诉上海市震旦进修学院侵害商标权纠纷案

倪红霞

裁判要旨

商标的合理使用解决了注册商标权利人与善意使用商标的他人之间的冲突,保证了双方利益的平衡。司法实践中对于判断商标合理使用与商标侵权是一个较为复杂的法律问题。商标的合理使用必须具备善意使用、适当使用、不造成混淆等条件。本案从商标合理使用的角度认定被告的使用行为不构成商标侵权,解决了善意在先使用标识与在后注册商标之间的冲突。

案 情

原告:震旦行股份有限公司
被告:上海市震旦进修学院

原告于1964年3月5日在台湾省注册成立,主要业务涉及各类家具、机械等。1994年4月8日原告在台湾省取得《职业训练机构设立证书》,原告设立教育训练中心,训练职类为营业新员、服务新员等班。自1983年起原告在台湾省注册"震旦+AURORA""图形+震旦行+AURORA"等商标,营业种类为教育及娱乐。

1999年7月29日原告向国家工商行政管理总局商标局申请注册"AURO-RA"商标，并于2000年10月14日取得第1459792号"AURORA"商标注册证，核定服务项目第41类教育、学校（教育）、教学、培训等。原告还同时申请在第41类教育等项目上注册第1459791号"震旦"商标，在商标公告期间，被告提出异议。2002年9月12日商标局裁定对原告申请的"震旦"商标不予注册。

1984年上海卢湾区集管局职工学校成立，1992年2月该校更名为卢湾区震旦进修学校。1993年4月15日上海成人教育协会同意正式成立上海市震旦进修学院，地址在上海市卢湾区马当路354弄10号。被告1998年6月的《社会力量办学许可证》显示：办学形式为业余、全日制，办学范围为文化、职技、高等助学，招生对象为成人、大、中学生。2004年5月7日被告取得第3360142号"震旦"商标在第41类教育、培训等服务上的注册商标专用权。

被告获得的荣誉：1997年2月获1995~1996年上海市社会力量办学先进单位称号。1997年12月31日获中国成人教育协会民办高等教育委员会颁发的"民办高等院校先进单位"称号。1999年9月被全国电子信息应用教育中心评为"97~98年度先进教学站"。1999年11月被上海第一电子信息应用教育中心评为"97~98年度先进教学站"。2001年4月获"上海市高等教育自学考试先进单位"荣誉称号。1998年《人才市场报》上《求学者心目中的"名牌"学校》一文中称"被提名次数最多的10家培训机构是：震旦进修学院"等。被告自1998年起在《新民晚报》《每周广播电视报》《解放日报》《劳动报》《文汇报》《上海成人教育》等上大量刊登了招生广告。

被告自1994年起在自编英语教材、教师证、画册、请柬、校牌、校电视台主持背景墙等上使用了"ZHENDAN AURORA COLLEGE 上海市震旦进修学院""AURORA""震旦AURORA""Shanghai Aurora University, Shanghai Aurora Foreign Language Middle School"等文字。在1999年1月的《中国引进时报》《上海成人教育》上标有"AURORA+图形""震旦AURORA"。在2000年、2002年的《文汇报》《新民晚报》上有"上海震旦学院"的介绍和招生广告，并有"图形+震旦教育AURORA EDUCATION GROUP"。

1996~1999年期间，原告提出与被告合作办学，双方进行了磋商，但未能协商一致。

2004年6月原告发现被告在其网站（www.sh-aurora.net）上有含有"AURORA"文字的内容："震旦教育AURORA EDUCATION GROUP""震旦学院AURORA COLLEGE""震旦外国语幼儿园欢迎你Welcome to Aurora Foreign Language Kindergarten"（域名链接至www.age06.com）、震旦教育集团第七届田径运动会

会标：AURORA 及图形（显示域名链接至 http：//gzgz. shedu. net）等。在被告校门口有校牌："上海市震旦进修学院 SHANGHAI ZHEN DAN AURORA COLLEGE"；校门口灯箱："欢迎来震旦学习 WELCOME TO AURORA"；校内公示栏最后落款："AURORA"；校内横幅："震旦欢迎你 WELCOME TO AURORA"；校教学楼外墙："震旦 AURORA"。原告申请公证处对上述情况进行了证据保全公证。

另查明，2003 年 12 月 26 日，被告以原告抢注被告在先使用的"AURORA"商标为由，向国家商评委申请撤销原告的第 1459792 号"AURORA"注册商标。2010 年 1 月 25 日，国家商标评审委员会（简称"商评委"）以不能认定原告抢注商标为由，作出裁定：争议商标予以维持。被告不服，向北京市第一中级人民法院提起诉讼，该院以原告违反诚实信用原则，抢先注册他人在先使用并有一定影响的商标为由，于 2010 年 12 月 17 日判决，撤销商评委作出的商标争议裁定。原告就该判决向北京市高级人民法院提起上诉，该院尚未作出处理。

2004 年 1 月 13 日，被告以原告的第 1459792 号"AURORA"商标自注册以来连续 3 年未在中国使用为由，向国家工商行政管理总局商标局请求撤销该商标。2006 年商标局以原告进行了商业使用为由，作出决定，驳回被告的撤销申请。被告不服向国家商评委申请复审。2010 年 1 月 25 日，国家商评委作出决定：维持商标局决定，复审商标予以维持。被告不服，向北京市第一中级人民法院提起诉讼，该院于 2010 年 12 月 17 日作出判决，撤销复审决定。原告就该判决向北京市高级人民法院提起上诉，该院尚未作出处理。

原告诉称，原告享有"AURORA"商标在第 41 类上的注册商标专用权，并实际使用和宣传。被告自 2002 年起将"AURORA"商标用于自己学校的英文名称、域名、网站等处，并对该商标进行了突出宣传，已构成对原告"AURORA"商标专用权的侵害。故请求判令：①被告立即停止擅自使用"AURORA"商标的侵权行为；②被告立即清除"AURORA"商标侵权标识；③被告在全国性媒体上刊登致歉声明，消除影响；④被告赔偿因其侵权而给原告造成的经济损失 50 万元。审理中原告撤回了上述第 2～4 项诉讼请求。

被告辩称，被告自 1994 年起开始使用"AURORA"，远早于原告申请注册商标的时间，在教育领域已具有较高知名度，已建立了"AURORA"与"震旦"之间的对应关系。被告将"AURORA"作为学校名称使用的行为系合法使用，并无造成公众误认的主观故意，也不希望公众产生误认。原告通过不正当手段取得"AURORA"商标，其权利存在瑕疵。事实上，原告注册"AURORA"商标后，从未使用该商标，在教育领域根本没有任何知名度，不可能造成公众混淆及误认的结果。故被告不构成对原告"AURORA"注册商标专用权的侵犯。

审 判

上海市浦东新区人民法院经审理认为,被告在上海市的教育领域内具有一定的知名度,其使用"AURORA"的时间早于原告,且将"AURORA"作为学校的英文名称与中文名称"震旦"对应使用,也未将"AURORA"突出使用,故被告对于"AURORA"的使用未超过其将"AURORA"作为学校名称核心部分的合理的使用方式和范围。而原告本身不具备办学的资质,在学校教育、培训上没有任何知名度,其知名度来源于办公家具行业,因此也不会造成相关公众对原、被告的混淆或误认。原告主张被告侵犯其注册商标专用权没有事实和法律依据,故不予支持。据此,依照《商标法实施条例》第49条,《最高人民法院关于审理涉及计算机网络域名民事纠纷案件适用法律若干问题的解释》第4条,《民事诉讼法》第64条第1款,《最高人民法院关于民事诉讼证据的若干规定》第2条之规定,判决驳回原告震旦行股份有限公司的诉讼请求。

– 审判决后,原、被告均未提起上诉。

评 析

本案是一起原告抢先注册被告已经使用并有一定知名度的服务商标后,转而起诉被告侵害其商标权的案件。我国2001年《商标法》第31条规定,申请商标注册不得损害他人现有的在先权利,也不得以不正当手段抢先注册他人已经使用并有一定影响的商标。但商标注册人申请注册的商标是否违反了上述规定由商标局审查,在获得商标注册后,是否会因违反上述规定而被撤销也由商标局审查。因此,在商标权人提起的商标侵权诉讼中,如果存在商标争议的情况,法院无法根据上述规定作出裁判,只能基于原告的注册商标在商标局争议的情况而中止诉讼多年。本案中,原告的注册商标被被告申请撤销,多年未决。法院最终从商标合理使用的角度认定被告使用涉案标识的行为不构成商标侵权,从而使一起中止多年的诉讼得以解决。

对于商标的合理使用的内容,我国只在2002年《商标法实施条例》第49条有所规定:注册商标中含有的本商品的通用名称、图形、型号,或者直接表示商品的质量、主要原料、功能、用途、重量、数量及其他特点,或者含有地名,注册商标专用权人无权禁止他人正当使用。上述规定的中内容来源于2001年《商标法》第10条第2款"县级以上行政区划的地名或者公众知晓的外国地名,不得作为商标。"以及第11条:"下列标志不得作为商标注册:(一)仅有本商品的通用名称、图形、型号的;(二)仅仅直接表示商品的质量、主要原料、功能、用途、重量、数量及其他特点的;(三)缺乏显著特征的。"因《商标法实施条例》第49条仅仅是将不得作为商标注册的内容规定为合理使用的范围,因此对于商标的合理使用调整范围过于狭窄,无法应对目前出现的各种情况。在司法实践中,如何划分商标合理使用与商标侵权行为之间的界限是一个较为复杂的法律问题。笔者认为,认定商标的合理使用必须具备一定的条件。

(1)使用者应当是善意的使用。使用人使用他人的注册商标必须有正当的理由,使用者不是将其作为商标使用,如使用注册商标只是为了对商品或服务作描述性或者指示性的说明。其使用行为不能带有恶意的、不正当竞争的意图,这是判断使用人是否合理使用他人注册商标的一个重要因素。

(2)使用者应当是在合理的范围内的正常使用。使用人使用他人的注册商标不能超过必要的范围和限度,其使用仅限于为了说明自己的商品或服务。同时使用方式也应当符合正常的标注习惯,不能侵害商标权人的利益。

(3)使用时不会造成他人的混淆、误认。商标权是一种绝对权,在注册商标有效的情况下,商标权利人享有要求排除他人对其商标权侵害的权利。因此即使使用者有正当的理由使用相同或近似商标,在使用时也必须避免造成公众对其使用的标识与注册商标之间的混淆或误认。

本案中,双方争议的焦点在于被告在先使用"AURORA"的行为是否侵犯了原告在后注册的"AURORA"注册商标专用权。

(1)被告主观上不具有恶意使用的意图。首先,被告使用"AURORA"的时间早于原告的商标注册时间。"AURORA"有"曙光"的含义,创立于1903年的震旦大学的英文校名为"AURORA",在几十年的使用中使"震旦"与"AURORA"之间建立了对应关系,也建立了其在教育领域的知名度。被告1993年正式成立后,使用"震旦"字号,于1994年起一直使用"AURORA"作为英文校名对外使用。而原告在国家商标局注册"AURORA"商标的时间是1999年,远晚于被告使用"AURORA"的时间。其次,从原告商标在教育行业中的知名度看,远不如被告在该行业中享有的知名度。原告是台湾的企业,其经营范围是家具、机械等,并不涉及教育、培训等,也没有在大陆取得设立学校或其他教育机构从事教育和办学的资质,不具备从事教学的招生资格。原告提供的商标知名度证据是其关联公司在办公家具上获得,与本案所涉商标无关。因此原告在大陆的教育领域没有一席之地,更谈不上知名度。而被告取得了相关教育局的办学许可证,具有办学资质,在原告注册涉案商标前,被告已经在上海的成人教育领域具有相当的知名度。因此被告完全没有搭便车的主观意图。最后,从原告的行为目的看,具有抢注的恶意。原告曾经在1996年至1999年期间与被告就合作办学的问题进行协商,说明原告在1999年注册"AURORA"商标前,早已经知道被告使用"震旦"与"AURORA"的情况,也知道被告是民办教学机构,更知道被告在成人教育领域中的知名度。由于原告的企业字号同为"震旦",其与被告合作不但可以利用被告的知名度和资源在国内进行办学,而且在一定程度上更可以提高原告在大陆的知名度。但原告在合作未成的情况下,抢先在第41类"教育、学校"等服务上注册了被告已经使用并具有一定知名度的"AURORA"标识作为商标,明显具有主观恶意。

(2) 被告将"AURORA"作为学校名称使用,未超出合理的使用范围。从被告对"AURORA"的使用方式上可以看出,被告将"震旦"与"AURORA"作为学校的名称按照中英文上下排列的方式使用,中文在上,英文在下,且中文字体明显大于英文,如"震旦教育 AURORA EDUCATION GROUP""震旦学院 AURORA COLLEGE"等,被告并未将"AURORA"作为服务商标突出使用,且上述名称的使用范围在被告的网站及被告的校内这一特定的场合。被告网站上的震旦教育集团第七届田径运动会的会标,由"AURORA 及图形"组成,该会标的使用范围限于震旦教育集团的运动会,并不属于商标的使用方式。因"震旦"与"AURORA"在使用中具有中英文对应的关系,被告使用"AURORA"在先,被告在域名中使用"sh-aurora"有其合理的理由。在其合理的使用范围之内,不符合《最高人民法院关于审理涉及计算机网络域名民事纠纷案件适用法律若干问题的解释》规定的,认定注册、使用域名构成侵权或不正当竞争的条件。因此,被告对于涉案商标的使用均是作为其对于中文字号对应的英文翻译的使用,且其使用方式也在正当的、合理的范围中。

(3) 被告的使用行为不会造成相关公众的混淆和误认。由于原告主要从事的是家具行业,被告从事的是教育行业,因此原告、被告从事的经营范围不同。且原告是台湾的企业,未取得在大陆办学的资质,也不可能经营与被告相同的业务,因此双方不会发生业务冲突。同时,基于被告在教育领域的知名度,相关公众不会对原告的"AURORA"与被告的"AURORA"产生混淆或误认,被告的使用行为不会对原告造成不利的商业影响。

案例索引

一审:上海市浦东新区人民法院(2004)浦民三(知)初字第59号民事判决书

一审判决时间:2012年3月23日

标注引人误解的真实信息亦可构成商标侵权或不正当竞争

——艾欧史密斯（中国）热水器有限公司诉广州史密斯电器有限公司等商标侵权、不正当竞争纠纷案

徐　飞

裁判要旨

已获得较高知名度的未注册商标，可作为知名商品的特有名称、包装、装潢得到《反不正当竞争法》的保护。判断使用某标识或文字行为的性质，应以相关公众的一般注意力为标准，若能起到区别商品来源的作用，则构成商标意义上的使用；若不能起到区别商品来源的作用，但会使公众对产品或生产者产生一定的认知，则可构成对产品的宣传。标注的原始商标注册人信息即使是真实的，若使用方式容易使相关公众产生误解，亦可构成商标侵权或虚假宣传。

案　情

原告：艾欧史密斯（中国）热水器有限公司
被告1：上海雅伽斯电器有限公司
被告2：广州史密斯电器有限公司
被告3：被告中山市黄圃镇阿菠萝电器燃具厂

案外人A.O.史密斯公司（A.O. SMITH CORPORATION）系在美国注册成立

的公司。其先后在中国注册第 1114992 号 "史密斯"、第 1403496 号 "史密斯"、第 8041336 号 "A.O.SMITH 史密斯" 商标并许可原告使用及维权，核定使用商品为热水器等。

2009 年 3 月 28 日，在香港特别行政区注册成立的案外人美国史密斯电器（国际）集团有限公司在中国取得 "AOSIMIHE" 注册商标专用权。核定使用商品为热水器等。2010 年 7 月 20 日，被告 3 经商标局核准受让取得该商标，并许可给被告 2 使用。三被告在网站及生产、销售的热水器产品及其包装箱、说明书等上的 "AOSIMIHE" 商标下方标注了 "注册人：美国史密斯（国际）集团有限公司""史密斯电器" 等字样，并以加点的横线进行上下间隔。被告 2 还在其网站的 "联系我们" 中标注了 "注册人：美国史密斯（国际）集团有限公司" 的信息。此外，被告还使用了美国国旗图案、自由女神像、"美国 50 年厨卫专家""名牌名器享誉全球""厨卫制造专家""史密斯厨卫电器，一个来自美利坚合众国的名字，……" 等图案及文字。

原告认为，三被告的行为构成商标侵权及不正当竞争，故诉至上海市浦东新区人民法院，要求法院判令三被告停止侵权、消除影响、被告 2 变更企业名称、三被告共同赔偿原告经济损失人民币 10 万元及合理费用 2 万元。

针对被告标注 "注册人：美国史密斯（国际）集团有限公司" 的行为，被告辩称，"AOSIMIHE" 商标确由案外人美国史密斯（国际）集团有限公司注册，被告将自己的注册商标加上被告的企业名称进行组合使用，系真实标注商标注册信息的行为，使用方式合理，且不与原告的任何商标构成相同或近似，不构成侵权。

审 判

上海市浦东新区人民法院经审理后认为，被告在 "AOSIMIHE" 商标下方标注 "美国史密斯（国际）集团有限公司" 等相关信息的行为，属于商标意义上的使用，该标识与原告享有许可使用权的第 8041336 号商标近似，被告在该商标注册之后的相关行为侵犯了原告对第 8041336 号注册商标享有的许可使用权；被告在第 8041336 号商标注册之前的行为虽然不构成商标侵权，但由于第 8041336 号商标标识在注册之前已经被原告长期在产品及宣传中使用，具有较高的知名度，可以作为知名商品特有名称、包装、装潢得到《反不正当竞争法》的保护，被告使用与其近似的标识的行为构成不正当竞争。同时，被告以上述方式同时突出或单独使用 "史密斯电器" 等字样的行为，还侵犯了第 1403496 号、第

1114992号商标权。被告2在网站上的"联系我们"中标注"美国史密斯电器（国际）有限公司：注册人"信息的行为，不当利用了美国的A.O.史密斯公司及原告在热水器产品上积累的知名度和良好的商誉，损害了原告的合法权益，构成虚假宣传。

被告2成立时间远远晚于原告。在其成立之前，"史密斯"商标及字号已经具有较高的知名度，被告2作为同业竞争者，在无法提供合理理由的情况下，将原告已经使用且有较高知名度的字号的重要组成部分"史密斯"作为自己的企业字号进行登记，容易使相关公众误认为其产品来源于原告或其是"史密斯"商标在中国的被许可人，构成不正当竞争。

被告2、被告3使用"美国50年厨卫专家""史密斯厨卫电器，一个来自美利坚合众国的名字，……"等文字，同时使用美国星条旗、自由女神像图案，意在使相关公众对被告的产品与美国及美国的A.O.史密斯公司产生联系，构成虚假宣传。"全国高科技节能产品""中国高技术节能产品"虽然不会使消费者与原告产品产生联系，但根据日常生活经验及当前热水器市场的消费心理，产品的节能性是影响消费者购买决定的重要因素之一，上述用语夸大了其产品本不存在的节能性能，易使消费者对产品做出错误评价，从而影响购买决定，亦构成虚假宣传。"名牌名器 享誉全球""厨卫制造专家"有一定的夸张成分，但单纯在产品宣传中使用，可能并不足以使一般消费者产生误解。但本案被告在商业标识的使用及其他相关宣传中，存在诸多意在与原告产品相混淆或攀附原告产品及相关商业标识商誉的行为。原告在产品宣传中一直注重其产品的国际性，并且经常将"美国热水专家"的字样放在"A.O.SMITH 史密斯"标识下方使用，其多个年度的品牌获奖证书上也是将该字样与"A.O.SMITH 史密斯"标识一起使用。在这种情况下，被告在与原告上述标识相近似的组合标识的下方使用"厨卫制造专家"字样，更加容易引起消费者的误认，损害了原告的合法权益，也构成虚假宣传。

最终，法院判令三被告停止商标侵权及不正当竞争行为，消除影响；被告2变更企业名称。并根据三被告对不同侵权行为的参与程度，判令其赔偿原告相应经济损失。一审宣判后，被告2、被告3提起上诉。二审驳回上诉，维持原判。本案现已生效。

评 析

本案原告权利复杂、被告侵权形式多样，审理中涉及多个行为的认定及相关法律的解释问题。现仅就被告标注原始注册人信息的行为进行分析。

本案中被告3所受让并使用的"AOSIMIHE"商标确由案外人美国史密斯（国际）集团有限公司注册，且核定使用在热水器等产品上。被告在其生产、销售的产品或网站上使用其注册商标，并标注原始注册人信息，其未突出使用企业名称的行为❶似乎并不违反我国现行法律规定。因此，部分观点认为，被告行为虽然有规避法律之嫌，但其并未实施明确违反法律规定之行为，根据现行法律规定，无法判令其承担责任。主要理由是：首先，"AOSIMIHE"商标已合法注册，被告未超出核定商品范围，亦未将该注册商标变形使用。其次，美国史密斯（国际）集团有限公司系香港公司，原告并未对其提起诉讼，法院无法改变客观上存在一个名为"美国史密斯（国际）集团有限公司"的商标原始注册人这样一个事实。最后，原告享有排他使用权的第8041336号组合商标于2011年11月才获得商标注册，被告诸多行为发生在此之前，原告侵权主张缺乏法律依据。

但笔者认为，被告的上述行为看似合理、合法，却难以掩饰其攀附他人商誉的故意，通过分析被告行为的性质并运用适当的法律解释方法可以对被告行为给予合理的规制，判令其承担相应的法律责任。

一、被告标注原始注册人信息行为的性质

对于被告标注"注册人：美国史密斯（国际）集团有限公司"相关信息的行为性质及其法律规制，审理中法院考虑过四种路径：路径一，因为现行法律对该行为没有明确的法律规定，只能适用《反不正当竞争法》第2条的规定予以规制。路径二，该行为是一种商品宣传行为，可以根据《反不正当竞争法》第5条第（4）项关于伪造商品产地的规定，或第9条第1款关于虚假宣传的规定对该行为予以认定。路径三，该行为是一种擅自使用他人企业名称的行为，应当适用《反不正当竞争法》第5条第（3）项的规定予以规制。路径四，企业名称也是一种商业标识，可以用来识别商品或服务的来源，被告行为构成商标侵权。笔者认为，《商标法》与《反不正当竞争法》都将保护消费者的合法权益作为其重要的立法目的之一，侵权利益也必须通过误导相关公众产生错误认知而获得。因此，相关公众的认知在商标侵权及不正当竞争的认定中有着相当重要的作用。本案中，被告标注"注册人：美国史密斯（国际）集团有限公司"的行为，根据其具体使用方式可以被区分为两种类型：一种是在"AOSIMIHE"注册商标下进行标注；另一种是在网站的"联系我们"中进行标注。对其行为性质可以以相

---

❶ 本案被控侵权标识共有9种，其中部分标识存在将"史密斯"和"美国史密斯"单独或突出使用的情节，由于其与本文讨论内容无关，故本文不作论述。

关公众的一般注意力为标准，结合被告的具体行为方式进行认定。

对于第一种使用方式，"AOSIMIHE"商标已经获得商标注册，被告仅仅使用该商标已经能够起到区分商品来源的作用。但本案中，被告却极少单独使用该注册商标，而将该商标与横线、圆点及横线下的文字一同使用，且多通过加框或配以不同底色予以标注。对于相关公众来说，"注册人：美国史密斯（国际）集团有限公司"已经不仅仅是一个事实陈述，而是与"AOSIMIHE"及横线、圆点形成了一个整体性的上下组合标识。而且该标识有的在产品包装箱的各面均予以标注；有的在网站首页及各页面的醒目位置上均予以标注；有的被作为页眉在各宣传页中使用；有的被作为产品铭牌使用。从相关公众的认知来看，使用方式均较为显著，能起到识别商品来源的作用。此外，表示注册商标的®标记均位于右上角，容易使相关公众将整个标识作为一个注册商标来对待，更能起到指示商品来源的作用。因此，被告的第一种标注原始商标注册人信息的使用行为构成商标意义上的使用。

对于第二种使用方式，虽然相关公众看到后也会与产品生产者、质量、信誉等产生一定的联系，但因其系在网站的"联系我们"中进行标注，使用形式并不显著，以相关公众的一般注意力为标准，难以起到识别与区分商品来源的作用，故不构成商标意义上的使用。通常网站的"联系我们"栏目用来表明网站的经营者及其联系信息。庭审中，被告2、被告3确认"AOSIMIHE"商标被转让后，其原始注册人美国史密斯（国际）集团有限公司与被告2、被告3的经营活动没有任何关系，而被告2却在其网站的"联系我们"中标注了原始注册人的信息，意误导公众，这种行为可以认定为一种变相的对产品的宣传行为。需要指出的是，从《反不正当竞争法》第9条关于虚假宣传的规定来看，其并不要求宣传的形式必须是广告，除广告外其他能够达到宣传效果的方法也可以认定为宣传，因此被告这种标注形式可以用《反不正当竞争法》第9条予以规制。

二、被告使用被控组合标识的侵权认定

制止经营者误导消费者，保护消费者的合法权益是《商标法》与《反不正当竞争法》的重要立法目的之一。消费者错误认知的产生多是在市场消费过程中形成的。因此，在司法认定商标侵权及不正当竞争时，必须考虑相关市场消费者的特点及具有普通智力、注意力及接受力的一般消费者的认知能力。对于一般消费者而言，商业标识给他们的印象通常是整体性的、第一印象的。其中，标识中具有显著性的主要部分对公众印象的形成具有重要的作用。因此，在商标比对中，通常既要进行整体比对，又要进行要部比对。此外，消费者在购物时没有样品参照，其通常基于对商标的大致印象进行选购，标识间不具有显著性的局部的不同往往难以被觉察。因此，司法判断时不能将两个标识放在一起比对，而是应当与一般消费者购物一样，采取隔离比对的原则。

对比原告主张权利的"A.O.SMITH 史密斯"标识与被告所用组合标识，原告标识上部为"A. O. SMITH"、下部为"史密斯"、中间为一横线；而被告所用标识上部为其注册商标"AOSIMIHE"、下部为一长串信息"注册人：美国史密斯（国际）集团有限公司"，中间为带圆点的横线。放在一起比对时，区别明显。但根据中国公众的读写及认知习惯，在中文与英文的组合标识中，中国的相关消费者通常会以中文文字及标识的整体结构作为主要区别特征。此外，由于中文拼音的发音与拼写规则与英文有着较大差异，商标中英文的具体拼写及发音常常会被中国消费者所忽略，而通过视觉所感知的主要字母构成的"形"，则更容易被认知。首先，整体结构基本相同，均呈上下结构，英文字母均位于横线上方，中文文字均位于横线下方，英文字母"O"与"S"之间的下方位置均有一圆点。其次，主要部分相似，上部的英文字母均以"AO"开头，且均含有字母S、M、I、H，下部的中文均含有"史密斯"三个字。就中国的一般消费者而言，"史密斯"作为中文文字，更加容易记忆和区分，且在中国市场具有较高的知名度；而"AO"两个单独的英文字母，无论"音"还是"形"，均较"SMITH"或"SIMIHE"更加容易识别和记忆。最后，构成要素相同，均由英文字母、横线、圆点及中文文字组成。虽然原告标识中的圆点位于横线之上，且在字母"A""O"后面均有圆点，而被告标识中的圆点处于横线断开的位置中间，且仅有一个，但在隔离状态下，对于一般消费者而言，难以区分。被告标识下方的其他中文文字，与"史密斯"三个字相比，显著性要弱很多，对于一般消费者而言，亦难以起到明显区别商品来源的作用。因此，被告标识容易使相关公众对商品来源产生混淆或误认，即使被告未将"美国史密斯（国际）集团有限公司"中的相关文字突出使用，亦与原告主张权利的"A.O.SMITH 史密斯"标识构成近似。

由于"A.O.SMITH 史密斯"标识在2011年7月14日才获得商标专用权，因此，被告在此后实施的行为侵犯了原告就该商标享有的许可使用权。关于被告此前实施的行为，虽然不构成商标侵权，但经过原告多年的经营，原告生产的热水器产品已经在中国市场上具有相当的知名度和市场影响力，为相关公众所知悉，可以认定为《反不正当竞争法》第5条第（2）项规定的"知名商品"。"A.O.SMITH 史密斯"的构成要素包含了原告的其他商业标识，具有区别商品来源的显著特征。且经过原告多年的宣传和经营，已经与原告及其具有知名度的热水器产品产生了特定的联系,在未注册之前已经具有了较高的知名度,能够起到识别与区分原告产品来源的作用,可以作为知名商品的特有名称、包装、装潢,受到我国《反不正当竞争法》第5条第(2)项的保护。被告作为同样经营热水器产品的同业竞争者,不可能不知道原告具有知名度的热水器产品及该未注册商标,却将构成要素、整体结构、主要部分均近似的标识使用在相同产品上,明显具有攀附原告"A.O.SMITH 史密斯"标识知名度及影响力、误导消费者的主观恶意,会使相关公众误认为被告提供的热水器产品来源于原告或与原告具有许可使用等特定联系,造成与原告的知名热水器产品相混淆,损害了原告的合法权益,构成不正当竞争。

三、被告2在网站"联系我们"中标注原始注册人信息的责任认定

前文已述,被告2在网站"联系我们"中标注原始注册人信息的行为,不是一种商标意义上的使用行为,但可以认定为一种宣传行为。由于中国境内的企业名称多采用"行政区划+字号+行业+组织形式"的形式。对于中国境内的相关公众而言,"美国史密斯(国际)集团有限公司"是来自美国的字号为"史密斯"的公司。而原告的商标注册人也是来自美国的字号中含有"史密斯"的公司,且有较高知名度。因此,被告2的上述行为足以使相关公众误认为被告与美国的商标注册人具有商标许可使用关系或其他关联,使其对产品生产者、产品质量、声誉等产生误认,不当利用了美国的A.O.史密斯公司及原告在热水器产品上积累的知名度和良好的商誉,构成虚假宣传。

四、对前述路径所涉法条的理解与运用

对前述路径选择中所涉及的《反不正当竞争法》第2条的规定,笔者认为,该规定是《反不正当竞争法》的原则性条款,该法中的所有类型的不正当竞争行为都应当符合该条规定,如果存在严重的违反该原则规定而又无法归类于任何一种不正当竞争行为的情况,则可以将其作为兜底条款予以适用,但原则上该条款的适用应是严格限制的。本案中,既然通过商标侵权及具体的不正当竞争类型可以规制,则无须适用《反不正当竞争法》第2条的规定。

关于《反不正当竞争法》第5条第(4)项的规定,笔者认为,该条所指的"质量标志"及"产地"类似于集体商标与证明商标,只要经营者符合一定的条件或经相关部分的认证即可以使用,不单独属于某一权利人。而本案被告误导行为的指向明确,即实际上的美国的A.O.SMITH公司,不属于第5条第(4)项规定的情形。

而关于《反不正当竞争法》第5条第(3)项的规定,笔者认为,本案中,

"美国史密斯（国际）集团有限公司"系案外人真实存在的企业名称，而该案外人并非本案被告，对该名称的选用是否合理，法院无权判断。

至于路径四，企业名称的确可以被认为是一种商业标识，企业名称中的字号部分可以用来识别商品或服务的来源，但对企业名称的使用是否是一种商标意义上的使用，要结合具体使用方式及相关公众的认知，具体情况具体分析。

案例索引

一审：上海市浦东新区人民法院（2012）浦民三（知）初字第46号民事判决书

一审判决时间：2012年7月20日

二审：上海市第一中级人民法院（2012）沪一中民五（知）终字第248号民事判决书

二审判决时间：2012年10月24日

组合商标近似比对中的"要部"选择

——诺基亚公司诉无锡金悦科技有限公司侵害商标权纠纷案

许根华 郭 杰

裁判要旨

组合商标的近似认定需进行要部比对,即将双方商标中发挥主要识别作用的部分进行重点比较和对照。要部的选择一般需重点关注组合商标中面积较大部分、位置显著部分、文字部分、臆造部分、知名度部分等,并从该等各个部分或其组合产生的识别性出发,进行近似性认定。

案 情

原告:诺基亚公司
被告:无锡金悦科技有限公司

原告诺基亚公司于1896年在芬兰成立,系世界知名的电信设备制造商。原告在中国注册了第357902号"NOKIA"商标,核定使用的商品为第9类的电视机、无线电话等,有效期自1989年8月20日起经续展后至2019年8月19日止。2008年4月,国家工商行政管理总局商标局认定原告的"NOKIA"商标为驰名商标。

被告无锡金悦科技有限公司于2006年成立，经营范围为研发加工制造模具等。2010年6月12日，被告向上海海关申报出口埃及其生产的液晶电视壳及组件2250套，申报价值46888.50美元，液晶电视壳的前壳中间位置印刷了一个"NOKIA EGYPT"字样的标识。经原告申请，上海海关扣留了上述货物。

原告诉称：原告的第357902号注册商标系驰名商标，"NOKIA"品牌产品畅销全球，具有极大的市场价值。被告未经许可，擅自在生产、销售的相同商品上使用与原告商标近似的"NOKIA EGYPT"商标，且突出"NOKIA"、弱化"E-GYPT"，使相关公众误认为其产品与原告存在关联，构成侵害原告注册商标专用权。因此，请求判令被告停止侵权，赔偿经济损失人民币50万元。

被告辩称："NOKIA EGYPT"系被告的客户在埃及注册的商标，被告按客户订单生产涉案商品的行为合法，且被控侵权商标是"NOKIA"与"EGYPT"的文字组合，原告商标系文字和图形的组合，不属近似商标，故被告不构成侵权。涉案商品已被海关查扣，未造成原告经济损失，故即使被告构成侵权，原告主张的赔偿额也缺乏依据。因此，请求驳回原告的诉讼请求。

审 判

上海市浦东新区人民法院经审理认为，原告对第357902号"NOKIA"注册商标享有的专用权受法律保护。被告生产并申报出口的液晶电视壳与原告商标核定使用的商品系相同商品，被告使用的"NOKIA EGYPT"商标的主要部分与原告商标的主要部分相同，两者属于近似商标，易使相关公众对被告商品的来源产生误认，构成侵害原告注册商标专用权，应当依法承担停止侵权、赔偿损失等民事责任。被告所提其使用的商标系其客户在埃及注册的商标、其按客户订单生产并出口涉案商品的行为不构成侵权的抗辩意见缺乏事实和法律依据。依照《民法通则》第134条第1款第（1）项和第（7）项，《商标法》第52条第（1）项和第（2）项、第56条第1款和第2款的规定，判决：被告立即停止侵害原告的第357902号"NOKIA"注册商标专用权，于判决生效之日起10日内赔偿原告经济损失人民币12万元。

一审判决后，原、被告均未提起上诉。

评 析

商标近似的认定是商标侵权判定的核心问题，其中组合商标的近似认定是商标近似认定的焦点与难点。因组合商标由几部分组成，故对组合商标的近似判定需进行要部比对。要部比对又称为商标主要部分的观察比较,是指将商标中发挥主要识别作用的部分抽出来进行重点比较和对照,是对商标整体比对的补充。要部比对中"要部"的选择一般需重点关注组合商标中面积较大部分、位置显著部分、文字部分、臆造部分、具有知名度部分等,并从该等各个部分或其组合产生的识别性出发,进行近似性判定。本案较好诠释了"要部"选择的角度和规则,具有较好的示例作用。

一、面积较大、位置显著的部分可以作为要部

在通常的商品交易环境中,对于商品上使用的商标的认识,相关公众如施以合理注意,则其视觉发挥着直接的认知作用。从视觉角度而言,在组合商标中占有较大面积的部分、处于比较显著位置的部分,通常会因其视觉冲击力而在第一时间给相关公众留下深刻印象,而其他面积相对较小、所处位置相对不显眼的部分则可能会被忽略,故在视觉效果上,占有较大面积的部分、处于比较显著位置的部分直接主导了商标的识别性,上述部分无疑可以作为要部进行比对。

本案中,在比对被控侵权的"NOKIA EGYPT"标识与原告的"NOKIA"商标是否构成近似商标时,法院认为,在视觉效果上,"NOKIA"商标中的"NOKIA"字样及其占商标整体面积的比例均明显大于其右上角的图案,故"NOKIA"显然是该商标的主要部分;被控侵权标识"NOKIA EGYPT"中的"NOKIA"字体比"EGYPT"字体大 2 倍多,"NOKIA"字样占该标识整体面积的比例大于 75%,故"NOKIA"显然是该标识的主要部分。因此,应当将原告商标中的"NOKIA"与被告商标中的"NOKIA"作为要部进行比对,并鉴于双方商标的要部完全相同,故可认定两者属于近似商标。

二、文字部分可以作为要部

组合商标由不同的商标要素组成,组合中的不同部分对相关公众产生不同的识别作用。实践中,许多组合商标由文字和图形组成。相较于组合商标中的图形要素,文字要素往往因其含有"音、形、义"三方面的内容而便于相关公众呼叫、指认,也更容易进行记忆,从而产生较强的识别性,故在图文组合商标的要部选择上一般应将文字部分作为要部。世界知识产权组织指出,"文字部分的近似性通常就足够了……只有在图形部分是商标的显著内容时,该图形部分的近似才会造成混淆。而且,在组合商标中,如果图形部分也近似,两个商标文字部分

的任何近似都是关注的重点"。❶

本案中,原告的"NOKIA"商标由文字和图形组成,其中便于消费者呼叫、指认、记忆并具有识别性的显然是文字 NOKIA,故该文字是该商标的要部,应当以其作为比对对象。

三、臆造部分可以作为要部

商标组成要素中,与众不同、别出心裁的臆造部分通常具有显著性,对相关公众产生识别作用,而商标中的程度词、描述词等部分通常被认为是对臆造部分或者其他部分的加强或说明,往往难以作为组合商标的要部。国际保护知识产权协会认为,"除非两个商标的非显著部分左右了商标的总体印象,两个商标包含近似的显著部分,一般认为有混淆的可能"。❷

本案中,被控侵权的"NOKIA EGYPT"标识中的"EGYPT"是非洲国家埃及的英文译名,该文字系通用词汇,不具有商标标识的区别功能,不应作为商标要部进行比对。

四、具有知名度的部分可以作为要部

《最高人民法院关于审理商标民事纠纷案件适用法律若干问题的解释》第10条规定,"判断商标是否近似,应当考虑商标的显著性和知名度。"《最高人民法院关于当前经济形势下知识产权审判服务大局若干问题的意见》第6条指出,认定商标近似要考虑请求保护的注册商标的显著程度和市场知名度,对于显著性越强和市场知名度越高的注册商标,给予其范围越宽和强度越大的保护。知名度较高的商标给相关公众的印象必然较为深刻。商业活动中,权利人获得了组合商标的注册商标专用权,其往往出于简便、更易识别的角度而主动将组合商标中的部分进行使用,从而使该部分也具有一定知名度,则该部分可以作为要部进行比对。

本案中,原告使用在手机等通信工具上的"NOKIA"商标被认定为中国驰名商标,具有较高的知名度,故就原告、被告组合商标或标识而言,其中的"NOKIA"给相关公众的印象更为深刻,应当作为要部进行比对。

当然,在组合商标的近似认定中,关于"要部"的选择应当结合个案而定,

---

❶ 孔祥俊. 商标与不正当竞争法原理和判例 [M]. 北京:法律出版社,2009:242.
❷ 黄晖. 商标法 [M]. 北京:法律出版社,2004:131.

可以但不限于适用以上 4 种规则，该 4 种规则之间也不具有排他适用的关系。如图文组合商标中的要部选择，通常以文字作为商标近似比对的要部，但绝不排除将图形作为要部，在图形系较大面积部分或者处于比较显著位置或者具有知名度等情形下，无疑应当将图形作为要部进行比对。

案例索引

一审：上海市浦东新区人民法院（2010）浦民三（知）初字第 670 号民事判决书

一审判决时间：2011 年 4 月 14 日

关联商品构成类似商品的司法认定

——欧司朗有限公司诉陕西欧司朗电气有限公司等侵害商标权、擅自使用他人企业名称纠纷案

许根华 郭 杰

裁判要旨

注册商标核定使用的商品与被控侵害商标权的商品是否属于类似商品,应当采用主客观统一的认定标准,先考虑两个商品的功能、用途等客观属性,再考虑权利人注册商标的显著性、知名度等主观属性。在关联商品是否属于类似商品的认定上,应当着重考虑注册商标的知名度、显著性。

案 情

原告:欧司朗有限公司(以下简称"欧司朗公司")
被告:陕西欧司朗电气有限公司(以下简称"陕西欧司朗公司")
被告:刘某某
被告:温州尼豪电器有限公司(以下简称"温州尼豪公司")

原告欧司朗公司于1919年在德国成立,系世界知名电光源制造商。原告自1977年起先后在中国注册了核定使用在第11类的照明用具等商品上的"OSRAM""欧司朗"等商标,该些商标均在有效期内。原告是2008年北京奥运会照明供应商、2010年上海世博会照明全球合作伙伴,其"OSRAM""欧司朗"

品牌照明产品使用于上海世博会中国馆等标志性建筑。《中国照明电器》等专业刊物多年来持续宣传介绍原告居于世界领先地位的照明技术。原告于 1995 年在中国设立的子公司是中国照明电器行业的大型骨干企业，其分支机构遍布全国。

被告陕西欧司朗公司于 2006 年注册成立，经营电子产品的生产、销售，注册时的企业名称为"陕西斯意达电器设备有限公司"，于 2007 年 3 月变更为"陕西欧司郎电气有限公司"，于 2007 年 4 月变更为"陕西欧司朗电气有限公司"，于 2010 年 3 月在第 9 类的电器开关、插座等商品上注册了"OSIRUN"商标。该公司于 2010 年 4 月销售标有"OSIRUN"商标的电器开关、插座，内包装袋上有"欧司朗"字样，售货单据上有"经营欧司朗电器"等内容。

被告刘某某于 2010 年 3 月销售标有"OSIRUN"商标的电器插座，内包装袋上有"欧司朗"字样，外包装盒上有醒目的"欧司朗"字样，并有"香港欧司朗电器股份有限公司授权并监制""生产商：陕西欧司朗电器有限公司"等字样，产品合格证上有粗大、红色的"欧司朗"字样。

原告欧司朗公司诉称，原告的"OSRAM""欧司朗"品牌照明产品在全球范围内享有很高的知名度。陕西欧司朗公司在电器开关、插座上使用与原告"欧司朗"商标相同的商标、与原告"OSRAM"商标近似的"OSIRUN"商标，已侵犯原告商标权。温州尼豪公司为陕西欧司朗公司生产侵权商品、刘某某销售侵权商品，也侵犯原告商标权。陕西欧司朗公司在企业名称中使用原告的"欧司朗"知名字号，并在商品标注中突出使用，已构成不正当竞争。因此，请求判令三被告停止商标侵权行为，陕西欧司朗公司停止不正当竞争行为并登报消除影响，陕西欧司朗公司、温州尼豪公司共同赔偿经济损失 20 万元。

被告陕西欧司朗公司辩称，其"OSIRUN"注册商标核定使用于第 9 类的电器开关、插座等商品，原告的"OSRAM""欧司朗"注册商标核定使用于第 11 类的照明用具等商品，双方商标核定使用的商品既不相同，也不类似，故其未侵犯原告商标权；其企业名称经合法登记注册，其有权使用该名称，故其未侵犯原告企业名称权，未构成不正当竞争。因此，请求驳回原告的诉讼请求。

被告刘某某辩称，上门推销人员向其推销涉案电器插座，其不知该些商品涉嫌商标侵权，且其仅因原告购买之需而销售 5 个，故请求驳回原告的诉讼请求。

被告温州尼豪公司辩称，其与陕西欧司朗公司从未有过任何形式的商业合作，不存在原告主张的商标侵权行为，故请求驳回原告的诉讼请求。

审 判

上海市浦东新区人民法院经审理认为，1. 涉案商品由陕西欧司朗公司生产、销售，刘某某亦销售涉案商品，温州尼豪公司生产涉案商品的证据不足。2. 原告指控陕西欧司朗公司在涉案商品上使用"OSIRUN"商标侵犯其"OSRAM"商标权，属于《最高人民法院关于审理注册商标、企业名称与在先权利冲突的民事纠纷案件若干问题的规定》第 1 条第 2 款规定的"原告以他人使用在核定商品上的注册商标与其在先的注册商标相同或者近似为由提起诉讼的，人民法院不予受理"的情形，该指控不属本案处理范围。3. 权利人的注册商标核定使用的商品与被控侵权商品系相同或者类似商品是构成商标侵权的要件之一。被控侵权的电器插座、开关与原告注册商标核定使用的照明用具在功能、用途上具有较强的互补性，在销售渠道、销售场所等方面具有高度的一致性，且原告的"欧司朗"商标具有较高的显著性和知名度，故该两个商品构成类似商品。陕西欧司朗公司未经许可，在类似商品上使用原告的"欧司朗"商标，造成相关公众误认、混淆，构成侵犯原告商标权。刘某某销售侵权商品，亦构成商标侵权。4. 原告的"欧司朗"字号具有较高的市场知名度，已为相关公众知悉，该字号可按企业名称权予以制止不正当竞争的保护。陕西欧司朗公司在涉案商品上突出使用"欧司朗"字样，在主观上具有傍"欧司朗"品牌知名度的故意，在客观上足以造成消费者混淆经营主体和商品来源的后果，构成擅自使用原告企业名称的不正当竞争。据此，依照《民法通则》第 134 条第 1 款第（1）项、第（7）项、第（9）项，《商标法》第 51 条、第 52 条第（1）项和第（2）项、第 56 条第 1 款和第 2 款，《反不正当竞争法》第 2 条第 1 款、第 5 条第（3）项、第 20 条，《最高人民法院关于审理商标民事纠纷案件适用法律若干问题的解释》第 11 条第 1 款、第 12 条第 1 款、第 16 条第 1 款和第 2 款、第 17 条、第 21 条第 1 款，《最高人民法院关于审理不正当竞争纠纷案件应用法律若干问题的解释》第 6 条第 1 款、第 17 条第 1 款，《最高人民法院关于审理注册商标、企业名称与在先权利冲突的民事纠纷案件若干问题的规定》第 1 条第 2 款和《民事诉讼法》第 111 条第（2）项、第 130 条的规定，判决：陕西欧司朗公司停止侵犯原告"欧司朗"注册商标专用权及侵犯原告"欧司朗"企业名称权的不正当竞争，停止生产、销售侵权商品，并于本判决生效之日起 30 日内变更企业名称，变更后的企业名称中不得含有"欧司朗"字样，于本判决生效之日起 30 日内在《西安晚报》《新民晚报》刊登声明、消除影响，于本判决生效之日起的 10 日内赔偿原告经济损失 18 万元；刘某某停止销售侵犯原告"欧司朗"注册商标专用权和侵犯原告"欧司朗"

企业名称权的商品；驳回原告的其余诉讼请求。

一审判决后，陕西欧司朗公司提起上诉。经二审法院上海市第一中级人民法院主持调解，双方达成调解协议。民事调解书明确：如不履行调解协议，则按一审判决执行。

评　析

我国《商标法》规定，注册商标专用权以核准注册的商标和核定使用的商品为限；未经商标注册人许可，在同一种商品或者类似商品上使用与其注册商标相同或者近似商标的，属侵犯注册商标专用权。因此，商标权的保护范围与类似商品的界定具有直接的关联。相同商品、没有任何关联的商品是商标权保护与否的两个极端，极少争议。由于法律规定的原则性，具有一定关联关系的商品是否构成类似商品的认定一直是司法实践中的热点与难点问题。本案纠纷在商标侵权的判定上即涉及被告的电器开关、插座商品与原告的电灯泡等照明设备商品是否构成类似商品的争议，本案裁判阐述的司法认定标准对于该类争议的解决具有一定的典型意义。

一、关联商品与类似商品的认定

在类似商品的认定中，关联商品是与竞争商品相对应的概念。竞争商品在经济学中被称为"替代品"，比如鸡蛋与鸭蛋，当鸡蛋价格提高时将提升其替代品鸭蛋的需求。关联商品则是指双方的商品没有替代功能，不具有竞争性，但该两种商品之间存在一定的关联性，如在功能上配套使用的鞋子、鞋刷等商品。

竞争商品因其具有替代性，造成消费者混淆是显而易见的，故当然地构成类似商品。而从类似商品的字面意思而言，关联商品似乎难以纳入类似商品的范畴。美国在关联商品认定为类似商品从而构成商标侵权方面有一个发展过程，该过程反映了商标权保护范围的扩张历程。在20世纪早期，美国法院认为，在非竞争的商品上使用相同商标通常不会产生消费者混淆的后果，故只有在原告和被告的商品属于同一市场上的竞争商品时才构成商标侵权。此后，美国法院扩张了认定商标侵权的商品的范围，认为原告可能会将注册商标使用的商品扩展到关联商品，消费者对被告已有的关联商品即使当前不会产生混淆，也难以确保在将来不会产生混淆，故构成商标侵权的商品不以竞争性商品为限，只要具有关联性即可。[1]

我国法律也体现了对关联商品构成类似商品的肯定。《最高人民法院关于审

---

[1] 孔祥俊. 商标与不正当竞争法原理和判例 [M]. 北京：法律出版社，2009：228.

理商标民事纠纷案件适用法律若干问题的解释》第 11 条规定："商标法第 52 条第（1）项规定的类似商品，是指在功能、用途、生产部门、销售渠道、消费对象等方面相同，或者相关公众一般认为其存在特定联系、容易造成混淆的商品。"其中"功能、用途、生产部门、销售渠道、消费对象等方面相同"指的是竞争商品，"相关公众一般认为其存在特定联系、容易造成混淆的商品"指的是关联商品，两者是并列的关系。因此，关联商品在我国也可以构成商标侵权中的类似商品。

二、关联商品构成类似商品的认定标准分析

法律规定的"存在特定联系""容易造成混淆"系模糊性语言，在司法实践中对于如何准确界定所谓的"存在特定联系""容易造成混淆"存在较大分歧，导致在关联商品是否构成类似商品的认定标准上存在两种不同的观点。一是客观说：商品是否类似是一个客观存在的事实，该客观存在的事实不应当受到其他主观因素的影响。是否构成类似，应当关注的是商品之间在自然性质上的特定联系而非法律上的关联，不应当考虑商标的知名度等因素。❶ 二是主客观统一说：商品是否类似不是一个孤立和静止的问题，类似的认定必须与消费者对商标的主观认知程度结合起来考虑。❷ 笔者认为，在关联商品是否构成类似商品的认定上应当坚持适用主客观统一说，考虑商标的显著性和知名度。

1. 考虑商标的显著性和知名度的必要性

在商标世界中，注册商标的显著性和知名度往往影响消费者对商品来源等内容的认识，商标"名气不同、待遇不同"是非常正常的现象，故将商标显著性和知名度纳入认定类似商品的要件标准，符合商标法基本制度和维护公平竞争的公共利益的要求。以商标显著性和知名度作为关联商品构成类似商品的要件，不仅是制止商品来源"混淆"的需要，也是制止违背诚实信用、公平竞争的市场竞争规则，故意制造与具有一定知名度的商标权人的商品具有关联性商品的混淆行为，搭乘他人注册商标知名度便车以获取不正当竞争利益的需要。

在类似商品的认定上，对于显著性越强和市场知名度越高的注册商标给予范围越宽、强度越大的保护，有利于激励市场竞争的优胜者，净化市场环境，这对于一些具有一定知名度而又达不到驰名商标程度的注册商标而言尤其具有重要意义。

---

❶ 余晖. 商标侵权中类似商品的司法判断规则初探 [M] // 冯晓青. 商标侵权专题判解与学理研究. 北京：中国大百科全书出版社，2010：15；黄晖. 商标法 [M]. 北京：法律出版社，2004：121-122.

❷ 黄晖. 商标法 [M]. 北京：法律出版社，2004：122.

2. 关联商品构成类似商品的认定规则分析

在构成类似商品的主客观考量因素中，要以商品的客观因素为主，以注册商标的主观因素为辅，即首先考虑商品的客观因素，其次考虑注册商标的主观因素。该种考量因素的排序对于关联商品构成类似商品的认定具有现实意义，只有当考量商品的客观因素后仍然难以对是否构成类似商品作出判断时，才应当借助商标的显著性和知名度，以商标的显著性和知名度为依据作出相关判断。例如，将非驰名商标"梦特娇"使用在自行车上，虽然消费者很容易联想到在衣服上注册使用的"梦特娇"商标，但因自行车与衣服两种商品本身并不关联，故即使"梦特娇"具有较高知名度，也难以认定两个商品构成类似商品，从而构成商标侵权。实际上，大多数国家也是采用这种主辅相结合的规则来判断商品是否类似。法国在认定商品是否类似时，首先考虑商品的性质、用途、用户、通常效用及一般销售渠道，其次考虑使用同一商标的两个商品是否有可能被顾客认为来自同一产源。欧共体法院确认商标的显著性和知名度应纳入商品是否类似的认定标准，但仍然强调即使在先商标非常显著，仍有必要分析商品（本身）是否类似，并将需要考虑的因素归纳为商品的性质、最终用户、使用方法以及相互间是否竞争或补充。❶

在商品的客观因素考量中，应从商品本身出发，综合考量以下因素：商品本身的性质及用途；商品的生产环节，包括商品的生产部门、原料、生产工艺等；商品的流通环节，包括商品的销售部门、销售渠道、销售方式、购买用户等。通过综合考量这些因素，推断出相关公众对该两类商品是否造成混淆的结论。如果两者的功能、用途相同或者相近，或者在功能、用途上具有互补性，或者需要一并使用才能满足消费者需求的，属于类似商品的可能性较大；如果两者的销售渠道、销售场所相同或者相近，消费者同时接触的机会较大，容易使消费者将两者联系起来的，属于类似商品的可能性较大；如果两者以同一行业的人群为消费群体，或者其消费群体具有共同的特点，或者消费者基于社会文化背景所形成的特定认识而在习惯上将两者相互替代的，属于类似商品的可能性较大；如果两者属于同一产业链中的上游或者下游关系，消费者往往会认为该衍生、扩展的商品是同一生产商提供的系列商品、配套商品，往往会产生两种商品具有紧密联系的认识。

在上述这些客观因素存在的情况下，如果商标具有显著性和知名度，则极易导致消费者误认为两种商品来源于同一生产商或来源于具有授权、合作经营等特定关系生产商，造成混淆的后果。

---

❶ 黄晖．商标法［M］．北京：法律出版社，2004：124.

三、关联商品构成类似商品的认定规则在本案中的运用

本案被告的电器开关、插座商品与原告的灯泡等照明用具商品属于具有一定关联关系的商品。本案裁判首先考量涉案两个商品的客观因素，再考量涉案"欧司朗"注册商标的显著性和知名度，从而得出原、被告商品构成类似商品的结论，较好地诠释了关联商品构成类似商品的认定规则。

首先，从两个商品的功能、用途上进行考量。原告的"欧司朗"商标核定使用的照明用具是将电能转化为光能从而实现照明效果的商品，被控侵权的电器插座、开关则具有接通、断开电路从而控制电流的功能，可见电器插座、开关是在实现照明用具对电能利用的过程中所必不可少的配套部件，照明用具如果离开电器插座、开关就不能实现其使用价值而成为一种摆设，故两者在功能、用途上具有强烈的互补性，并且具有必须一并使用才能满足消费者需求的显著特点。

其次，从两个商品的流通环节进行考量。在日常生活中，电器插座、开关与照明用具在消费群体、销售渠道、销售场所等方面具有高度的一致性，经营该两种商品的销售商以及普通消费者往往会将两者作为具有紧密联系的关联商品从而一并进货、销售或者购买、使用。

最后，从涉案注册商标的显著性和知名度进行考量。原告的"欧司朗"注册商标在中文中没有任何对应的含义，是臆造词汇，具有较高的显著性，且具有较高的市场知名度。在此情况下，从相关公众对两种商品的认知能力出发，一般对突出标有"欧司朗"标识的不同商品均会产生两者系同一厂商生产的相同品牌商品等方面的认识，从而产生混淆商品来源的后果。

案例索引

一审：上海市浦东新区人民法院（2010）浦民三（知）初字第508号民事判决书

一审判决时间：2011年4月14日

二审：上海市第一中级人民法院（2010）沪一中民五（知）终字第131号民事判决书

二审调解时间：2011年9月19日

合同外纠纷不因存在仲裁条款而排除法院管辖权

——丸万株式会社诉北京德霖高尔夫体育发展有限公司等侵害商标权纠纷案

许根华

裁判要旨

合同当事人虽约定了仲裁条款,但对商标使用许可未作具体约定,依据合同不能解决该争议的,该争议属于合同外纠纷,不能排除法院管辖权。商标使用许可条款未约定商标名称、使用期限、许可费用等商标许可使用法律关系基本构成要件的,不具有实际履行意义上的确定性和操作性,不构成商标侵权的阻却事由。

案 情

原告:丸万株式会社
被告:北京德霖高尔夫体育发展有限公司(以下简称"北京德霖公司")
被告:上海德霖体育发展有限公司(以下简称"上海德霖公司")

原告丸万株式会社系日本公司,生产高尔夫球杆等商品,在中国同类商品上注册了"maruman""VERITY""SHUTTLE""Conductor"等商标,上述商标均在有效期内。被告上海德霖公司系被告北京德霖公司的独资子公司,两被告均经营高尔夫球杆等商品的销售业务。

2008年1月1日,原告的关联公司MIT与北京德霖公司签订有效期为3年的《销售代理协议》,约定北京德霖公司为原告的"maruman"品牌高尔夫球杆等产品在中国区域内的独家经销商。此后,两被告销售原告的"maruman"品牌高尔夫球杆等商品,并宣传推广该品牌。

2009年1月1日,原告、MIT和北京德霖公司签订有效期为11年的《销售代理店合同》。该合同第15条"商标及其他权利"约定:(第15.1条)合同期内,原告及MIT同意给予北京德霖公司行使某一种商标独占使用权;(第15.2条)在事先通知原告及MIT的前提下,原告及MIT给予北京德霖公司行使原告所拥有的商标(包括"MAJESTY"品牌)高尔夫球杆及高尔夫用品的开发制造销售权,地域为中国。第20条"仲裁"约定:因履行本合同产生的争议,根据国际商事仲裁协会的商事仲裁规则向日本国东京仲裁解决。第24条"最终性同意"约定:"本合同取代各方当事人之间所有与本产品有关的协议及理解,为各方当事人之间完整的、最终的意思表示。"此后,两被告继续销售原告的"maruman"品牌高尔夫球杆等商品,并继续宣传推广该品牌。

2009年1月30日,原告(乙方)与北京德霖公司(甲方)签订《合资经营企业合同》,约定:双方合资设立马路马公司,该公司对乙方生产的"MARUMAN"品牌高尔夫产品在中国的销售拥有为期10年的独家排他的权利,如在中国生产高尔夫产品,须双方再行协商。第18条"商标使用许可协议"约定:马路马公司在中国对乙方"MARUMAN"品牌高尔夫产品的销售中无偿拥有该品牌使用权,乙方和乙方关联方承诺并同意对任何第三方不予许可在中国的MARUMAN商标使用权。马路马公司于2010年6月成立,但原告未缴纳注册资本金,该公司未实际开展经营活动。

2010年10月8日,北京德霖公司向原告及MIT发出《关于球具生产的相关通知》,表示:根据《销售代理店合同》第15条,其将在发出本通知后随时在中国生产、销售标有"MARUMAN"(包括"MAJESTY")商标的高尔夫产品,具体生产日期及型号不再另行通知。原告及MIT随即回函,表示:北京德霖公司对《销售代理店合同》第15条的理解是完全错误的,任何人未经原告授权,不得生产、销售标有原告商标的商品。北京德霖公司在发出上述通知后即生产、销售标有原告商标的高尔夫球杆等商品,上海德霖公司也销售该些商品。2010年12月13日,原告通知北京德霖公司,解除《销售代理店合同》。2011年1月、2月,原告在两被告的店铺内购买到北京德霖公司生产的标有原告商标的高尔夫球杆,工商机关在上海德霖公司店铺内查扣到标有原告商标的商品。该些被扣商品如按原告生产的正品计算，北京德霖公司的进货价为 47263 美元，销售价为人民币 1588700 元。2011 年 2 月，原告向日本商事仲裁协会申请仲裁，请求北京德霖公司支付拖欠的货款 360 余万美元。2011 年 12 月，北京德霖公司向日本商事仲裁协会申请仲裁，要求原告赔偿市场宣传推广费用等损失 2500 余万美元。

原告诉称，北京德霖公司作为原告的中国总销售代理商却擅自生产和销售侵权产品，上海德霖公司明知侵权产品却仍然销售，均已构成侵害原告注册商标专用权，故请求判令：两被告停止侵权，在《法制日报》上登报道歉、消除影响，赔偿原告经济损失 50 万元及合理费用 230112 元，北京德霖公司对上海德霖公司的赔偿义务负连带责任。

被告在答辩期内提出管辖权异议，认为本案属于因履行《销售代理店合同》而产生的争议，根据该合同第 20 条，本案纠纷应由日本商事仲裁协会仲裁，且就履行该合同所产生的相关争议，原、被告均已提交日本商事仲裁协会仲裁，故中国法院对本案无管辖权。针对原告的商标侵权指控，被告辩称：根据《销售代理店合同》第 15 条，原告已经授予北京德霖公司使用其商标生产、销售高尔夫球具的权利，北京德霖公司行使该权利的唯一前提条件是应当提前通知原告，该条款有效且可执行，故被告不构成商标侵权。

审 判

上海市浦东新区人民法院经审理认为，第一，涉案合同未约定可以调整本案争议的条款，依据该合同不能解决本案争议，故本案系合同之外的纠纷，不受合同仲裁条款约束，人民法院对本案依法享有管辖权。第二，涉案合同的商标使用权条款仅系原则性约定，不具有实际履行意义上的确定性和操作性，北京德霖公司发出通知的行为不符合取得商标许可使用权的条件，其使用原告商标生产、销售商品的行为构成侵害原告注册商标专用权，上海德霖公司销售侵权商品的行为亦构成侵害原告注册商标专用权。因此，依据《民事诉讼法》第 29 条、第 38 条的规定，裁定驳回被告的管辖权异议，上海市第一中级人民法院维持了该裁定；关于本案的实体部分，一审法院依据《侵权责任法》第 8 条、第 15 条第 1 款第（1）项、第（6）项、第（8）项和《商标法》第 51 条、第 52 条第（1）项和第（2）项、第 56 条第 1 款和第 2 款及《最高人民法院关于审理商标民事纠纷案件适用法律若干问题的解释》第 16 条第 1 款和第 2 款、第 17 条第 1 款、第 21 条第 1 款、《最高人民法院关于民事诉讼证据的若干规定》第 2 条、第 5 条第 1 款的规定，判决被告停止侵权，在《法制日报》刊登声明消除影响，北京德霖公司赔偿原告经济损失及合理费用 40 万元，上海德霖公司赔偿原告经济损失及合理费用10万元，北京德霖公司对上海德霖公司承担连带赔偿责任。二审法院上海市第一中级人民法院经审理，判决驳回上诉、维持原判。

评　析

本案纠纷因缔约双方对所签合同特定条款的理解存在差异而引发，基于合同条款，在判定法院是否有权管辖和被告是否构成侵权问题上具有特殊性。其一，法院是否具有管辖权的判定必须以涉案争议属于合同纠纷还是合同外纠纷为前提。如果是合同之内的纠纷，则本案应按照合同仲裁条款的约定，由域外仲裁机构仲裁；如果是合同之外的纠纷，则由于原告指控的侵权行为地、被告住所地均在中国，故中国法院对本案依法享有管辖权。其二，被告是否构成侵权的判定必须以正确解读涉案合同的商标使用许可条款等合同内容为前提，分析判断相关约定是否构成有效的商标使用许可。如果相关约定构成商标使用许可，则被告不构成侵害原告商标权。反之，被告应当承担商标侵权责任。因此，正确理解、依法解释涉案合同是本案的关键。

一、合同外纠纷不因合同存在仲裁条款而排除法院管辖权

被告以《销售代理店合同》第15条商标使用权条款为依据，认为本案纠纷属于该合同第20条仲裁条款所约定的"因履行本合同而产生的争议"，应由日本商事仲裁协会仲裁，并据此提出管辖权异议。分析该异议，其实质问题是本案纠纷是合同之内的纠纷还是合同之外的纠纷。判定本案纠纷是合同纠纷还是合同外纠纷，需以合同全部条款特别是其中的商标使用权条款为依据，以依据合同文本能否调整处理本案纠纷为标准。合同当事人虽约定因履行合同而产生的争议应通过仲裁解决，但对履行合同中的商标使用许可条款所引发争议的调整未作具体约定，依据合同不能解决该争议的，该争议属于合同外纠纷，不因合同存在仲裁条款而排除法院管辖权。

第一，涉案合同的商标使用权条款之第15.1条表述为"合同期内，原告及MIT同意给予北京德霖公司行使某一种商标独占使用权"，在原告拥有多个注册商标的前提下，上述"某一种商标"的约定不能指向具体的某个特定商标，此足以证明该条款实际上并没有明确北京德霖公司可以使用原告商标的具体名称，故可以认定该条款仅是一种原则性约定，不具有履行或者执行上的确定性，在本质上属于约定不明。依据合同其他条款、交易习惯等，也难以进行扩展解释、补充解释，即该条款实际上等于没有对商标使用许可作出实质性的有效约定。

第二，涉案合同的商标使用权条款之第15.2条表述为"在事先通知原告及

MIT 的前提下，原告及 MIT 给予北京德霖公司行使原告所拥有的商标（包括 MAJESTY 品牌）高尔夫球杆及高尔夫用品的开发制造销售权，地域为中国（包括香港、澳门、台湾）"，但涉案合同对于被告通知原告后原告拒绝授予被告商标许可使用权，对于被告通知原告后被告随意使用原告商标等相关商标许可使用争议情形的处理，均没有作出具体的约定，故可以认定涉案合同没有可以调整本案争议的条款，依据合同不能解决本案争议。

二、不具有确定性、操作性的商标使用许可条款不构成商标侵权的阻却事由

被告在相同商品上使用原告商标，以涉案合同的商标使用权条款为不构成侵权的抗辩依据，故本案实体裁判的争议焦点在于该商标使用权条款是否构成商标使用许可。商标使用许可条款未约定商标名称、使用期限、许可费用等商标许可使用法律关系基本构成要件的，不具有实际履行意义上的确定性和操作性，不构成商标侵权的阻却事由。如上所述，涉案合同的商标使用权条款之第 15.1 条仅属一种原则性约定，不具有实际履行意义上的确定性、操作性，如何具体实际履行该条款尚需双方进一步协商、落实，故不能依据该条款认定北京德霖公司已经取得原告的商标使用许可。因此，应当着重分析商标使用权条款之第 15.2 条。

第一，如果第 15.2 条与第 15.1 条在内容上是承上启下、不能割裂的一个整体，则对第 15.2 条的理解应当以第 15.1 条为基础，在文义上对第 15.2 条应当理解为：在合同期限内，原告应当同意给予北京德霖公司行使某一个商标的独占使用权，在双方协商一致确定了原告授予北京德霖公司独占使用其拥有的某一个商标等涉及商标许可使用的相关构成要件后，北京德霖公司须再向原告及 MIT 发出通知，此后才能开始使用原告的某一个特定商标开发制造销售高尔夫球杆及高尔夫用品。在此前提下，由于第 15.1 条的具体履行尚需双方进一步协商、落实，在双方没有协商一致的情况下，北京德霖公司仅发出相关通知，显然不符合取得商标许可使用的条件。

第二，如果第 15.2 条与第 15.1 条是互相独立、各自并存的两个不同条款，则在文义上对第 15.2 条应当理解为：在北京德霖公司通知原告及 MIT 的前提下，原告负有许可北京德霖公司使用包括 MAJESTY 品牌在内的商标的义务，北京德霖公司享有使用原告商标的权利（开发制造销售权），使用的地域范围为中国（包括香港、澳门、台湾）。显而易见的是，第 15.2 条仅明确了北京德霖公司行使使用原告商标的权利需以发出相关通知为前提条件以及使用原告商标的地域范围等要件，但并未明确许可使用的商标名称、使用期限、许可使用费等涉及商标许可使用法律关系构成要件的具体内容。由于第 15.2 条本身并未明确许可使用的商标为原告的全部商标或者某个商标，也未明确使用期限为至涉案合同期限届满、使用费为无偿等，故在此情况下，判断第 15.2 条是否构成具有实际履行意义上的确定性、操作性的商标许可使用条款，应当进行综合考量分析。商标使用许可条款应当具有履行意义上的明确性和可操作性。从商标许可使用法律关系通常所要求的构成要件看，第 15.2 条属于对部分构成要件的约定不明；从涉案合同的其他条款看，难以依据其他条款对第 15.2 条作出具体清晰的解释，即北京德霖公司使用原告商标的名称、期限、费用等要件难以确定；从商标许可使用合同关系的交易习惯看，在缺乏许可使用的商标名称、期限、费用等要件的情况下，难以认定商标许可使用合同关系已经成立。因此，可以认定第 15.2 条也属于原则性条款，不具有实际履行意义上的确定性、操作性，如何具体实际履行尚需双方进一步协商、落实。在双方没有协商一致的情况下，北京德霖公司仅发出相关通知，显然不符合取得商标许可使用的条件。

权利的取得应当有合法依据。主张合同关系成立并生效的一方当事人对合同订立和生效的事实承担举证责任。北京德霖公司不能有效举证证明自己已经取得了原告的商标使用许可，应当承担不利后果。实际上，涉案合同第 15 条的真实意图是规定一种机制，即原告同意被告使用商标，被告在使用前应当通知原告，通知的递交会触发双方协商相关协议。将产品制造商推定为愿意授权经销商只需予以告知即可随意生产同类产品是不可信的，也是不符合商业情理的。同时，原告、北京德霖公司在后签订的《合资经营企业合同》对商标许可使用问题已经作出了明确约定，该约定表明由原告作为两个股东之一的合资企业在中国生产使用原告商标的商品尚须以双方另行达成书面协议为前提条件，则作为代理销售商的北京德霖公司在发出相关通知后就可使用原告商标生产相同产品，显然有违商业经营常理。上述《合资经营企业合同》明确原告对任何第三方不予许可在中国的商标使用权，该"任何第三方"应当是指包括北京德霖公司在内的合资企业以外的任何公司和个人，已经明确否定了北京德霖公司使用原告商标生产产品的权利。

案例索引

一审裁定、判决：上海市浦东新区人民法院（2011）浦民三（知）初字第 282 号民事判决书

一审裁定时间：2011 年 7 月 4 日

一审判决时间：2012 年 7 月 4 日

二审裁定：上海市第一中级人民法院（2011）沪一中民五（知）终字第172号民事裁定书

二审裁定时间：2012年8月29日

二审判决：上海市第一中级人民法院（2012）沪一中民五（知）终字第218号民事判决书

二审判决时间：2013年9月13日

出口货物侵权的证明标准及货代公司的责任确定

——无锡尚德太阳能电力有限公司诉南通思凯索拉光电科技有限公司等侵害商标权、擅自使用他人企业名称、姓名纠纷案

杨 捷

裁判要旨

对于涉嫌侵权的商品已出口至我国境外的商标侵权案件,可依据原告尽其可能提交的一系列证据,采用高度盖然性的民事证据证明标准认定侵权事实。在国际贸易中,货运代理业务层层转委托的操作模式及现状下,对于货代公司在商标侵权中的责任认定,法院应从货运代理合同的性质及其特点,依据几个被告间的法律关系、权利义务、实际行为来判定货代公司是否存在过错,是否应当承担责任。

案 情

原告:无锡尚德太阳能电力有限公司
被告:南通思凯索拉光电科技有限公司(以下简称"思凯索拉公司")
被告:宁波利得国际货物运输代理有限公司(以下简称"利得公司")
被告:上海环集国际物流有限公司(以下简称"环集公司")
被告:上海新新运国际货物运输代理有限公司(以下简称"新新运公司")
被告:中国外运华东有限公司(以下简称"中外运华东公司")

2004年及2009年，原告分别注册了第3481006号"Suntech"注册商标及第5265077号"Suntech"注册商标，两商标核定使用在第9类的太阳能电池等商品上。

2009年12月，被告思凯索拉公司委托被告利得公司为其办理出口意大利一批180W单晶光伏组件（件数为312个，总价为64584欧元）的报关、运输、订舱等事宜。利得公司又转委托了被告环集公司办理报关、运输、订舱，该委托未经思凯索拉公司同意。环集公司再转委托了被告新新运公司办理了订舱，新新运公司最终又转委托了被告中外运华东公司于2009年12月9日在川崎公司处完成了订舱，订舱信息为发货人NANTONG SKY SOLAR PHOTOVOLTAIC TECHNOLOGY CO., LTD（被告思凯索拉公司的英文名称），品名为180W MONOCRYSTALLINE PV MODULE。该批货物报关单中载明的经营单位及发货单位均为被告思凯索拉公司。

嗣后，利得公司向环集公司发出了提单确认件，其中将原订舱信息中的发货人更改为SUNTECH POWER HOLDINGS CO., LTD（原告投资人尚德电力控股有限公司的英文名称），品名更改为SUNTECH MONOCRYSTALLINE 180W SOLAR MODULE，其他信息未变，该提单确认件中没有被告思凯索拉公司盖章，该确认件经由环集公司、新新运公司及中外运华东公司传递至川崎公司，川崎公司于2009年12月17日依据确认件中信息签发了正本提单。

2010年1月21日，利得公司又向环集公司发出了提单更改申请书、提单更改保函及原正本提单，申请将原收货人信息TO ORDER更改为BUONO ENERGIE SRL，原通知人信息SOL - ENERGYS更改为BUONO ENERGIE SRL。在上述申请书、保函及正本提单中加盖了假冒的"无锡尚德太阳能电力有限公司"的圆形印章及"无锡尚德太阳能电力有限公司 SUNTECH POWER HOLDINGS CO., LTD"的长形印章，但没有思凯索拉公司印章。环集公司、新新运公司、中外运华东公司又逐级将上述材料传递至川崎公司，川崎公司据此重新签发了修改了上述信息后的正本提单。次日，利得公司又向环集公司发出了电报放货申请书、电报保函及经背书的正本提单，要求电报放货，在上述几份文件中也加盖了前述的两枚印章。环集公司、新新运公司、中外运华东公司又逐级将上述材料传递至川崎公司，川崎公司据此进行了电放。

BUONO ENERGIE SRL公司收到该批货物后，经使用发现该批光伏组件质量有缺陷，遂向原告进行了投诉，并向原告提交了提单及产品标签等材料。在该批产品标签上标注了"Suntech"标识，标明了额定最大功率为180WP，附注的地址为原告的注册地址。原告经核实后确定，该批货物并非由原告生产。原告对其与BUONO ENERGIE SRL公司间的电子邮件、产品标签照片等材料作了公证并进行了翻译，取得了（2011）锡证民内字第81385号公证书。原告又通过该提单所载信息调查，逐步发现了五被告的上述行为，遂诉至法院。

原告诉称，被告思凯索拉公司擅自使用原告注册商标的行为侵犯了原告的注册商标专用权，伪造原告的印章及擅自使用原告企业名称的行为还侵犯了原告的企业名称权，对原告构成了不正当竞争。其余四被告均为被告思凯索拉公司的货运代理公司，四被告均明知真实的货主为思凯索拉公司，也明知真实货物名，在协助思凯索拉公司顺利完成报关后，又协助其完成了提单货主与品名的更改，为思凯索拉公司侵犯原告注册商标专用权及不正当竞争行为提供了便利条件，四被告与被告思凯索拉公司已对原告构成共同侵权。故原告请求判令五被告因侵犯原告注册商标专用权及不正当竞争行为向原告公开赔礼道歉，形式为向原告出具书面文件；判令被告思凯索拉公司赔偿原告人民币50万元，被告利得公司、环集公司、新新运公司及中外运华东公司承担连带赔偿责任。

被告思凯索拉公司辩称，其没有在生产、销售过程中擅自使用原告的注册商标和企业名称，更没有在提单更改申请书、电报放货申请书中伪造使用原告的企业印章。2009年年底案外人SKYWAY SOLAR LLC（U.S.A）提出向其购买太阳能光伏组件用于出口，限于生产能力，其另行委托了江苏登泰新能源有限公司进行了加工生产，这些产品上没有标签，也没有使用原告的注册商标。因SKYWAY SOLAR LLC（U.S.A）老总与被告利得公司老总相熟，故全权委托被告利得公司办理相关出口事宜，对报关出口事宜其完全不知情。

被告利得公司、环集公司、新新运公司及中外运华东公司辩称基本一致，四被告为货代公司，主要从事为客户订舱等工作，对货柜中所装货物则完全不知情也无法知情。本案中被告的业务完全按操作流程进行，也就是凭客户指示操作，不进行实质性审查。被告无法审查客户的行为是否存在侵权的可能，主观上对原告指控的商标侵权行为也不存在过错，因此不应当承担任何责任。

审　判

上海市浦东新区人民法院经审理认为，原告提交的（2011）锡证民内字第81385号公证书中的电子邮件往来内容、海运提单载明的内容及产品标签内容等要素与原告事后核实的海运提单及其一系列申请、变更资料内容均相符，同时结合原、被告的陈述，这些证据已经形成一完整的证据链，足以证明原告意大利客户投诉的产品就是本案所涉提单中出口的产品。该产品的名称中使用了"suntech"字样，在产品标签中使用了与"Suntech"注册商标相同的图形与文字，使原告的意大利客户误认为该产品为原告所生产并向原告投诉。结合涉案注册商标的核定使用范围，法院认定被告思凯索拉公司的该行为已构成在同一种商品上使用与原告的注册商标相同商标的行为，属侵犯注册商标专用权的行为。

在本案的货物出口行为中，被告思凯索拉公司系委托人，被告利得公司系受托人，被告环集公司、新新运公司及中外运华东公司则分别为依次接受转委托的第三方货代公司。没有证据证明思凯索拉公司同意转委托，因此本案中思凯索拉公司与利得公司、利得公司与环集公司、环集公司与新新运公司、新新运公司与中外运华东公司间分别成立各自独立的委托合同关系。被告利得公司其委托合同相对方为被告思凯索拉公司及环集公司，且在本案中是被告思凯索拉公司唯一的委托合同相对方，只有其有能力直接与思凯索拉公司交涉，并制止可能发生的侵权行为。但在本案中，从报关单中发货单位与提单确认件中发货人不一致、并非由原告提交的修改提单内容相关申请材料上却加盖了原告单位印章以及利得公司向法院提交的提单确认件及提单更改申请材料中均没有思凯索拉公司的确认章这一系列事实可以判断，被告利得公司行为存疑。其作为专业的货代公司，即便不是明知，也应知被告思凯索拉公司的此单货物存在商标侵权的嫌疑，但其却未采取任何措施防止侵权行为的发生，从而放任、纵容了侵权行为的发生，其主观上存在故意，客观上又为思凯索拉公司的商标侵权行为提供了便利条件，应当与思凯索拉公司承担共同侵权责任。对被告环集公司、新新运公司及中外运华东公司而言，其委托合同相对方中均没有被告思凯索拉公司，因此三被告没有与思凯索拉公司有合同权利义务关系，也不与思凯索拉公司直接发生业务联系。在这种情况下，要求三被告跳过被告利得公司直接向被告思凯索拉公司提出相关的疑义不符合常理，亦不符合合同的相对性原则，三被告有理由相信与其有委托合同关系的委托方已经妥善解决相关问题。因此三被告在此没有过错，并不构成商标侵权行为。对原告的不正当竞争之诉，法院认为 SUNTECH POWER HOLDINGS CO.,LTD 为原告投资人尚德电力控股有限公司的英文名称，因此原告无权对该行为主张权利。另外，作为最终购买者的 BUONO ENERGIE SRL 公司不能接触到加盖了假冒原告印章的相关文件，其能接触到的正本海运提单中并未使用原告的企业名称，因此其不会因假冒原告印章的文件对商品来源产生混淆，故被告的该行为不构成原告所诉的不正当竞争行为。据此，法院依照《民法通则》第 118 条、第 130 条、第 134 条第 1 款第（7）项，《民事诉讼法》第 130 条，《商标法》第 52 条第（1）项和第（5）项、第 56 条第 1 款和第 2 款，《商标法实施条例》第 50 条第（2）项，《最高人民法院关于审理商标民事纠纷案件适用法律若干问题的解释》第 16 条第 1 款和第 2 款、第 17 条的规定，于 2012 年 3 月 16 日判决：被告南通思凯索拉光电科技有限公司赔偿原告经济损失人民币10万元，被告宁波利得国际货物运输代理有限公司承担连带赔偿责任；驳回原告其余诉讼请求。

一审宣判后，双方当事人均未上诉，一审判决已经发生法律效力。

评　析

本案系一起因海外客户投诉引发的侵害商标权及不正当竞争纠纷案件。对原告而言，因为侵权商品已在海外，其针对侵权事实的举证存在比较大的困难，所以通常情况下很多权利人都知难而退，但本案中原告尽其能力举证，法院也依据高度盖然性的证明标准采纳了原告证据，为相关案件中权利人的维权起到了很好的示范作用。本案的第二个审理难点在于如何认定作为货代公司的四被告在本案中是否应当承担民事责任，本案判决也对这一问题进行了一些探索。

通常法院审理的海关出口货物侵害商标权案件，都是由海关对货物依法进行扣押后权利人再行诉讼，此时"侵权物"仍在国内，因此原告对侵权事实的举证相对容易，胜诉把握较高。但本案中涉案货物已经出口至意大利，"侵权物"已在当事人控制之外。原告是因为其意大利客户投诉后方知晓此事，通常在这种情况下权利人会因为举证困难而放弃主张权利。但本案中，原告及时对其与意大利客户间的往来投诉电邮进行公证，由客户为其提供了涉嫌侵权商品图片及相关提单，而提单显示的发货人及货物名称中均包含了"尚德"，与意大利客户提供的商品图片内容能够一一对应。嗣后原告再根据提单信息到相关部门进行了调查，由此追溯到其他被告的信息，这一过程中原告固定下的一系列证据形成了完整的证据链。被告虽对提单中货物与公证书中意大利客户提供图片中货物间的一致性提出异议，但未提交相反证据予以证明。因此法院以高度盖然性的民事证据证明标准认定了原告主张的侵权事实，即公证书中意大利客户提供给原告的涉案商品图片中的商品就是被告思凯索拉公司出口的商品。本案为这类案件的审理提供了一种思路，就是即使在涉嫌侵权商品已出口的情况下，只要权利人能够完善其举证，依然可以主张其权利，获得司法保护。

本案中，被告思凯索拉公司生产了侵犯原告尚德公司商标权的商品用于出口，其委托了被告利得公司为其报关、运输、订舱，利得公司又转委托被告环集公司办理报关、运输、订舱，该委托未经思凯索拉公司同意。环集公司再转委托被告新新运公司办理订舱，新新运公司最终又转委托被告中外运华东公司完成了订舱。其中被告思凯索拉公司的商标侵权行为当无异议，本案的第二个审理难点在于后四家货代公司的行为是否构成商标侵权，而事实上思凯索拉公司的该单出口业务的确是疑点重重。司法实践中，因提供便利条件被认定商标侵权的案例较少,而以货代公司这种形式提供便利条件的就更为罕见。因此法院从货运代理合同的基础知识入手,再依据被告间的法律关系、权利义务、实际行为来判定其是否存在过错,进而构成侵权。

层层转委托在货代实务中是普遍存在的情形,其实质在于层层转托、认人不认单。在这种情况下,转委托未经委托人同意的,委托人与受托人、受托人与第三人间成立各自独立的法律关系。由此法院认定,思凯索拉公司与利得公司、利得公司与环集公司、环集公司与新新运公司、新新运公司与中外运华东公司间分别成立各自独立的委托合同关系。

对利得公司而言,思凯索拉公司是其合同相对方。利得公司在实施货代行为中存在诸多瑕疵,如报关单中发货单位与提单确认件中发货人不一致,修改提单申请材料上加盖了原告公章却又并非由原告提交,且修改申请材料中也没有思凯索拉公司的盖章确认,而这些瑕疵均显而易见。利得公司作为专业的货代公司,即便不明知,也应知思凯索拉公司行为有侵犯他人商标权的可能。利得公司作为四家货代公司中唯一与思凯索拉公司的合同相对方,只有其有能力直接与思凯索拉公司交涉,修正这些瑕疵,从而避免可能发生的侵权行为。但利得公司未采取任何措施防止侵权行为的发生,从而放任、纵容了侵权行为的发生,其主观上存在故意,客观上为思凯索拉公司的行为提供了便利条件,故应当与思凯索拉公司承担共同侵权责任。

对其余三被告而言,其合同相对方均没有思凯索拉公司。在这种情况下,要求三被告跳过利得公司直接与思凯索拉公司提出相关质疑不符合常理,也不符合同相对性原则,三被告有理由相信与其有委托合同关系的委托方已经妥善解决相关问题,因此三被告在此没有过错,并不构成侵权。

最终,法院判决被告思凯索拉公司与利得公司承担连带赔偿责任。原、被告均服判未提起上诉。该案的审理既对第一手货代公司在此类情形中应承担的责任作了明确,又对后手的货代公司基于合同相对性原则所应承担的责任作了厘定,取得了良好的法律效果和社会效果,也为今后该类案件的审理提供了一些思路。

案例索引

一审:上海市浦东新区人民法院(2011)浦民三(知)初字第619号民事判决书

一审判决时间:2012年3月16日

行政处罚认定的事实对民事案件的影响
——罗某诉上海宠乐宠物用品有限公司侵害商标权纠纷案

杜灵燕

裁判要旨

就同一商标侵权行为，权利人先通过工商部门获得行政保护，后又向法院提起民事诉讼的，权利人在民事案件中仍负有证明被处罚产品系侵权产品的举证义务。举证不能的，不应根据工商行政处罚结果径行判决，而应当就当事人争议的事实全面审查。

案 情

原告：罗某

被告：上海宠乐宠物用品有限公司

一、原告商标及条形码使用情况

原告系第7065018号"羅醫生 DrLaw"和第7740448号"（图形）"注册商标（以下简称"涉案商标"）的商标权人，两商标均在有效期限内，分别被核定在第5类兽用洗涤剂和第3类宠物用香波等商品上使用。原告系广东省中山市东荣宠物用品有限公司（以下简称"东荣公司"）法定代表人，该公司被吊销营业执照后，原告之妻曾某某以个体工商户的形式设立了广东省中山市石岐区东赢宠物用品销售部（以下简称"东赢销售部"）。东赢销售部注销后，曾某某又作为法定代表人设立了广东省中山市东赢宠物用品有限公司（以下简称"东赢公司"）。上述三企业在存续期间分别负责生产、销售罗医生系列产品。在东荣公司负责生产、销售期间，东荣公司另行委托中山市诗迪日用化工有限公司（以下简称"诗迪公司"）负责罗医生产品的生产。诗迪公司曾为东荣公司注册了"69493816"的厂商识别代码，用于罗医生产品，现已被注销。2011年10月，东赢销售部注册了"69550556"的厂商识别代码，后该代码变更至东赢公司名下，现尚在有效期内。

二、被告被工商局查处的情况及工商局查处的产品照片与原告产品比对情况

2012年11月27日，上海市工商局闵行分局依法对被告仓库检查，当场查获带有涉案商标标识的各类罗医生宠物沐浴露980瓶，经营额为18620元。经商标权利人鉴定，上述产品均为假冒相关注册商标的侵权商品。该局认定被告实施了假冒他人注册商标的行为，于2013年1月25日作出行政处罚：责令立即停止侵权行为、没收侵权商品、罚款人民币18620元。被告随后缴纳了工商罚款。

就上述被工商局查扣的产品，被告工作人员阎某某于2012年11月30日向上海市闵行公证处申请进行保全证据公证。当日，公证处公证人员与阎某某来到被告仓库，在公证人员的监督下，阎某某对存放在该处的货物进行清点并当场制作《清点清单》。公证人员对相关产品进行了拍照，并出具了（2012）沪闵证经字第2814号公证书。

将上述公证书中拍摄的产品照片与原告产品进行比对，两者产品外观基本相同，基本组合要素均为：瓶贴正面①首部位置并列醒目的标注了"🐾"和"Dr.Law"标识，在"🐾"标识上方还加印了一圈环形白色英文字体"care about your pet everydays"及镂空的"🐾"标识（被告两款产品"夏日天天爽""敏感性皮肤"照片上看不出英文字体和镂空标识，原告"杀虱除蜱型"产品上的英文字体和镂空标识印在"🐾"标识右侧，"Dr."标识上方）；②瓶贴中部自上而下分别标有"Dr.罗"、"宠物沐浴露"及各种类型的宠物沐浴露的名称等字样。瓶贴背面自上而下分别标有①"Dr.罗""Dr.Law"标

识；②"宠物专用沐浴露"字样；③产品说明；④净含量、保质期等相关信息；⑤"中国广东省东赢宠物用品企业荣誉出品"字样及该企业的相关联系信息（被告两款产品不同，其中"夏日天天爽"产品上标明生产商为"中国广东省中山市中山二路51号东荣宠物企业"，"敏感性皮肤"产品上标明"中国广东省东荣宠物用品企业荣誉出品 广东省中山市小榄工业大道中30号诗迪公司生产"，两产品的联系信息与其他产品相同）；⑥条形码（位于瓶身右下部）（被告"夏日天天爽"产品在该位置无条形码，而是印有"🐾"标识和"Dr. Law"字样）。上述产品的瓶贴底色和喷头的颜色会因产品型号不同而采用不同的色系。

将原、被告产品使用条形码的情况进行比对，被告产品除一款"夏日天天爽"无条形码外，其余10款产品均有条形码，该10款产品中3种产品采用以"69550556"为厂商识别代码打头的条形码，6种产品采用以"69493816"为厂商识别代码打头的条形码，还有1款"敏感性皮肤"产品上标识的条形码为"6923692501607"（经查为诗迪公司名下的条形码）。原告提供了14款产品，其中10款产品的条形码采用以"69550556"为厂商识别代码打头的条形码，其余4款产品的条形码采用以"69493816"为厂商识别码打头的条形码。

三、被告网站销售被控侵权产品情况

2012年12月5日，原告委托代理人曾某某在公证处的电脑上做如下主要操作：在网络环境下，进入被告淘宝店铺"Q仔宠物"（网址"qpet. taobao. com"），在店铺首页"全部分类"的下拉菜单中点击"罗医生/家朵/英国联邦/米卡MEEKA"选项。显示有7款罗医生产品在销售中，除第一款产品为团购特价17.10元外，其余产品售价均为19元。上述产品的瓶贴正面首部位置并列醒目的标注了"🐾"和"Dr.Law"标识，瓶贴中部自上而下分别标有"Dr.罗""宠物沐浴露"等字样。广东省中山市石岐公证处公证人员见证了上述操作过程，出具了（2012）粤中石岐第17166号公证书。

审理中，原告代理人持本院开具的调查令至支付宝（中国）网络技术有限公司风险管理部调取了被告两店铺的交易记录，经以"罗医生"为关键字查询，显示被告店铺内各类罗医生产品的相关交易记录，多笔交易的商品名中含有"等多件"字样。其中店铺（网址：http：//qpet. taobao. com/）自2012年1月31日至2013年1月3日期间共计销售3784笔，销售金额233499.64元；店铺（网址：http：//clcwyp. tmall. com/）2012年8月15日至2012年12月15日期间共计销

售 126 笔，销售金额 7870.41 元。上述两店铺共计销售 3910 笔，合计销售金额 241370.05 元。

四、被告产品进货情况

深圳市利邦达实业有限公司（以下简称"利邦达公司"）为东赢公司深圳特约代理商，被授权期限为 2012 年 2 月 1 日~2013 年 1 月 31 日。该公司负责深圳地区"罗医生"品牌系列产品的市场拓展、产品销售及售后服务等相关工作。上海嘉豪宠物用品有限公司（以下简称"嘉豪公司"）亦系原告的代理商。被告曾就罗医生产品与上述两公司存在购销关系。2012 年 9 月 13 日至 2012 年 12 月 28 日期间，利邦达公司共向被告出具货物名称为宠物用品的发票四张，其中 2012 年 9 月 13 日的一张发票上记载供货数量为 414、税前单价为 16.86 元、税后金额为 8170 元；2012 年 10 月 9 日出具了两张发票，数量分别为 600 和 370，税前单价均为 15.57 元，税后金额分别为 10932.20 元和 6741.53 元；2012 年 12 月 28 日的一张发票上记载的数量为 109、税前单价为 16.90 元、税后金额为 2156.48 元。

原告诉称，原告是涉案商标的权利人。现原告发现被告未经许可，在其开设的两淘宝网店上销售假冒原告上述商标的商品。2012 年 11 月 27 日，上海市工商局闵行分局对被告的仓库进行检查，发现侵权产品 980 件。上海市工商局闵行分局随后对被告进行了处罚并没收了侵权产品。但被告并未停止销售侵权产品的行为，仍在其开设的淘宝网店销售侵权产品。原告曾向被告发函，要求被告就其侵权行为给予赔偿，但被告未给予回复。被告的行为已给原告造成极大的损害，故起诉，要求被告赔偿原告经济损失 10 万元、合理支出 2 万元；被告在其淘宝店铺所在页面顶部连续 90 日刊登声明、消除影响。

被告辩称，被告产品均来源于原告经销商，有合法的进货渠道。被告在销售产品过程中已尽到了相关注意义务，被告并未实施侵害原告商标权的行为，无须承担相应的法律责任。

审 判

上海市浦东新区人民法院经审理后认为，原告未能提供被告出售产品的实物，无法比对原、被告产品喷头及凹槽部位的区别；原告曾委托多家公司以多种条形码生产，产品照片上被告部分商品条形码与原告不同不足以认定为侵权产品；瓶身印刷批次不同，可能会存在细微差别。原告自己的不同款产品瓶身上也存在印刷差异，不能以此认定被告侵权；被告售价合理，在大部分业务中可实现盈利；网店的销售模式不可能做到每笔业务均能提供进货发票；原告与经销商间的约定不得对抗下游销售商，经销商超地区销售的产品仍系经原告许可投放市场的产品，被告可再次销售，原告无权主张。综上，原告并无证据证明被告实施了侵害原告商标权的行为，法院遂依照《民事诉讼法》第64条第1款的规定，判决驳回原告的诉讼请求。

一审判决后，原告不服，提起上诉。二审法院上海市第二中级人民法院维持了一审判决。

评 析

本案系商标侵权诉讼，就本案原告而言，其需承担两方面的举证责任，即其是否享有涉案商标的专用权，被告是否实施了商标侵权行为。就原告享有涉案商标专用权的事实，本案中并无争议。争议焦点在于原告主张被告实施商标侵权行为的认定。就该主张，被告以被控侵权产品来源于原告经销商予以抗辩，原告虽未能提供被控侵权产品的实样，但以工商局对被告的行政处罚决定为主要证据之一。工商局的行政处罚结果能否在本案中直接适用，是本案的审理难点。

一、行政处罚认定的事实对民事案件的影响

商标侵权案件中，鉴于工商行政部门具有检查权及工商行政执法的便捷性和可操作性，权利人为固定侵权行为，通常采用先至工商部门行使行政救济，后根据工商行政处罚决定书中对侵权行为的认定向法院提起民事诉讼的形式。这种方式在商标权人针对小商户的商标侵权案件中尤为有效。通常在接受了工商处罚后，侵权人在民事案件中也会对侵权事实予以认可，本案中的情形并不多见。就行民交叉案件中，对行政机关的行政行为，法院在民事案件中是否还需要进行审理，实践中有两种不同的处理方式：

（一）对行政行为的合法性不予审查，直接援用进行裁判

为避免对行政机关行政行为合法性的审查，法院通常接受行政行为的约束，简化民事案件的审理程序，直接援用行政行为的处理结果作出裁判。如在一些交通事故、火灾事故等责任认定中，法院经常采取这样的做法。但这种做法的弊端也是显而易见的，如果行政决定本身是错误的，而民事判决将错就错，不仅使得当事人权利得不到应有的救济，日后若相关行政决定被推翻，民事诉讼亦需启动再审程序，严重损害了法院裁判的权威性，对当事人和法院来说都增加了诉累，导致司法资源的浪费。

（二）对行政行为进行全面审查

在当事人对行政行为持有异议，但又不申请复议或采取其他行政救济方式的情况下，法院需对行政行为中查明和认定的内容进行全面审查。这种处理方式在专利和商标案件中均有相关司法解释予以明确，实践中，知识产权案件的审理也遵循上述原则。如 2001 年《最高人民法院关于审理商标案件有关管辖和法律使用范围问题的解释》第 3 条和第 10 条规定，商标注册人或者利害关系人向工商行政管理部门就侵犯商标专用权行为请求处理，又向人民法院提起侵犯商标专用权诉讼请求损害赔偿的，人民法院应当受理。人民法院受理的侵犯商标专用权纠纷案件，已经过工商行政管理部门处理的，人民法院仍应当就当事人民事争议的事实进行审查。2001 年《最高人民法院关于审理专利纠纷案件适用法律问题的若干规定》第 25 条规定，人民法院受理的侵犯专利权纠纷案件，已经过管理专利工作的部门作出侵权或者不侵权认定的，人民法院仍应当就当事人的诉讼请求进行全面审查。

本案中，原告未能提供被控侵权产品的实样，依据工商部门对被告的处罚决定书，被告销售的产品已被认定为侵权产品，且被告已履行了该处罚决定。但进入民事诉讼程序后，双方对被控侵权产品是否系侵权产品的事实争议较大，因此，法院对工商处罚决定中认定的内容需全面审查。经庭审调查，该处罚决定书在实体处理上存在以下不妥之处：处罚决定书载明的处罚理由为"被告对所经营商品的商标权尽到了一定的注意义务，但被告未注意到相关再授权并未得到商标权利人或生产厂商的认可，效力存在缺陷"。根据上述理由，原告与经销商之间的约定不得对抗下游销售商，经销商超地区销售的产品仍系经原告许可投放市场的商品。依据商标权用尽原则❶，被告可将该商品再次出售，不构成对原告注册商标专用权的侵犯。此外，工商部门在作出上述处罚决定前，在调查取证阶段亦存在瑕疵，如在向被告送达《实施行政强制措施决定书》后未立即对被告产品做封存处理，使得被告在上述决定书下达后仍能委托公证处对查扣产品进行清点和拍照；对被告销售的产品系假冒产品的相关证据仅有原告的单方面鉴定结论，而无正品和假冒产品的比对记录，亦无对假冒产品的取样。有鉴于此，本案原告尚需对被控侵权产品系侵权产品的事实进行举证，而不能直接依据工商行政处罚决定书的认定结果。

---

❶ 商标权用尽原则，是指对于经商标权人许可或以其他方式合法投放市场的商品，他人在购买之后无须经过商标权人许可，就可将该带有商标的商品再次售出或以其他方式提供给公众。

二、原告对侵权事实的举证

因工商部门在既无正品和假冒产品的比对记录,亦未对假冒产品取样的情况下,即将被控侵权产品销毁;原告也未公证购买被告产品;被告网店在本案诉讼前即已不再销售被控侵权产品,故原告无法提供被控侵权产品的实样。现原告在本案中主张被告实施侵权行为的依据在于:1. 原、被告产品喷头处的表现形式不同。体现在正品的喷头系其委托代工厂生产,喷头打开后,内部有"H + 数字"的组合标识,每款产品会有不同的数字。而被告假冒产品的喷头内部没有该标识。2. 两者瓶身上的凹槽不同。原告瓶身上的凹槽比较均匀,被告产品不均匀。3. 两者条形码不同。原告每款产品有不同条形码,而被告同款产品与原告同款正品条形码不同,有的还没有条形码。4. 瓶身印刷字体略有不同。被告产品的瓶贴表面看上去与正品一样,但是在字体上仍有所区别。例如"杀虱除螨型"宠物沐浴露,在厂商地址上方的黄色方框内,原告的"中"字是紧挨着方框,被告产品的"中"字与方框有距离。5. 从被告售价也能看出其出售的系侵权产品。原告卖给嘉豪公司和利邦达公司的单价是15元,但是运费由两公司承担。因此两公司卖给被告的单价应为20元,被告以此进价不可能以19元对外出售,现被告网店对外售价低于其他网店销售正品的价格,此不符合常理。6. 从被告的审查义务角度,被告应当注意到利邦达公司授权范围在深圳地区,并且不得跨区域销售,不得转授权。但被告仍与利邦达公司订立合同,从利邦达公司获得华东地区的授权,授权期限甚至超过利邦达公司被授权的期限。因此,被告对于其进货的产品是否具有合法性和正当性,根本未尽注意义务,主观上存在过错。7. 根据支付宝的销售记录和工商行政处罚决定书记载的数量,被告进货并销售的产品共计约13700瓶,而被告提供的有发票的产品仅1000瓶,与实际销售数量存在巨大的差额,被告无法说明剩余12000多瓶产品的来源。

就原告的上述主张中,理由1、理由2,因工商局查扣的产品已被销毁,无法调取,原告也未能提供被告出售的产品实物,故就原告主张的上述两点理由中所体现的两者的区别已无法看出,法院不予采信;就理由3,经对原、被告产品的条形码进行比对,原告所提供的产品有两种条形码的表现形式,分别注册在东赢公司和东荣公司名下。被告产品照片所体现的11种产品中除1款产品无条形码外,其余产品的条形码有3种表现形式,分别是注册在东荣公司、东赢公司和诗迪公司名下的条形码(其中4款产品的条形码与原告同类产品完全相同)。东荣公司、东赢公司均系原告先后委托生产、销售涉案产品的企业,原告产品也同时使用上述两公司的条形码。而诗迪公司又曾受东荣公司委托生产过涉案产品,故不能因部分产品条形码与原告提供的产品不同而认定为侵权产品。相反从被告条形码形式的多样性,反而能证明相关产品系被告先后从原告经销商处采购的主张。至于产品无条形码的问题,法院注意到,原告曾先后授权三家企业进行涉案产品的生产、销售,在上述企业先后受托生产涉案产品时,产品上的生产商信息应该有所变化,原告现只能提供东赢公司生产涉案产品时所采用的瓶贴样式,其余企业生产时所采用的瓶贴样式已无法查明。而被告该款无条形码的产品上标注的生产商系东荣宠物企业。原告也确认,在东荣公司负责生产、销售涉案产品时,东荣公司自身未申请过条形码,而是为其生产的诗迪公司以其名义申请注册了条形码,故不排除在东荣公司生产、销售涉案产品时存在未使用条形码或使用诗迪公司条形码的情形。况且,条形码的有无并不影响涉案产品的销售,不能因该款产品上无条形码就认定为侵权产品;关于原告主张的理由4,瓶身印刷批次不同,在印刷的时候会存在细微差别。就原告列举的两者"杀虱除蜱型宠物沐浴露"在厂商地址上关于"中"与方框间距存在的差别,实际上在原告提供的不同产品的瓶身上也存在,如在原告提供的"杀虱除蜱型""敏感性皮肤""夏日天天爽"三款产品的厂商地址处"中"字与外围方框的间距均不同。故不能以此认定被告产品即为侵权产品;关于理由5,从被告提供的利邦达公司出具的4张发票上记载的金额来看,相关产品的平均单价税前15.57~16.90元不等、税后18.20~19.70元不等,在这种情况下,被告以19元的单价对外出售未尝不可。因为,在商业贸易中,特别是网店的经营中,为了避税和减少贸易成本,以增加同类商品在网店中的价格竞争优势,确实存在不开发票的情形。在不开发票的情况下,被告以15.57~16.90元的进价,再以19元售出,完全能实现盈利的模式。即便是以税后的单价,被告在大部分的交易中也能实现盈利。故法院对原告关于从被告售价就能得出其销售的系侵权产品的主张不予采纳;关于理由6,原告与其经销商之间关于销售区域的约定仅能约束经销商。若经销商跨地区销售,则原告可依据与经销商之间的合同约定,追究经销商的违约责任。但经销商超地区销售的产品,仍系经原告许可投放市场的商品。根据商标权用尽原则,被告从原告经销商处购买后无须再经过原告许可,就可将该带有商标的商品再次出售,原告无权就其售出的产品主张商标权;关于理由7,法院采纳被告的抗辩意见,即网店的销售模式不可能做到每笔业务均能提供相应的进货发票,故对原告主张不予采纳。

综上,原告主张被告实施了侵害其商标专用权的理由不成立,法院据此驳回了原告诉请。

案例索引

一审：上海市浦东新区人民法院（2013）浦民三（知）初字第394号民事判决书

一审判决时间：2014年2月14日

二审：上海市第一中级人民法院（2014）沪一中民五（知）终字第58号民事判决书

二审判决时间：2014年5月23日

保险产品名称中使用吉庆词汇是合理使用
——王某某诉长生人寿保险有限公司商标权纠纷案

王琳泷

裁判要旨

本案涉及商标合理使用中的描述性合理使用。权利人注册了文字商标并不代表能垄断该文字的使用，商标侵权诉讼中面对显著性较低的商标，对方当事人更容易提出合理使用的抗辩。认定商标合理使用需要满足三个条件：基于善意使用、未作为商标使用、不会导致混淆。

案　情

原告：王某某

被告：长生人寿保险有限公司（以下简称"长生公司"）

王某某于 2010 年 2 月 7 日经商标局核准注册了"天佑"文字商标，注册号第 5825774 号，核定服务项目第 36 类，即事故保险、保险统计、保险、火灾保险、健康保险、海上保险、人寿保险、保险咨询、保险信息、典当，有效期至 2020 年 2 月 6 日。2011 年 10 月 18 日的《深圳特区报》、2012 年 8 月 7 日的上海《新闻晨报》上曾登有以"王生"为名发布的广告，内容为寻求与保险公司及代理机构就"天佑"注册商标洽谈合作。王某某并无使用或授权他人使用"天佑"注册商标的情形。

长生公司成立于 2003 年 9 月 23 日，经营范围为"在上海市行政辖区内及已设立分公司的省、自治区、直辖市内经营人寿保险、健康保险、意外伤害保险等保险业务以及上述业务的再保险业务"。被告于 2010 年 4 月开始研发涉案保险，并于 4 月底将该保险名称确定为"长生天佑意外伤害保险"。长生公司在庭审中确认，基于"人身保险名称中吉庆文字并非商标"的理解，被告在涉案保险定名过程中未进行商标尽职调查。被告于 2010 年 6 月 3 日就涉案保险完成公司内部审批程序，于 2010 年 6 月 4 日向保监会报送相关备案材料。保监会于 2010 年 7 月 1 日在被告关于"长生天佑意外伤害保险"报送材料清单列表上加盖"产品备案收文回执章"，标志涉案保险备案程序完结。2010 年 6 月 28 日，被告就"长生天佑意外伤害保险"在个人营销渠道进行销售相关事宜完成公司内部审批程序，并自此先后在北京、上海、江苏、浙江等地区推销涉案保险。长生公司涉案保险的格式保险单上"主合同"一项中列明"天佑意外伤害保险"字样，格式条款目录页首部有"长生天佑意外伤害保险条款"字样，在具体销售的格式投保单"主合同"一栏有手写的"天佑意外伤害保险"字样。

2012 年 2 月 3 日，王某某在广东省深圳市深圳公证处申请进行了网站页面公证证据保全，具体情况如下：输入网址 www.nissay-greatwall.com.cn/product/index.php，进入被告长生公司网站"产品信息"页面；点击该页面右侧"个人客户"，弹出下拉菜单后，再点击"意外险"，显示以"天佑意外伤害保险"为标题的保险内容介绍。王某某为此次公证支付公证费 1000 元。

2000 年 3 月 23 日，保监会发布《人身保险产品定名暂行办法》（以下简称《暂行办法》），其第 9 条规定，人身保险产品名称应符合以下一般格式："保险公司名称"+"吉庆、说明性文字"+"承保方式"+"产品类别"+"（设计类型）"。2011 年 12 月 30 日，保监会发布《人身保险公司保险条款和保险费率管理办法》（以下简称《管理办法》），同时废止《暂行办法》。《管理办法》第 15 条规定，人身保险的定名应当符合下列格式："保险公司名称"+"吉庆、说明性文字"+"险种类别"+"（设计类型）"，吉庆、说明性文字的字数不得超过 10 个。

王某某诉称，其申请的"天佑"商标已获准注册并在有效期内，核定服务项目为第 36 类。原告申请注册保险类商标是因为其有志从事该行业，且从申请涉案商标至今，原告从未停止过在该行业的发展。而长生公司在其针对个人销售的意外险上未经原告许可擅自使用与其注册商标相同的商标，侵犯了原告的商标专用权，故起诉，要求：1. 长生公司立即停止侵犯其"天佑"商标专用权；

2. 长生公司通过全国性媒体向王某某赔礼道歉；3. 长生公司赔偿王某某经济损失人民币 23 万元；4. 长生公司赔偿王某某公证费 1000 元。

长生公司辩称，首先，长生公司的行为不构成对原告注册商标专用权的侵犯。因为"天佑"仅出现在保险条款的名称中，其并非整个保险合同的名称；长生公司对"天佑意外伤害保险"的命名符合中国保险监督管理委员会的相关规定；"天佑意外伤害保险"系商品而非服务，即使该保险为服务，也不落入原告"天佑"商标所核定的服务范围；王某某没有相应资质，长生公司使用"天佑"的行为不会使得相关公众产生误认或混淆。其次，王某某不具有保险资质而申请涉案商标目的并非为生产或服务，意在牟利，属于以合法手段掩盖非法目的。最后，原告主张的赔偿数额没有事实依据。

审 判

上海市浦东新区人民法院经审理认为，长生公司销售的"天佑意外伤害保险"是一种保险服务，和王某某注册商标核定的使用范围是同类服务范围；由于"天佑"注册商标的显著性与市场知晓程度均不高；涉案保险中所含的"天佑"文字应属涉案保险正式名称中相关监管规定所要求的组成部分，被告使用"天佑"的行为系属正当、合理、善意；被告在涉案保险名称中使用"天佑"并未误导公众，所以长生公司在涉案保险名称中使用"天佑"的行为不可能致使相关保险市场上的消费者或同业经营者将被告销售的"长生天佑意外伤害保险"或"天佑意外伤害保险"误认为是王某某提供的保险服务，也不会导致相关公众误认为被告或涉案保险与王某某之间存在任何关联关系。因此，判决驳回王某某的全部诉讼请求。

判决后，王某某不服提起上诉，其认为：1. "天佑"文字在被上诉人商品名称中并非描述性语言，实际已具备了商标的特征和功能；2. 长生公司对"天佑"商标的使用，足以使一般公众和保险从业者先入为主，误导公众，造成"天佑"商标权属混淆。

上海市第一中级人民法院经审理后认为，一审判决认定事实清楚，适用法律正确，故判决驳回上诉，维持原判。

评 析

一、商标的合理使用

商标法上的合理使用是指在一定条件下，使用他人的注册商标，不视为商标侵权的一种行为。❶ 商标的意义在于其能够将一个企业的商品或服务与其他企业的商品或服务区别开来，也能代表着一个企业附着在该商标上的商誉。商标权人有禁止他人注册、使用与自己商标相同或近似商标的权利，而在某些情况下，他人合理善意使用与注册商标相同或近似的标识，不会引起相关公众的混淆和误认。在这种特殊情况下，商标权人不能以其专用权排除他人的该种使用。合理使用制度产生是为了平衡商标权人权利与社会公共利益，防止商标人权利不当扩张。

  商标合理使用通常包括描述性合理使用（亦称叙述性合理使用）和指示性合理使用两类。描述性合理使用指经营者向公众提供产品或服务时善意使用他人的商标作为描述性词汇，不视为侵权。描述性合理使用的目的性在于对商品的特性进行说明，并非意在区分商品来源。而指示性合理使用通常指为了使得他人了解产品性质特征，或是为表明商品或服务的用途的情况下使用他人商标，不视为侵权的情形。描述性合理使用和指示性合理使用的区别在于：虽然二者均有使用他人商标的表象，但描述性合理使用实质上使用的对象并非为他人商标，使用的通常是公有领域中词汇本身的"第一含义"，这种使用是非商标性的使用；而指示性合理使用的对象才是他人商标。本案中，长生公司在其保险产品中使用"天佑"二字，虽然有使用王某某的"天佑"商标的表象，但其实质使用的并非为作为商标的"天佑"，而是公有领域中"天佑"一词的本意，属于描述性合理使用。

  同时需要注意到，商标的显著性有强弱之分，对于显著性较弱的商标给予弱保护，这也是出于平衡商标权利人和社会公众的利益的考量。如果商标的显著性较弱，权利人则无法禁止他人在该词原有的含义上使用该词汇。显著性最强的商标为臆造性商标（Coined Mark），如"海尔"商标、"SONY"商标；其次为任意性商标（Arbitrary Mark），如在电子产品上使用"苹果"商标，在食品上使用"金丝猴"商标；再次为暗示性商标（Suggestive Mark），如"舒肤佳"香皂、"枪手"杀虫剂；最次为描述性商标（Descriptive Mark），如"田七"牙膏，描述牙膏含有田七成分。可见，与其他三类商标相比，由于显著性较弱，描述性商标最容易遭受商标合理使用的抗辩。当然，显著性是存在着动态变化的。普通词汇也可以通过长期使用产生"第二含义"从而提高显著性，如"五粮液"这种表示酿酒原材料的描述性商标经过了长期的使用就具有了较强的显著性，从而可以获得较强的保护。显著性强的词汇也会因权利人不当使用而丧失其显著性。

---

❶ 王莲峰. 商标法学 [M]. 北京：北京大学出版社，2007：118.

本案中,"天佑"商标的核定服务范围为事故保险,即意外伤害保险。而"天佑"一词本意为上天保佑,是描述接受保险服务的消费者心理愿望的常用词。"天佑"此时作为描述性商标,显著性较低。且由于该商标注册后并未实际使用过,从而没有产生作为商标的"第二含义"。对这样的商标给予较弱的保护,可以避免商标注册人不合理的对公有词汇的垄断。

二、认定商标描述性合理使用的因素

我国《商标法》第59条第1款规定,注册商标中含有的本商品的通用名称、图形、型号,或者直接表示商品的质量、主要原料、功能、用途、重量、数量及其他特点,或者含有的地名,注册商标专用权人无权禁止他人正当使用。该条款规定了几种合理使用的情形,但并没有概括出认定商标合理使用的构成要件,不能涵盖所有的描述性合理使用的情形。本案涉及的是商标描述性合理使用,通常在司法实践中需要结合行为人的主观意图、客观行为及行为后果等因素综合考量判断是否构成商标合理使用。本案中,长生公司在其销售保险产品名称中使用"天佑"文字是否构成商标的合埋使用需要从三个角度进行考虑:一是在保险产品名称中使用"天佑"是否系善意;二是"天佑"二字是否作为商标标识使用;三是被告在保险产品名称中使用"天佑"是否会对产品来源构成混淆。如果满足这三个条件,则可以认定该使用系合理使用。

(一)保险产品名称中使用"天佑"二字系善意使用

"善意使用"是主观上的考量因素。这里的"善意"不同于民法中"善意"的理解,民法上的"善意"是以是否明知为判断基础的,而此处的"善意"指的是使用人的使用应是出于正常需要或是正当理由,而不是以不正当竞争为目的。即考察使用人有没有搭便车或侵权的动机。使用人主观上的善意可以从使用人客观使用商标的表现中体现出来,可以从以下几方面考量:第一,使用人客观上正当、合理使用。要满足描述性使用中的善意,使用人使用该标记是基于对该商品的通用名称、图形、型号或者表示商品或者服务的性质用途、功能、质量、主要原料、地理来源等进行描述;或者使用的是自己享有权利的企业名称及其字号。描述性合理使用的对象并非权利人的商标,而是使用人自有的权利或是公共领域词汇,这样的使用当然不构成对他人商标权的侵害。第二,使用目的不是标识商品或服务来源,只是为了说明或者描述自己的商品。结合本案来看,保监会《管理办法》第15条规定,人身保险的定名应当符合下列格式:"保险公司名称"+"吉庆、说明性文字"+"险种类别"+"(设计类型)",吉庆、说明性文字的字数不得超过10个。可见,在保险产品中使用吉庆、说明性文字是该行业的惯例。长生公司在涉案保险上使用"天佑"二字的这种表达符合行业的惯例,而且相关公众也遵循和认同该种表达。其使用"天佑"二字的目的并非意在区分商品的来源,其主要是为了符合保监会的上述要求。同时,一般而言,消费者在购买某一保险时对相关保险服务的提供者和来源是知晓的,且长生公司在保险名称上使用了公司字号"长生",可见长生公司对"天佑"二字的使用目的也不是标识商品或服务的来源。因此,长生公司对"天佑"二字的使用是善意的,并未意图攀附他人商标或是在保险产品来源上误导公众。

(二)"天佑"并非作为商标使用

判断使用方的使用是否作为商标使用需要从两方面考量:一是使用人是否在使用了自己的商标或是明确标注了商品或服务的来源的情况下,使用了与他人注册商标相同或近似的文字用作商品名称,或描述商品特征、客观事实;二是使用人使用的是基于他人注册商标的"第二含义",还是该商标作为一个公共领域中词汇的本意。

长生公司在涉案保险所涉网页及相关交易文件上均清楚标明了长生公司的公司名称,足以发挥出区分服务提供者来源的作用。其仅仅在商品名称中使用了"天佑"二字。同时,长生公司在涉案商品上,并未突出使用或在醒目位置上使用"天佑"一词,其使用的仅仅是该词在公共领域中本来的含义,并不涉及基于该词作为商标的"第二含义"。使用"天佑"只是为了描述购买了该意外伤害保险就如有上天保佑的吉庆寓意。可见,长生公司对"天佑"一词的使用是描述性使用原告的"天佑"商标,并非作为自己商品的商标使用。

(三)保险产品名称中的"天佑"二字不会导致混淆

是否会导致相关公众混淆是本案认定侵权与否的着眼点。如果长生公司使用涉案"天佑"商标不导致相关公众的混淆,则不侵犯王某某的商标专用权,也无需承担侵权的责任。

保险产品不同于一般商品,一般来说普通保险消费者在购买保险产品时通常都会了解销售该保险的公司以便消费者做出购买决定。而且被告在涉案保险所涉及的网页以及相关交易文件上均清楚标明了长生公司的公司名称,购买涉案保险的消费者完全可以据此分辨其所购保险的来源。且涉案保险名称中也已经含有长生公司名称。涉案保险"长生天佑意外伤害保险"或"天佑意外伤害保险"中的"天佑"二字作为吉庆文字,不会影响消费者的购买决定。

保险属于准入门槛较高的金融行业,并且受到严格的监管。尽管王某某注册了"天佑"文字商标,核定服务项目为第36类,包括事故保险、人寿保险等保险服务,但被告系个人,既没有经营该些保险服务的资质,又没有使用或者授权他人使用涉案商标的情形。被告的"天佑"商标作为一个描述性商标,又未进行过使用,其显著性较弱。保险消费者对"天佑"商标无从知晓,甚至不会认为"天佑"是一个区分服务来源的商标,而仅仅是一个公有领域中的词汇。消费者在施以一般注意的情况下,不会误认为涉案保险来源于王某某,也不会产生涉案保险与"天佑"商标注册人之间存在某种特殊联系的错误认识。所以,长生公司对"天佑"的使用并不会导致相关公众对保险商品来源的混淆。

案例索引

一审:上海市浦东新区人民法院(2012)民三(知)初字第 534 号民事判决书

一审判决时间:2013 年 5 月 2 日

二审:上海市第一中级人民法院(2013)沪一中民五(知)终字第 115 号民事判决书

二审判决时间:2013 年 8 月 16 日

违反竞业限制义务与不正当竞争的关系
——西门子（深圳）磁共振有限公司诉余某某等不正当竞争纠纷案

陈惠珍

裁判要旨

竞业限制协议所要保护的是一种来自于合同约定的利益，在排除了商业秘密侵权和其他不正当竞争行为后，即使一方存在违反竞业限制义务行为的可能性，这种利益之争应当通过合同争议的途径解决。《反不正当竞争法》第 2 条是个原则性条款，其适用具有一定的条件，本案讼争的行为不构成该条规定的不正当竞争侵权行为的认定条件。

案　情

原告：西门子（深圳）磁共振有限公司
被告：余某某
被告：上海派遣人才有限公司
被告：上海联影医疗科技有限公司

原告成立于 1998 年 9 月，经营范围为核磁共振成像系统等的开发、制造等。被告余某某于 2005 年 7 月进入原告公司工作，岗位为磁体线圈部的研发工程师。余某某与原告签订的《员工保密信息和发明转让协议》约定：余某某在雇佣期间及离职二年内，未经公司书面同意，不直接或间接从事与在公司曾参与的行业或商业活动有竞争性的任何行业或商业活动；余某某在收到竞争者雇佣要约及自己进行竞争性创业时有通知公司的义务；公司将给余某某一次性补偿金作为遵守该义务的对价，金额相当于其在雇佣期结束前财政年度所有收入的2/3。2010年10月28日，余某某从原告处离职。后原告每月向余某某支付款项，2011年2月~2012年7月期间共支付人民币213721.56元。被告上海派遣人才有限公司（以下简称"派遣公司"）系从事人才派遣等业务的企业法人。2010年12月，其与余某某签订《派遣员工劳动合同》，将余某某派往上海中科高等研究院任高端医学影像技术研究中心CT实验室高级工程师，期限为1年，余某某的养老保险金由派遣公司缴纳。被告上海联影医疗科技有限公司（以下简称"联影公司"）成立于2011年3月，经营范围包括医疗设备领域内的技术开发、医用磁共振设备、医用X射线设备等医疗器械的生产等。联影公司董事会的3名成员均是原告的前员工，但与原告均未签订竞业限制协议。联影公司与中国科学院上海高等研究院存在业务合作关系。

原告诉称，三被告明知余某某对原告负有竞业限制义务，且联影公司与原告存在直接竞争关系，仍经共谋，由派遣公司将余某某派遣至与联影公司有密切关系的上海中科高等研究院工作，事实上余某某系与联影公司建立实际用工关系。三被告的行为违反了《反不正当竞争法》第2条的规定，共同构成对原告的不正当竞争。故请求：确认三被告构成对原告的不正当竞争；判令余某某继续履行竞业限制义务；判令派遣公司结束对余某某派遣、联影公司结束与余某某的用工关系；判令余某某返还竞业限制补偿金；判令三被告连带赔偿本案调查取证费用106267元及原告经济损失904408.64元。

被告余某某辩称，涉案竞业限制条款不具有法律效力；其不是被派遣至联影公司处工作；余某某在案外人处从事的岗位与在原告处从事的岗位不同，不构成对原告的不正当竞争；原告主张的损失也无事实和法律依据。

被告派遣公司辩称，竞业限制条款不具有法律效力；三被告不存在共同侵权的故意；违反竞业限制义务和不正当竞争之间没有必然的因果关系。

被告联影公司辩称，竞业限制条款不具有法律效力；即便该条款有效，对第三方也没有约束力，且约定的是岗位竞业限制而非单位竞业限制；原告以联影公司三名高管是原告的前员工而推论其必然知晓存在竞业限制协议没有事实根据；联影公司与余某某之间不存在实际用工关系；即便联影公司明知仍实际招聘余某某，也不存在破坏"公认的商业道德或商业秩序"，如果没有商业秘密侵权，单纯的竞业限制纠纷应当通过劳动争议程序解决，不符合《反不正当竞争法》第2

条规定的条件；原告主张的经济损失没有任何事实和法律依据。故三被告均请求法院驳回原告的全部诉讼请求。

审　判

上海市浦东新区人民法院经审理认为，原告要求确认三被告的行为构成我国《反不正当竞争法》第 2 条第 2 款规定的不正当竞争，但该条款是《反不正当竞争法》的原则性条款，一般不直接适用。适用该条款应当同时具备以下条件：一是被诉行为未在《反不正当竞争法》第二章中具体列举，也无其他法律规范可以援引；二是其他经营者的合法权益确因该行为而受到了实际损害；三是该行为因确属违反诚实信用原则和公认的商业道德而具有不正当性。关于原告是否受到实际损害问题。原告主张其受到的损害是余某某掌握的商业秘密及其专业技能的竞争优势。但原告并未主张具体的商业秘密内容，且商业秘密侵权不属于适用《反不正当竞争法》第 2 条的范围。而专业技能积累是员工人格的一部分，在不存在商业秘密侵权的前提下，员工支配与使用这些技能积累，并不损害原公司利益。至于行为是否正当问题，判断的原则为是否违反诚实信用原则和公认的商业道德，具体应结合案件情况综合判断。只要不侵犯其他企业的商业秘密或采取其他不正当手段，员工离职后使用其积累的技能和知识，企业招录有职业积累的员工，不能简单地认定为违反诚实信用原则和公认的商业道德。另外，原告通过设定竞业限制义务的方式使自己在员工技能培养方面的权益得到保护，则另有他途救济，故也不属于无其他法律规定可援引的情形。因此，原告指控三被告构成《反不正当竞争法》第 2 条规定的不正当竞争侵权的理由不足。依照《反不正当竞争法》第 2 条第 1 款、第 2 款，《民事诉讼法》第 64 条第 1 款的规定，于 2012 年 12 月 5 日判决：驳回原告的全部诉讼请求。

一审判决后，原告不服，提起上诉，认为原审法院对本案核心事实即三被告是否违反竞业限制义务未予审理属认定事实不清；本案是联影公司系统性、大规模挖人行为的组成部分，原审认为不构成不正当竞争，属适用法律严重错误；原审法院对于《反不正当竞争法》第 2 条适用三要件的论述存在严重错误。原告是起诉三被告的共同不正当竞争行为，并非仅针对余某某起诉，按最高人民法院劳动争议司法解释可以对劳动者和新用工单位提起共同诉讼，故原审认为本案可通过竞业限制途径救济而不支持本案请求，系对劳动争议范围的错误认识。

上海市第一中级人民法院经审理，认定原审法院确认的事实属实，并认为，原审并不存在对与被控不正当竞争行为是否成立有关的核心事实未予审理的情形。关于三被告的被控行为是否构成不正当竞争问题，应根据《反不正当竞争法》第 2 条规定来审查判断。原告主张受损的权益实质是一种竞争优势，现有证据不足以证明原告失去了这种竞争优势。即使余某某确实违反了竞业限制义务，在原告未主张商业秘密的情况下，余某某并不构成不正当竞争侵权。当然，原告可另案追究其违反义务的民事责任。三被告的行为不构成不正当竞争。据此，于 2013 年 4 月 24 日判决：驳回上诉，维持原判。

评 析

本案争议的实质是违反竞业限制义务与不正当竞争的关系问题，涉及以下几个方面的问题：

一、员工违反竞业限制约定可能引发的纠纷类型

本案是因竞业限制合同的履行问题引发的纠纷。一般情况下，原公司与原员工及新公司之间围绕竞业限制义务问题发生的纠纷，可能存在以下几种情况：（1）原员工违反竞业限制义务到新公司就职，而新公司不知道该员工有竞业限制义务；（2）前述情况新公司明知或应知而仍然聘用；（3）原员工违反竞业限制义务，到新公司就职，并还违反商业秘密保密义务，新公司不知道该员工负有上述义务；（4）前述情况新公司明知或应知而仍然聘用。从法律关系特征看，前两种情况应是原员工违反协议引发的竞业限制合同之诉，若原员工违约，原员工承担违约责任，新公司则根据其行为和主观心理状态的不同，确定其是否承担责任。后两种情况是因原员工违约并侵害商业秘密而引发的不正当竞争侵权之诉，原员工和新公司承担责任的基础主要是侵害商业秘密。根据行为人的行为特征以及主观心理状态的不同，侵权责任承担人可能是原员工，也可能是原员工与新公司承担共同侵权责任。

二、违反竞业限制约定与保护商业秘密的关系

保护商业秘密是竞业限制的主要目的，竞业限制也是保护商业秘密的一个重要手段。

从实体上看，两者的关系至少有两个问题值得注意：一是竞业限制协议的效力是否必须以商业秘密的存在为前提。司法实践中对此有不同的看法。有的认为，如果不存在商业秘密，竞业限制协议应该是无效的。有的认为，按照《劳动合同法》第 23 条规定，用人单位与劳动者可以在劳动合同中约定保守用人单位的商业秘密和与知识产权相关的保密事项。因此，竞业限制不仅基于商业秘密保护的需要，还基于与知识产权相关的保密事项的需要，故竞业限制协议的效力不

以存在商业秘密为前提。笔者赞同后一种观点,即使商业秘密不存在或不构成商业秘密侵权,都不影响当事人之间竞业限制协议的效力。二是企业违反竞业限制协议或协议无效,可否免除劳动者对商业秘密的保密义务。企业不履行竞业限制协议构成竞业限制违约行为,劳动者可以通过请求合同履行保护其合同权益,但不能免除对商业秘密的保密义务;竞业限制协议无效也不当然导致保密协议无效。因为商业秘密是企业的另一项财产性权利,它是基于商业秘密保护的法律规定产生的,故保密协议具有独立于竞业限制协议的法律效力。

从程序上看,竞业限制和保护商业秘密的关系问题实际上是纠纷性质和类别的问题。与这两者有关的纠纷可能呈现三类情况:一是单纯的竞业限制纠纷(即上文提到的前两种情况);二是单纯的侵害商业秘密纠纷;三是既涉及违反竞业限制义务又涉及侵害商业秘密的纠纷(即上文提到的后两种情况)。第一类、第二类纠纷在性质区分上比较简单,第一类归入劳动争议合同纠纷,第二类归入侵害商业秘密纠纷,第三类案件则要根据案件本身的具体情况来判断。若存在商业秘密侵权的情况,应作为侵害商业秘密纠纷处理;若商业秘密不存在或者不构成商业秘密侵权,则是竞业限制纠纷,应属于第一类纠纷而归入劳动争议合同纠纷范围。这可以通过最高人民法院关于竞业限制案由规定的演变来进一步理解和印证这一观点。在最高人民法院2008年制定实施的《民事案件案由规定》中,第156类"侵害商业秘密纠纷"项下设有"侵犯商业秘密竞业限制纠纷"的四级案由,而在第163类"劳动合同纠纷"中并没有单独的竞业限制纠纷的案由。《民事案件案由规定》在2011年修改以后,"竞业限制纠纷"案由独立出来,并归到第169类"劳动合同纠纷"项下,而在第160类"侵害商业秘密纠纷"项下已不再涉及竞业限制的内容,只有侵害商业技术秘密和经营秘密纠纷这两个四级案由。

三、本案被告是否构成不正当竞争及本案争议行为的性质

本案原告既不起诉商业秘密侵权纠纷,也不起诉竞业限制合同纠纷,而以不正当竞争为由起诉,要求适用《反不正当竞争法》第2条规定追究三被告不正当竞争侵权责任。该条是《反不正当竞争法》的原则性条款,一般不直接适用,但市场竞争的开放性和激烈性导致市场竞争行为方式具有多样性和可变性,成文立法的滞后性特点决定了人民法院可以在司法实践中根据需要予以适用,同时,为避免不适当干预和阻碍市场自由竞争,应严格把握适用条件。具体而言,适用该条款应当同时具备以下条件:一是被诉行为未在《反不正当竞争法》第二章中具体列举,也无其他法律规范可以援引;二是其他经营者的合法权益确因该行

为而受到了实际损害;三是该行为因确属违反诚实信用原则和公认的商业道德而具有不正当性。本案原告指控的三被告的行为不符合这些条件,原告的其他诉讼请求由此也缺乏成立的基础。

原告主张不正当竞争侵权虽然不成立,但原告与员工订立竞业限制合同的相关权益,可以通过合同诉讼予以救济。因为,反不正当竞争法保护的是法律规定应受保护的利益,而竞业限制协议保护的是当事人约定保护的利益,利益来源不同,救济途径也不同。原告自己也还援引《最高人民法院关于审理劳动争议案件适用法律若干问题的解释》第11条规定,即原用人单位以新的用人单位和劳动者共同侵权为由向人民法院起诉的,新的用人单位和劳动者列为共同被告。只是其错误理解了该解释的含义。该解释本身是一个关于劳动争议纠纷案件审理的司法解释,所以,它所说的可以对"新的用人单位和劳动者"提起共同诉讼,该诉讼即是劳动争议诉讼,而非不正当竞争诉讼。

综上,原告在不主张商业秘密侵权又不能证明被告方存在其他不正当行为的情况下,很难从不正当竞争侵权的角度追究其责任;在被告方存在违约可能的情况下,通过合同诉讼可以救济。但案件性质是劳动争议合同纠纷,所涉法律关系是竞业限制合同关系。而作为劳动争议纠纷,在包括受理条件、管辖规定在内的诉讼程序以及实体法的适用上都与不正当竞争侵权纠纷的诉讼有明显区别,不应混为一谈。

案例索引

一审:上海市浦东新区人民法院(2012)浦民三(知)初字第193号民事判决书

一审判决时间:2012年12月5日

二审:上海市第一中级人民法院(2013)沪一中民五(知)终字第12号民事判决书

二审判决时间:2013年4月24日

影视剧植入广告的辨识及虚假宣传的认定

——北京珂兰信钻网络科技有限公司诉上海辛迪加影视有限公司、上海卓美珠宝有限公司虚假宣传不正当竞争纠纷案

徐 飞

裁判要旨

判断某个影视剧情节是否属于植入广告,不应以企业是否与拍摄方正式签订合同、企业是否实际支付了广告报酬,抑或是双方是否有明确具体的植入情节的约定为标准,而应当以商家与影视剧拍摄者是否实际建立起了广告合作关系、相关公众以理性人的标准能否辨识出该情节系植入广告及具有商业信息的道具的出现及其方式是否为剧情所需为标准。在影视剧广告植入越来越普遍的今天,对于广告主和影视剧制作者来说,植入广告在为其带来利益的同时,也为其带来了合理的注意义务,其应当对相关公众的认知及广告植入可能产生的后果予以足够的注意,审慎注意拍摄内容及效果,避免相关内容使消费者产生歧义或者误认,损害他人的合法权益。

案 情

原告:北京珂兰信钻网络科技有限公司
被告1:上海辛迪加影视有限公司(以下简称"辛迪加公司")
被告2:上海卓美珠宝有限公司(以下简称"卓美公司")

原告与被告卓美公司均经营首饰饰品。原告设计、制作、销售了"天使之翼"项链吊坠，并进行了著作权登记。该吊坠造型为一对翅膀，通过翅尖孔洞所穿项链的不同穿法，翅膀可呈现出相对、相背、竖直三种形态。被告辛迪加公司是电视剧《夏家三千金》（以下简称《夏》剧）的摄制者及著作权人，对外承担权利、义务。

2010年7月，两被告商定，《夏》剧剧组使用卓美公司厦门店的经营场所进行拍摄，不支付场地费；剧组为其免费做品牌广告宣传。拍摄中，剧组向该店要了一个带有卓美公司品牌英文标识"CDR"的首饰盒，告知将作为道具根据剧情使用，但没有说明用于什么具体情节。随后，剧组将从案外人（非原告或原告销售商）处购得的与原告"天使之翼"吊坠款式相同的项链放入首饰盒中用于拍摄。向公众播出的《夏》剧中有以下情节：男主人公与其母亲来到有明显卓美公司品牌标识"CRD克徕帝"的珠宝店选购首饰……在夏家，男主人公将首饰送给女主人公，首饰盒上显示有明显的"CRD"标识，打开首饰盒后为带有吊坠的项链的持续4秒的特写镜头。随后，男主人公将项链戴于女主人公颈上，吊坠款式清晰可见。片尾字幕中有"CRD克徕帝"的广告语。《夏》剧播出后，有消费者致电卓美公司询问该款吊坠的情况。

原告认为，两被告构成虚假宣传及违反诚实信用原则的不正当竞争行为，故诉至上海市浦东新区人民法院，请求法院判令两被告公开赔礼道歉、赔偿原告经济损失15万元及制止侵权的合理开支7521元。

审 判

上海市浦东新区人民法院经审理认为，两被告已形成事实上的广告合作关系，《夏》剧中的前述情节是在电视剧中插入的植入广告，构成对卓美公司品牌的广告宣传。在珠宝首饰的广告中，独特的吊坠款式能够引起消费者的关注，提高品牌的吸引力。系争吊坠并非卓美公司生产或销售，植入广告却将其与带有明显卓美公司品牌标识的首饰盒一并使用，且特写镜头持续了一定时间。容易使得相关公众误以为该款式为卓美公司设计或销售，使得喜欢该款式的公众对卓美公司品牌产生一定的兴趣，从而使其获取更多的商业机会，构成对原告的不正当竞争。故一审法院判决两被告连带赔偿原告经济损失2万元及合理费用7521元。该案判决后，卓美公司提起上诉。二审中，两被告与原告和解，卓美公司撤回上诉。一审判决发生法律效力。

评　析

本案系一起因影视剧植入广告引发的虚假宣传不正当竞争案件。在影视剧市场中，拍摄方为了节约或筹措资金，越来越普遍地在影视剧中植入广告；而企业为了扩大品牌宣传，对于这种新的商业营销模式也持积极态度。虽然当前我国植入广告已经较为常见，但相关法律规制却明显滞后，缺乏对该领域的有效监督和管理。目前我国广告法中并没有关于植入广告的相应规定，对于如何判断影视剧中的哪些情节属于植入广告、植入广告是否属于商业广告、广告主与广告制作者对广告宣传后果应承担何种责任等问题都存在一定争议。本案对上述问题进行了有益的探索，对于今后类似案件的审理具有一定的借鉴意义。

一、影视剧植入广告的性质及其辨识

在影视剧中，植入广告往往与剧情相融合，将广告内容作为道具、背景或台词呈现给观众，具有一定的"隐蔽性"。而且，它并不像传统广告那样适用广告标记制度，消费者难以根据广告标识来识别。加之，出于再现生活场景的需要，影视剧中难免会出现一些带有商业元素的商品或服务。对于拍摄者来说，无论是作为植入广告内容的商品，还是一般的带有商业元素的商品，都是拍摄的道具，如何判断哪些道具的使用属于植入广告，哪些属于合理使用，便成为该类案件首先需要解决的问题。

根据我国《广告法》的规定，广告是指商品经营者或服务提供者承担费用，通过一定的媒介和形式直接或者间接地介绍自己所推销的商品或者所提供的服务的商业广告。广告媒介的形式多种多样，可以是文字的，也可以是图像的，可以是静态的，也可以是动态的。影视作品中通过一定的情节设计，对某种产品进行介绍或推销，也可以构成广告宣传。

判断某个影视剧情节是否属于植入广告，可以从以下几点进行判断：①商家与影视剧拍摄者是否实际建立起了广告合作关系；②以理性人的标准，观众能否辨识出该情节系植入广告；③具有商业信息的道具的出现及其方式是否为剧情所需。而企业是否与拍摄方正式签订合同、企业是否实际支付了广告报酬，抑或是双方是否有明确具体的植入情节的约定，不影响对植入广告性质的认定。

（一）商家与影视剧拍摄者是否实际建立起了广告合作关系

商家与影视剧拍摄者之间关于广告植入或品牌宣传的合意，是确定双方关系的前提和基础。本案中，两被告之间并没有签订合同，双方只是口头约定，卓美公司为辛迪加公司提供拍摄场地，辛迪加公司为其在剧中进行品牌宣传。但这并

不妨碍对于植入广告性质的认定。两被告之间虽无书面合同，但形成了事实上的广告合作关系。卓美公司是实际的广告主，辛迪加公司是实际的广告经营者。虽然广告法对于广告的界定中有"商品经营者或者服务提供者承担费用"的要求，但这并不意味着影视剧拍摄者必须向广告主实际收取费用。事实上，在商业往来活动中，出于某种利益交换而免于收取广告费的情况并不少见，不能以此否定广告合作关系的存在。国家工商行政管理总局在《关于认定利用新闻报道形式发布医疗广告问题的答复》指出，大众传播媒介在发表有关医疗机构报道的同时，在同一媒体同一时间（时段）发布该医疗机构广告的，即使发布者声称未收取费用，也应认定为利用新闻报道形式发布医疗广告。❶ 该局在《关于在收费栏目中发布介绍、推销商品信息是否应认定为广告问题的答复》中也指出，新闻媒介以介绍、推销商品、服务为目的的收费栏目中发布的介绍、推销商品和服务的信息，媒介因种种原因免收广告费，或者协议采用其他方式回报补偿的，也应认定为广告。❷ 本案中，虽然卓美公司没有向辛迪加公司支付广告费，但其免除了辛迪加公司的场地使用费，相互免除的场地费和广告费即可以视为双方的对价，可以认定双方存在广告合作关系。

我国《广告法》第13条规定，广告应当具有可识别性，能够使消费者辨明其为广告。通过大众传播媒介发布的广告应当有广告标记，与其他非广告信息相区别。植入广告由于与剧情相融合，难以在每个植入情节中加广告标记，片首或片尾字幕通常是标识广告主的主要方式。辛迪加公司在剧情中宣传了卓美公司的品牌，并在片尾鸣谢中标明了卓美公司的广告语，这也是广告关系的一种体现。

（二）以理性人的标准，观众能否辨识出该情节系植入广告

本案引起公众误解的涉及虚假宣传的情节主要是男主人公在夏家将带有系争吊坠的项链送与女主人公的情节。在此，《夏》剧将被告的"CRD"品牌与系争吊坠在同一个情节呈现给公众：先是以特写镜头呈现带有明显"CRD"标识的首饰盒，然后仍以特写镜头呈现带有系争吊坠的项链，且该镜头持续4秒之久，接着该项链被戴于女主人公的颈上，在整个过程中，观众可以清晰地看到与原告"天使之翼"相同款式的吊坠，"CRD"标识也被充分展示。该情节如果被单独从剧中截出，与通常珠宝广告的形式基本相同，完全可以构成一个对"CRD"品牌的独立广告。从一个理性人的标准来看，足以使观看该剧的相关公众关注到系争吊坠款式，并将其与"CRD"品牌产生联系，再加上之前的选购场景及片尾广

---

❶ 工商广字（2001）第57号。
❷ 工商广字（1998）第12号。

告语，足以使相关公众感觉到上述情节是对"CRD"品牌的广告植入。

（三）具有商业信息的道具的出现及其方式是否为剧情所需

影视剧中为了表达需要，难免会出现一些带有商业元素的道具，为了保护影视创作的自由，需要考量该些商业元素的引入是出于剧情表达的需要，还是处于广告宣传的需要，既不宜将所有带有商业元素的信息均认定为广告植入，也不宜仅仅根据广告主与拍摄方关于具体情节的约定进行认定，而应考虑具有商业信息的道具的出现及其方式是否为剧情所需。

本案中，《夏》剧将带有明显"CRD"标识的首饰盒与系争吊坠在同一个情节中呈现给公众，并被女主人公戴于颈上，且均以特写镜头拍摄，观众可以清晰地看到"CRD"标识及与原告"天使之翼"相同款式的吊坠。上述情节设置并非两被告事先约定，但从情节设置来讲，根据两被告之间的约定，《夏》剧完全可以仅仅拍摄卓美公司厦门店并在片尾打上字幕，以此帮助卓美公司进行品牌宣传。即使要拍摄送首饰的画面，并要求主人公将首饰佩戴上，也完全不需要出现带有"CRD"标识的首饰盒，完全可以用不带标识的首饰盒来代替。即使带有"CRD"标识的首饰盒与项链必须作为道具出现，拍摄者也无需将"CRD"首饰盒或项链均以特写镜头予以突出。可见，"CRD"首饰盒在该情节中的出现，以及两种道具的呈现方式并非情节所必需。

二、植入广告虚假宣传的认定及其责任的承担

在涉及影视剧植入广告的虚假宣传案件中，需要在鼓励创作、保护同业竞争者的合法权益、消费者利益之间进行合理的平衡。既要鼓励创作，保护合理的道具使用行为，避免将带有商业元素的信息一概认定为植入广告；也要规范影视剧植入广告市场，使得制作者和广告主都能审慎对待广告植入，避免因为故意或过失，使得植入广告损害其他竞争者的合法权益或者消费者的利益。

我国《反不正当竞争法》第9条的规定，经营者不得利用广告或者其他方法，对商品的质量、制作成分、性能、用途、生产者、有效期限、产地等作引人误解的虚假宣传。广告的经营者不得在明知或者应知的情况下，代理、设计、制作、发布虚假广告。虚假宣传的本质是引人误解。植入广告由于与情节互相融入，可能出现与事实不相符的情况，其是否构成虚假宣传，应以是否足以引起相关公众的误解为判断标准。在判断时，应当考虑日常生活经验、相关行业产品广告的特点、公众对该类广告的一般注意力、发生误解的事实和被宣传对象的实际情况等因素。如果植入广告本身有虚假的成分，但根据日常生活经验、该行业一般广告的特点，以相关公众一般注意力为标准，足以辨别出是虚假的信息，不会使相关公众产生误解，则不应认定为虚假宣传不正当竞争。此外，引人误解并不要求一定产生了误解的后果，只要宣传内容足以让公众产生误解便可。误解的内容可以是产品质量、制作成分等有关产品品质方面的，可以是性能、用途等有关产品功效方面的，也可以是生产者、产地等有关商品来源方面的，还可以是有效期等其他方面。只要该些信息的虚假或不当表达能够误导消费者，影响其购买决定，就可以认定构成虚假宣传。

在通常的珠宝首饰广告中，无论是静态的图片广告，还是动态的电视广告，都会将项链吊坠、耳环、手镯等首饰款式作为展示的重点，以引起相关公众的关注。有的还配以明星佩戴的画面，加强宣传效果。可见，在珠宝首饰的广告宣传中，首饰款式有着极其重要的作用，是使得相关公众对某一品牌迅速产生认知的重要工具。本案中，"天使之翼"吊坠款式具有一定的独创性，其独特的造型设计能够吸引喜欢该款式吊坠的公众的注意力，剧中夏家场景中男主人公送项链给女主人公的一系列镜头，会使得这些公众对CRD品牌产生兴趣，吸引其进一步了解该品牌或购买该品牌产品，从而为卓美公司争取到更多的商业机会。而事实上，CRD品牌的所有人卓美公司并不设计、生产或销售该款式的项链吊坠，这种商业机会原本不属于卓美公司。也就是说，因系争吊坠在《夏》剧植入广告中的不当使用，卓美公司获得了本不属于自己的商业机会。卓美公司庭上的陈述也表明，由于该剧的播出，许多消费者向其询问或要求购买该款首饰，可见，该情节的宣传已经为其吸引了消费者，卓美公司已经就植入广告获得了商业利益。

原告与被告卓美公司均系珠宝首饰产品的经营者，相互存在竞争关系。原告作为《天使之翼吊坠》美术作品的著作权人，享有将该美术作品复制到首饰产品上并获得收益的权利。系争植入广告利用原告的饰品款式为被告卓美公司的品牌进行宣传，势必对原告因该特有款式而产生的竞争优势产生影响，或使相关公众误认为原告饰品仿照了被告的款式，损害了原告的合法权益，构成对原告的不正当竞争。

关于两被告的责任，本案中，辛迪加公司是《夏》剧的制作者和发行者，也是版权人，同时还是系争植入广告的制作者和发布者。其明知系争项链吊坠与被告卓美公司无关，却将其与有着明显被告品牌标识的首饰盒一并使用，导致引人误解的后果，损害了原告的合法权益，应当承担赔偿责任。被告卓美公司作为实际上的广告主，虽然没有主动参与剧情设计，但提供了带有其品牌标识的首饰盒，并且知道该首饰盒将根据剧情被使用，也知道该剧将为其进行品牌宣传，却未对宣传内容及可能产生的宣传后果尽到合理的注意义务，亦应承担赔偿责任。

案例索引

一审：上海市浦东新区人民法院（2011）浦民三（知）初字第 694 号民事判决书

一审判决时间：2012 年 5 月 22 日

二审：上海市第一中级人民法院（2012）沪一中民五（知）终字第 212 号民事裁定书

二审裁定时间：2012 年 12 月 14 日

具有一定知名度的企业名称简称应视为企业名称予以保护

——上海精密科学仪器有限公司诉上海精学科学仪器有限公司、成都科析仪器成套有限公司擅自使用他人企业名称纠纷案

杜灵燕

裁判要旨

具有一定市场知名度、为相关公众所熟知、已实际具有商号作用的企业名称简称，应视为企业名称给予制止不正当竞争的保护。当该在先的企业名称权与他人的注册商标权发生冲突时，虽然注册商标已超过商标法规定的撤销期限，但商标权人存在恶意注册和注册后不立即投入使用的情形，使在先权利人未能在商标可撤销期限内轻易发现商标被注册，致使在先权利人丧失行政救济手段。这种情况下，在先权利人主张不正当竞争保护时，可按照《反不正当竞争法》第5条第(3)项的规定对在先的企业名称权给予保护。

案　情

原告：上海精密科学仪器有限公司

被告：上海精学科学仪器有限公司（以下简称"精学公司"）

被告：成都科析仪器成套有限公司（以下简称"科析公司"）

原告公司成立于 1990 年 11 月，经营范围为各类科学仪器仪表、光学仪器、分析仪器等。公司曾于 1996 年、1998 年、1999 年被上海市科学技术委员会评为高新技术企业。1997 年、1999 年和 2000 年度原告的销售收入分别列上海工业企业销售收入的第 279 位、第 173 位和第 267 位。信息产业部公布的 2003 年电子信息百强企业中，原告名列第 83 位。

1996 年 8 月 1 日起，原告自办了《精科报》（每月一期），该报主要用于介绍原告及旗下各分厂的经营情况及相关产品。报纸内设有"精科苑""精科简讯""精科论坛"等栏目。1997 年 4 月至 2001 年 9 月期间，每期报纸的第 3 版、第 4 版的页眉上以较大字体标有"精科的承诺：质量第一 用户至上""精科的产品：技术先进 品种齐全 性能可靠"的广告语宣传框。2001 年 8 月前的报纸内容显示，原告在对外活动中以"精科公司"或"上海精科"出现。至于报纸报道内容中涉及原告时，则多以"上海精科""精科公司"或"上海精科公司"出现。

2000 年 8 月 24 日的《新华每日电讯》报纸的第 7 版上刊登了一则广告，该广告系对原告生产的"上分""棱光""上平""双圈"品牌的各类产品的介绍，在广告页的首尾和右侧均标有"上海精科与您共创美好明天"广告语、页面左上角标有"上海精科 科技领先 产品齐全 品质卓越"的字样。

2010 年 6 月和 7 月，中国仪器仪表行业协会和上海仪器仪表行业协会分别出具情况说明，主要内容有：原告系中国仪器仪表协会常务理事单位，分析仪器分会副理事长单位，是目前国内最大的科学仪器制造集团之一。该公司是国内第一台分光光度计、第一台天平仪器、第一台 PH 计以及第一台旋光仪的诞生地，是中国分析仪器产业的重要发源地之一。该公司产品在国内市场享有很高的声誉和市场占有率，是国内分析仪器产业的龙头企业之一。"上海精科"是原告在仪器仪表行业内以及国内市场的简称，并被同行所完全认同。

广州广一科学仪器有限公司等原告的 39 家经销商亦出具证明，证明"上海精科"就是指原告上海精密科学仪器有限公司，自与原告建立经销关系以来，原告都会定期寄给各经销商《精科报》及各类公司广告宣传文本等资料。

被告科析公司成立于 1999 年 9 月，经营范围为科学仪器仪表的生产、销售等。被告精学公司于 2009 年 10 月登记成立，主要经营范围同科析公司。两公司的法定代表人系父子关系。被告科析公司于 2001 年 8 月申请并获注册第 1916351 号"精科"商标，该商标被核定使用的商品为第 9 类的光度计、恒温器、精密天平、理化试验和成分分析用仪器和量器等。注册有效期限自 2002 年 11 月 28 日至 2012 年 11 月 27 日。科析公司注册上述商标后未予立即投入使用，直至 2009

年11月才与被告精学公司和案外人上海舜宇恒平科学仪器有限公司（以下简称"舜宇公司"）签订《定牌制造（OEM）协议书》，由被告科析公司将上述商标许可被告精学公司委托舜宇公司在生产的分光光度计、电子天平等相关产品上使用。

在被告精学公司的网站（www.shjkyq.com）首页页面左上角上标有"上海·精科®"标识，网页中关于公司产品的介绍中有"光谱分析仪器""可见光分光光度计"等，其中一款名为"721可见光分光光度计"的产品照片上显示，产品上标有"上海·精科®"标识，售价为人民币1580元。

被告科析公司曾为原告的经销商，在原告与被告科析公司2001年2月签订的特约经销商协议及附件涉及对原告企业名称的表述中，将原告公司分别称为"精科公司"和"上海精科"。

原告认为，原告是具有悠久历史底蕴的国内仪器仪表行业的大型知名企业，其在国内分析仪器行业内具有重要影响力，"上海精科"和"精科"在本行业内系原告企业名称的简称。现被告精学公司明知原告企业知名度的情况下，在2009年设立登记时使用了与原告企业名称近似的名称。被告精学公司在其设立的公司网站的页面及产品宣传上还使用"上海·精科®"标识，在生产的产品上使用"精科"商标。被告科析公司与原告有十多年的经销关系，在明知"精科"与原告的关系及影响力的情况下，于2001年8月在未告知原告的情况下向国家工商行政管理总局商标局申请在第9类商品上注册"精科"商标。在被核准注册后，长期潜伏不用，直至2010年5月才办理了许可被告精学公司使用上述商标的备案，开始使用上述商标。两被告的行为构成不正当竞争。故起诉，要求被告精学公司停止使用其企业名称、被告精学公司停止在产品或产品宣传上使用"上海·精科®"标识、两被告停止在第9类商品上使用"精科"商标、赔偿原告经济损失50万元。

被告精学公司辩称，原告对其主张不享有任何权利，其诉请无事实和法律依据，请求驳回原告诉请。

被告科析公司辩称，原告企业的字号应为"上海精密"而非"精科"。对"上海精科"和"精科"原告不享有任何权益。原告系自2007年起才在其产品和包装上标注"上海精科"，该行为已侵犯了公司对"精科"商标享有的注册商标专用权，其已在成都法院另行提起侵权诉讼。故原告诉请无法律依据，应予以驳回。

审 判

上海市浦东新区人民法院经审理后认为：本案争议焦点在于"上海精学科学

仪器有限公司"企业名称的使用以及"精科"商标的注册、使用行为是否构成不正当竞争。

一、被告精学公司使用其企业名称的行为认定

法院注意到，原告企业名称中使用的"精密科学仪器"实际上是一类产品的名称，因此，原告的企业名称中并不含有企业字号，这种使用方式，使原告的企业名称存在显著性和识别性较弱的先天缺陷。虽然经过原告的持续经营，原告的企业名称取得了较高的知名度，但并不能弥补企业名称缺失字号的先天缺陷。被告精学公司的企业名称采用了地名＋字号＋行业名称＋公司组织形式的组合方式。对同在本市从事科学仪器生产、销售的企业而言，被告精学公司使用的企业名称中地名、行业名称和公司组织形式的表述方式系行业内通用的一种表示方式，而"精学"系被告精学公司的字号。因此，原告与被告精学公司的企业名称全称，各自代表了不同的企业，法院对原告要求被告精学公司停止使用其企业名称的主张不予支持。

二、关于注册和使用"精科"商标的行为认定

1. 企业名称的简称能否作为企业名称予以保护问题。法院认为，在被告科析公司2001年8月申请注册涉案商标前，原告已将"上海精科"和"精科"作为企业名称的简称在使用，并取得一定的知名度，相关公众已将"上海精科"和"精科"与原告企业建立了直接的联系和指向作用，"上海精科"和"精科"起到了识别原告商品来源的作用，已实际具有商号作用，故本案中，"上海精科"和"精科"应视为原告的企业名称予以保护。

2. 被告科析公司的行为认定。本案中，无论从"上海精科"和"精科"取得的知名度，还是从原告与被告科析公司签订的特约经销商协议，被告科析公司在将"精科"申请注册商标时，就已知晓原告将"上海精科"和"精科"作为其企业名称的简称使用的事实。在原告与被告科析公司均从事科学仪器仪表的生产销售，具有同业竞争关系的情况下，被告科析公司将"精科"作为商标申请在第9类的光度计等仪器仪表产品上注册，注册后又长期不用，到2009年才在相关产品上使用。被告科析公司实施的上述行为主观上具有攀附原告企业知名度的故意，客观上会造成相关公众对原、被告商品来源的误认，损害了原告的合法利益。因此，被告科析公司将原告在先使用的企业名称简称"精科"注册为商标并予以使用的行为，构成对原告企业名称权的侵犯，属不正当竞争行为。

3. 被告精学公司的行为认定。被告精学公司存在两节行为，一是在网站及网站发布的产品照片上使用"上海·精科®"标识；二是经被告科析公司许可在委托他人生产的产品上使用"精科"商标。就第一节行为，"上海精科"系原告企业名称的简称，并具有一定知名度，应予以保护。被告精学公司在网站和产品宣传上使用的"上海·精科®"标识中将"上海"与"精科"连用的使用方式与原告企业名称的简称相同，这种使用方式会造成相关公众对原告和被告精学公司的商品来源产生混淆，被告精学公司的行为构成不正当竞争，应立即停止该侵权行为；就第二节行为，被告科析公司注册并使用涉案注册商标的行为侵犯了原告在先的企业名称权，则被告精学公司作为涉案注册商标的使用人亦应当共同承担侵权责任。

综上，两被告的行为构成对原告的不正当竞争行为，理应立即停止侵权行为，并赔偿因此给原告造成的损失。法院遂依照《反不正当竞争法》第 5 条第（3）项、第 20 条，《最高人民法院关于审理不正当竞争民事案件应用法律若干问题的解释》第 17 条，《最高人民法院关于审理注册商标、企业名称与在先权利冲突的民事纠纷案件若干问题的规定》第 1 条第 1 款之规定，判决：被告精学公司于本判决生效之日立即停止在商品和商品宣传上使用"上海·精科"标识；被告科析公司、精学公司于本判决生效之日起立即停止侵犯原告企业名称权的不正当竞争行为；被告精学公司就其在商品和商品宣传上使用"上海·精科"标识的不正当竞争行为，于本判决生效之日起 10 日内赔偿原告经济损失人民币 5 万元；被告科析公司、精学公司就其侵犯原告企业名称权的不正当竞争行为，于本判决生效之日起 10 日内赔偿原告经济损失人民币 10 万元；驳回原告的其余诉讼请求。

该案一审判决后，两被告不服提起上诉，二审上海市第一中级人民法院维持了一审判决。

评 析

本案在法律适用上的争议焦点主要在于企业名称的简称能否作为企业名称予以保护及注册商标与在先企业名称发生冲突时的解决。

一、企业名称简称的保护

企业名称简称，即企业名称的缩写或者简要称谓，是指因长期的市场宣传，消费者逐渐将其与特定企业稳定联系起来，从而逐渐形成的对某特定企业约定俗成的简要称谓❶。由于企业简称简单明了，便于记忆，消费者很容易将其与特定企业联系起来，在消费者心目当中，企业简称的知名度可能高于企业名称全称，前者往往比后者更能代表某个特定企业。因此，对于消费者而言，知名的企业简称可能就比企业名称全称、字号或者商标更能标识商品和服务的来源，企业简称应当是企业无形资产的重要组成部分，蕴含着无限的经济价值。当企业的简称受到侵犯时，应通过我国相关法律法规予以保护。

由于我国现行法律对企业名称简称的保护没有明确的规定，企业简称仍处于法律性质不明确的状态。现在关于企业名称简称保护的相关文件，只有2009年4月21日《最高人民法院关于当前经济形势下知识产权审判服务大局若干问题的意见》（以下简称《意见》）中的第10条内容，该条明确"对于具有一定市场知名度、为相关公众所熟知、已实际具有商号作用的企业名称中的字号、企业或者企业名称的简称，视为企业名称并给予制止不正当竞争的保护"。从该条规定的内容来看，企业名称的简称要受到《反不正当竞争法》保护需满足以下三个要素：（1）一定的知名度。某个称谓要成为企业简称，首先要求该称谓在公众当中具有一定的知名度，是在一定地域范围内为公众所熟悉，已经被公众认可的对特定企业的简要称谓。关于知名度的认定，可以参照《最高人民法院关于审理不正当竞争民事案件应用法律若干问题的解释》第1条中关于知名商品的认定标准，从企业存续时间、企业对其简称使用的范围、企业广告宣传的力度和消费者的认知程度等方面综合考虑企业简称的知名度。（2）唯一的指向性。企业简称的唯一指向性与其知名度有关，是指在消费者看来该企业简称唯一地、稳定地指向某一特定企业。企业简称与特定企业一一对应，消费者对该简称的指代不会产生误认和混淆，提到某一企业简称，消费者只会将其与某一个特定企业联系起来，而不会联想到第二个企业。（3）主动使用。企业简称的使用包括主动使用和被动使用两种方式：主动使用指企业自己将企业简称使用在商品、服务上或者宣传资料、交易文书上；被动使用则是指企业自己并未以上述方式使用过企业简称，但由于媒体的宣传，消费者已经将该简称与特定企业建立起稳定联系，该简称实际上已经起到了识别商品或者服务来源的作用。❷关于被动使用是否也能作为知产领域商标、企业简称等使用的概念，学界曾存在诸多争议。2010年12月，

---

❶ 薛明友，卫华. 民事司法视野下企业简称保护的困境与选择——"山起"之争动了谁的奶酪[J]. 电子知识产权，2010（3）：40.

❷ 曹丁月. 论企业简称的法律保护[D]. 重庆：西南政法大学，2011.

最高人民法院在"索爱"商标争议行政案❶中明确排除了被动使用,该院认为"本案中的争议商标'索爱',无论是作为未注册商标的简称,还是作为企业名称或知名商品特有名称的简称,其受法律保护的前提是,对该标识主张权利的人必须有实际使用该标识的行为,且该标识已能够识别其商品来源;在争议商标申请日前,索尼爱立信公司并无将争议商标作为其商业标识的意图和行为,相关媒体对其手机产品的相关报道不能为该公司创设受法律保护的民事权益。"❷ 同时,《商标法实施条例》第 3 条规定:"商标的使用,包括将商标用于商品、商品包装或者容器以及商品交易文书上,或者将商标用于广告宣传、展览以及其他商业活动中。"根据上述规定的内容,其界定的商标的使用当然只包括主动使用。

本案中,根据原告提供的证据,其自 1996 年 8 月起即将"上海精科"和"精科"作为企业名称的简称使用,在行业内已具有一定的知名度,其长期将"上海精科"和"精科"作为其企业名称的简称对外使用的行为已使相关公众将"上海精科"和"精科"与原告企业建立了直接的联系和指向作用,"上海精科"和"精科"已起到了识别原告商品来源的作用,已实际具有商号作用,故"上海精科"和"精科"应视为原告的企业名称予以保护。

二、注册商标与在先企业名称发生冲突时的解决

由于企业名称本身所具有的识别功能不仅能够促进商事主体不断提高商品和服务的质量,增加企业名称中的商誉含量,还能便利公众做出消费选择,扩大商事主体的社会知名度,从而提高自身的市场竞争力。在利益驱动下,近年来,将他人知名企业名称或商号申请注册为商标,从而达到攀附在先企业名称权人商誉,获取高额利润的行为时有发生。在先企业名称权与商标权的冲突由此产生。

在解决商标与企业名称冲突案件时应遵循诚实信用、保护在先权利和禁止混淆原则。诚实信用原则是市场经济活动中的基本道德准则。由于企业名称本身的特点,企业名称与商标发生重名的情况比较多,而且很多情况下是完全基于巧合,因此,在先企业名称权与商标权发生冲突时,商标权人的主观故意判断显得尤其重要,如果是善意使用就不应轻易认定侵权。而对于恶意抢注他人企业名称的行为应坚决予以制止,以创造良好、诚信的社会环境。当然对于商标权人的恶意抢注行为的举证义务在于主张在先企业名称权的权利人,同时权利人还应举证证明其在先使用和知名度的证据,企业知名度的高低是判断企业名称与商标是否

---

❶ 最高人民法院(2010)知行字第 48 号。
❷ 最高人民法院驳回再审申请通知书(2010)知行字第 48 号。

构成混淆的重要依据。

就本案而言,虽然《最高人民法院关于审理注册商标、企业名称与在先权利冲突的民事纠纷案件若干问题的规定》(以下简称《冲突规定》)的出台解决了本案立案受理的问题,❶ 但《冲突规定》并未规定受理后的处理办法和相关法律依据,这给法院审理该类案件带来困难。本案的特殊性还在于,因原告不注意对其企业知产的权利监测和保护,导致被告商标已超过商标法规定的争议期限而不可撤销。但是本案被告的主观恶意非常明显,其是在明知"上海精科""精科"为原告具有一定知名度的企业名称的简称的情况下注册了涉案商标,并且在注册后故意潜伏不用,导致原告不能及时发现涉案商标的注册情况,从而错过了商标法赋予的可撤销涉案商标的期限。而被告在涉案商标不能被撤销的情况下,才开始使用,并在成都向原告及其经销商提起商标侵权之诉。这种情况下,如果仍拘泥于涉案商标在行政上不可撤销而不对被告的行为做任何约束,实在有违《反不正当竞争法》维护公平竞争秩序、制止不正当竞争行为的立法精神。况且《意见》第 10 条中也明确,"对于因历史原因造成的注册商标与企业名称的权利冲突,当事人不具有恶意的,应当视案件具体情况……公平合理的解决冲突",根据上述精神可以看出,解决注册商标与企业名称的权利冲突案件时,当事人的主观恶意是需要考量的重要因素。同时被告的抢注行为客观上也造成了消费者对原、被告产品来源的混淆,损害了原告的合法权益。法院遂根据本案实际情况,依据《反不正当竞争法》第 5 条第(3)项认定本案两被告行为构成不正当竞争,要求两被告立即停止侵犯原告企业名称权的不正当竞争行为,即被告科析公司虽然仍享有涉案商标在行政意义上的商标权,但其在与原告企业经营的商品范围内,不得再行使用涉案商标,否则就构成对原告企业名称权的侵犯。

三、结 语

该案的审理凸显了作为知名国企的原告在对其企业知识产权保护上存在的问题,上海浦东新区人民法院特就原告存在的相关问题向原告发出了司法建议书,并得到原告的积极反馈。

本案妥善处理了原告企业名称的简称与被告注册商标冲突情况下的解决,保护了原告合法的在先权利,制止了不正当竞争行为。对作为知名国企的原告也是

---

❶ 《冲突规定》第 1 条第 1 款规定,原告以他人注册商标使用的文字、图形等侵犯其著作权、外观设计专利权、企业名称权等在先权利为由提起诉讼,符合民事诉讼法第 108 条规定的,人民法院应当受理。

一个警戒,增强了其知产管理的保护意识,起到了正确适用法律、转化办案成果、服务社会的双赢效果。

案例索引

一审:上海市浦东新区人民法院(2010)浦民三(知)初字第 769 号民事判决书

一审判决时间:2011 年 8 月 11 日

二审:上海市第一中级人民法院(2011)沪一中民五(知)终字第 232 号民事判决书

二审判决时间:2011 年 12 月 22 日

网络域名侵权纠纷中"恶意"的认定标准
——上海枫晴化工有限公司诉上海弘昊化工有限公司侵害网络域名纠纷案

倪红霞　袁　田

裁判要旨

在原告对域名的主体部分"foodchem"不享有商标等其他合法的民事权益，也不能证明"foodchem"具有知名度的情况下，即使原告对域名的取得和使用时间早于被告，亦不能认定被告使用与原告相同的域名主体部分具有不正当竞争的主观恶意。本案的判决对于如何判断恶意使用网络域名的行为起到了一定的借鉴作用。

案　情

原告：上海枫晴化工有限公司
被告：上海弘昊化工有限公司

域名 foodchem.cn 由原告股东陈某某于2004年9月7日注册。2006年9月，原告成立并运营该域名，该公司经营范围化工原料、工艺美术品、包装材料等的销售。2009年9月，原告在《对外贸易经营者备案表》登记公司英文名称为 FOODCHEM INTERNATIONAL CORPORATION 并用于经营，在发票、展览会等多处使用上述域名、英文名称等。被告成立于2006年7月19日，经营范围化工产品及原料、五金、建筑材料等的销售。争议域名 foodchem.com 注册于 2002 年 4 月 3 日,原注册人信息不明。2008 年 11 月,原告曾欲购买系争域名而向原域名持有人询价,但未成交。2010 年 9 月 11 日该域名转给被告。被告对该域名进行了 ICP 备案,审核通过时间 2010 年 11 月 4 日。被告使用该域名运行公司网站至今,并在员工名片、英文宣传册上使用 Foodchem 字样。原告进行公证的电子邮件内容显示,2010 年 10 月,被告曾与某客户联系,该客户误以为是原告。

原告诉称,被告在明知原告的英文名称、邮箱及网站均与 foodchem 这一标记密切关联的情况下,高价购买域名 foodchem.com 并投入使用,使相关公众产生混淆,构成侵权。因此请求判令被告立即停止使用域名 foodchem.com,并判令由原告注册使用该域名;赔偿原告经济损失 30 万元及合理费用 58580 元。

被告辩称,foodchem 是通用英语词汇,并非原告原创。且 foodchem 没有经过商标注册登记,更非驰名商标。被告使用 foodchem 并无恶意,其域名注册时间、公司成立时间及业务开展时间均早于原告,foodchem.com 注册、使用时间亦均在 foodchem.cn 之前。两域名的后缀不同,网站风格也完全不同,不会引起混淆。

审　判

上海市浦东新区人民法院经审理后认为,本案焦点在于被告的行为是否构成对原告域名的侵害及不正当竞争。首先,foodchem.cn 由原告股东注册,注册时间晚于被告域名注册时间,该域名注册时原告尚未成立,因此该域名的注册与原告的企业名称等合法权益无涉。其次,原告不能证明被告有攀附恶意。原告不能证明 foodchem 作为其英文名称的市场知名度。被告系通过合法途径取得其域名并正常使用至今。foodchem 一词由 food 和 chem 组成,与原、被告从事的食品、化工领域有关联,并非原告首创。最后,两域名链接的网站差异明显,不会产生混淆。由于原告未能证明其英文名称 foodchem 的市场知名度,foodchem 之于原告不构成《反不正当竞争法》第 5 条第（3）项规定的"企业名称",且被告使用 foodchem 的行为并没有造成混淆与误认。因此被告的行为没有构成对原告域名的侵害和不正当竞争。依照《民事诉讼法》第 64 条第 1 款、《最高人民法院关于民事诉讼证据的若干规定》第 2 条之规定,判决驳回原告的全部诉讼请求。

判决后,原告不服提起上诉。原告认为:1. 原审法院未明确认定上诉人是否对域名"foodchem.cn"享有合法权益;2. 原审法院错误认定系争域名"foodchem.com"与上诉人域名"foodchem.cn"不会使相关公众产生混淆或误认;3. 原审法院错误认定被上诉人对系争域名"foodchem.com"的使用不具有恶意;4. 原审法院以上诉人未能举证证明其企业名称具有一定知名度为由驳回其指控被上诉人的行为构成不正当竞争的诉请属于适用法律错误。

被上诉人认为,"foodchem"是通用名称,是食品化工的简写,并非上诉人首创,被上诉人的行为没有侵犯上诉人的权利。故请求上海市第一中级人民法院维持一审判决。

二审法院经审理认定原审法院认定事实属实,予以确认。

二审法院认为,上诉人对 foodchem 一词不享有商标权,该词亦不是其合法企业名称,上诉人也未能证明 foodchem 具有一定的知名度足以使相关公众将该词与其提供的商品或服务联系起来。两公司网站风格不同,也在各自首页标明了企业信息。两公司从事相同行业,被上诉人在其网站上发布与上诉人类似的产品信息并无不当。因此被上诉人使用域名的行为不构成不正当竞争。上诉人并非外国企业,其英文名称未在企业登记主管机关依法进行登记注册,上诉人也未能证明其字号具有一定的市场知名度,不构成《反不正当竞争法》规定的"企业名称",因此被上诉人在网站及宣传资料上使用 foodchem 不构成不正当竞争。故依照《民事诉讼法》第 153 条第 1 款第(1)项、第 158 条的规定,判决驳回上诉,维持原判。

评 析

相比著作权和商标权,我国法律目前尚无对域名权性质的明确规定。因此,在现有的法律法规条件下,认定被告公司使用含有 foodchem 域名的行为是否构成侵权或不正当竞争是本案的关键。

一、域名的定义及法律属性

域名是由文字、数字和连接符等字符组成,是域名所有者拥有的,与该计算机的 IP 地址相对应的,用于互联网上计算机定位和身份识别的字符型网络地址。❶ 根据现行的域名规则,一个完整的域名由两部分构成,左侧是无识别性的通用前缀部分(如超文本网络协议 http),右边是由英文中的句点"."依次隔开的顶级(一级)、二级、三级甚至四级域名代码所构成的域名代码部分。顶级域名分为有两类,一类是国家顶级域名,如中国为 cn,美国为 us;另一类是类别顶级域名代码,com(工商业实体)、net(网络服务)。我国在国际互联网信息中心正式注册并运行的顶级域名是 CN。在 CN 之下,二级域名有 6 个二级类别域名代码和 34 个二级行政区域域名代码,前者分别是 ac(科研机构)、com(工

---

❶ 郭丹. 网络知识产权法律保护[M]. 哈尔滨:哈尔滨工业大学出版社,2008:67.

商、金融企业)、edu（教育机构）、gov（政府部门）、net（提供互联网服务的机构)、org（非营利组织），后者分别对应34个省级行政区域单位，如bj（北京）、sh（上海）、mo（澳门）等❶。在本案中，原告公司的域名foodchem.cn与被告公司的域名foodchem.com等级不同。当事人双方的争议焦点即围绕域名的主体部分foodchem。

由于域名具有唯一性，一旦他人将商标权人的商标或商号等注册为域名，商标权人就有可能失去使用自己的商标或商号做域名及利用该域名在互联网上宣传自己的机会，域名注册、使用引起的纠纷由此产生❷。对域名的法律地位的观点向来不一。一种观点认为，域名符合"专有性、地域性、时间性"的特性，属于可以构成知识产权的智力成果；另一种观点则认为域名不具有易逝性和法定性等知识产权的特性，因此不构成知识产权❸。在这种情况下，为解决越来越多的域名争议，有学者主张暂时搁置域名的法律性质问题，先就域名对其他权利（主要是一些知识产权）的影响以及它们的关系、域名纠纷的解决等问题进行关注与研究。2001年《最高人民法院关于审理涉及计算机网络域名民事纠纷案件适用法律若干问题的解释》（以下简称《解释》）就是采用了最后一种思路，搁置了域名的法律地位问题，根据现行法律首先解决当前需要解决的域名纠纷❹。根据该司法解释规定，认定域名的注册和使用构成侵权和不正当竞争主要包括以下情形：（1）对驰名商标和普通注册商标构成侵权或不正当竞争；（2）对他人在先拥有的域名构成侵权或不正当竞争，即恶意注册与他人域名相同或近似的域名，足以造成相关公众误认；（3）其他侵权或不正当竞争行为。由此可见，在域名注册、使用活动中，他人在先合法拥有的域名可以作为一种在先权受到保护，他人不得侵犯。

二、域名侵权纠纷中"恶意"的认定

本案中，原告认为被告使用foodchem.com的行为构成对其域名foodchem.cn的侵害。在我国，域名的取得需要向域名管理机构申请注册，对于有价值的域名，先人一步注册下来的行为，是获取域名的合法手段。而"恶意抢注"是域名注册申请人明知是他人的商业标记而申请为域名，以便利用他人的商誉从中牟

---

❶ 邵培樟. 论域名的法律性质 [J]. 河北法学, 2006, 24 (6).
❷ 蔡卫平. 域名纠纷问题研究略述 [J]. 广州大学学报（自然科学版）, 2002, 1 (5).
❸ 夏德友. 论域名的法律地位——兼析知识产权的特性 [M] //陶鑫良. 域名与知识产权保护. 北京：知识产权出版社, 2001: 151.
❹ 邵培樟. 论域名的法律性质 [J]. 河北法学, 2006, 24 (6).

利,或待价而沽,收取赎金,从而损害他人在先合法权益的注册行为。

根据《解释》第4条规定,行为人注册、使用域名行为构成侵权和不正当竞争的要件如下:主张者请求保护的民事权利合法有效,或具有合法的民事利益;行为人注册、使用的域名或域名的主要部分已经构成对驰名商标等前述享有民事权利的标识的复制、模仿、翻译或音译,并引起混淆;行为人对该域名或域名的主要部分不享有在先权利,也无注册、使用该域名的其他正当理由;行为人对该域名的注册、使用具有恶意。注册域名行为人是否恶意是认定域名注册人是否侵权的要件,只有在认定域名注册人存在恶意抢注域名的情况下,才可以认定行为人域名注册、使用行为构成侵权或者不正当竞争[1]。因此,判断被告注册、使用域名的行为是否具有"恶意"是认定被告注册、使用域名 foodchem.com 的行为是否构成侵权、不正当竞争的焦点。

《解释》第5条对"恶意"的认定标准作出规定:"被告的行为被证明具有以下情形之一的,人民法院应当认定其具有恶意:(一)为商业目的将他人驰名商标注册为域名的;(二)为商业目的注册、使用与原告的注册商标、域名等相同或近似的域名,故意造成与原告提供的产品、服务或者原告网站的混淆,误导网络用户访问其网站或其他在线站点的;(三)曾要约高价出售、出租或者以其他方式转让该域名获取不正当利益的;(四)注册域名后自己并不使用也未准备使用,而有意阻止权利人注册该域名的;(五)具有其他恶意情形的。"结合本案案情,对被告是否"恶意"的判断需要考虑如下几点:第一,原告对 foodchem 一词是否具有在先权利;第二,被告对系争域名的注册、使用方式是否正当;第三,被告对系争域名的使用是否引起了与原告域名的混淆。

具体分析如下:

第一,关于原告对于 foodchem 一词是否拥有在先权利。原告对 foodchem 不享有商标权。原告的域名 foodchem.cn 系原告股东于2004年9月注册,被告使用的域名 foodchem.com 注册于2002年4月,早于原告的域名注册时间。foodchem.com 的域名注册人信息不详,但可以证明 foodchem 一词并不是由原告首创,在域名中的使用也并非原告最早。原告的股东在注册域名时,原告尚未成立,因此该域名的注册与原告的企业名称或商标等合法权益没有关联性。原告虽然提交了会刊、行业协会、客户证明等证明其自2007年起就一直使用含有 foodchem 的英文企业名称,但该名称没有经过合法登记,上述证据也不能证明该英文名称具有一定的市场知名度。第二,依原告所述,foodchem 是由 food 和 chemical 两个英

---

[1] 黄武双. 知识产权法案例与图表 [M]. 北京:法律出版社,2010:511.

文单词组合而成,上述组合与原、被告从事的行业具有一定的关联性,该使用方式并非由原告最先使用。不能证明被告取得域名是出于攀附原告的恶意。第三,从被告对域名的注册和使用状况来看,被告系通过正常途径取得,取得域名后随即进行了 ICP 备案。被告取得域名后,一直是用作公司网站经营,并没有出现要约高价出售、出租或者以其他方式转让该域名获取不正当利益的情形,或者自己不用反而有意阻止他人注册等恶意使用的情形。第四,从被告对域名的使用是否构成与原告域名的混淆来看。原、被告的域名后缀分别是".com"和".cn",域名等级不同,链接的网站在排版、风格等上均有差异,首页也都标明了各自的企业名称,以用户的一般认知能力不会产生混淆、误认。综上,被告使用含有 foodchem 的域名的行为不具有恶意,并不构成对原告域名的侵害。

三、域名纠纷案件中侵犯企业名称的认定要件

域名的法律地位不明,导致法律监管缺位,且《中国互联网络域名注册暂行管理办法》规定各级域名管理单位不负责向国家工商行政管理部门及商标管理部门查询用户域名是否与注册商标或者企业名称冲突,为域名恶意注册抢注提供了可趁之机。加之《反不正当竞争法》一直被视为知识产权领域的兜底法,因此,很多涉及域名的案件,当事人都将不正当竞争作为"兜底"的条款。

本案原告主张被告使用其英文企业名称作为域名的行为构成对原告的不正当竞争,首先需要认定原告对于域名或者域名的主要部分是否具有合法的民事利益。根据《反不正当竞争法》第 5 条的规定,合法的民事利益主要有以下几种:注册商标专有权;知名商标特有的名称、装潢;企业名称或姓名等。原告对 foodchem 一词并不享有注册商标专用权;那么,foodchem 一词是否构成原告的企业名称呢?根据《最高人民法院关于审理不正当竞争民事案件应用法律若干问题的解释》第 6 条规定,以下三种情况可以认定为《反不正当竞争法》第 5 条第(3)项规定的"企业名称":一、企业登记主管机关依法登记注册的企业名称;二、在中国境内进行商业使用的外国(地区)企业名称;三、具有一定市场知名度,为相关公众所知悉的企业名称中的字号。原告仅在"对外贸易经营者备案表"登记其公司英文名称为 FOODCHEM INTERNATIONAL CORPORATION,且原告是国内企业,因此其条件不符合第一、第二种情况,原告的证据尚不能证明 foodchem 有一定的市场知名度,因此也不符合第三种情况。综上,foodchem 之于原告并不构成我国《反不正当竞争法》第 5 条第(3)项中的"企业名称"。且如前所述,被告使用 foodchem 域名并没有造成与原告的混淆或误认,因此法院没有支持原告的主张。

在当今网络时代域名纠纷频发而其之上承载的利益却尚未被归类为任何一种传统民事权利的情况下,准确把握"恶意"的认定标准,区分域名的恶意抢注和合理使用,有利于平衡各方当事人的利益,促进电子商务和互联网的健康高效发展。

案例索引

一审：上海市浦东新区人民法院（2011）浦民三（知）初字第204号民事判决书

一审判决时间：2011年10月8日

二审：上海市第一中级人民法院（2011）沪一中民五（知）终字第246号民事判决书

二审判决时间：2012年2月3日

自由竞争与不正当竞争行为的法律界限

——北京鑫秀伟烨科技发展有限公司诉上海客齐集信息技术有限公司不正当竞争纠纷案

杜灵燕

裁判要旨

由于竞争行为具有固有的"损人利己"性,在认定《反不正当竞争法》列举以外的竞争行为的性质时,应对竞争行为可能产生的各种损益后果权衡利弊,严格按照《反不正当竞争法》第2条的标准,综合分析认定行为性质,达到既制止不正当竞争行为,又能保证市场竞争自由的目的。本案中,收集同业网站用户信息并发送推广邮件的行为因其信息的公开性而无需专业技术,故尚属于自由竞争的市场经济中存在的商业推销行为范畴,不宜认定为不正当竞争行为。

案 情

原告:北京鑫秀伟烨科技发展有限公司("赶集网"经营者)

被告:上海客齐集信息技术有限公司("百姓网"经营者)

原、被告经营的网站均提供生活分类信息服务,如提供房屋租售、二手物品买卖、招聘求职等众多本地生活及商务服务类信息,两者经营模式相同,为同业竞争者。两网站在同业中均具有一定的知名度。

"百姓网"有兼职的推广员从事网站推广,网站根据推广员的推广业绩发放佣金。网站设有"百姓联盟"论坛。论坛中既有"百姓网"员工介绍的诸如"群发邮件做百姓网推广"等各种推广方式,也有联盟会员介绍自己的推广方式。其中有会员称"到赶集网上拿到了所有在上面发布招聘信息的人的邮箱,每天发几万封让他们到百姓网发帖的邮件";有会员介绍了一款火车头采集软件,通过该软件可以采集相关网站的QQ邮箱;有会员上传了其以群发邮件的方式采集用户信息进行推广的页面截屏,截屏内容显示群发邮件的对象均为QQ用户,相关网站的链接地址指向原告网站网址。2011年3月16日,被告在论坛上发布的"再次申明不能采用邮件等方式骚扰同行网站用户进行推广"的声明中,要求用户承诺做到不采用邮件群发、短信群发等骚扰赶集网、58同城网用户的方式进行推广,并表示在调整期过后,将对有确凿证据的骚扰赶集用户的联盟会员进行相应处理。随后在同年8月再次发帖强调禁止用户采用邮件群发的方式进行推广。

2011年6月,原告至北京市东方公证处做了一份证据保全公证,主要内容为:1.原告在公证过程中自行注册了三个QQ号码,然后分别以这三个qq号码在"赶集网"上发帖21个。发帖次日,再到公证处公证显示收到由不同人员发送的邮件,邮件内容均为提示到"百姓网"发布信息,并能点击链接到"百姓网"主页;2.原告称,因原告用户向其询问为何在"赶集网"上发帖后,总能收到"百姓网"发来的邮件,是否两家网站合并了?为了核实情况,原告工作人员李某某便在赶集网上发了几个帖子,后在其QQ邮箱内收到相关邮件,现对其中具有代表性的3份邮件内容进行了公证,其中(1)发件人为"service < service@8ganji.com >和"service@b14ganji.com"的邮件中含有"信息被删请重发"或"点此重发"字样,点击上述字样后即链接到"百姓网"主页;(2)发件人为"赶集网< ganji_ kefu@ 126. com >"的邮件中,向用户推荐"百姓网",并声称是"赶集网"的子站,邮件落款处标有"赶集网"字样。

原告还在新浪微博上以"百姓网 邮件"为关键字进行了搜索,其中有5条微博的内容显示其在"赶集网"发布信息后收到发件人名称含有"ganji"字样的邮件,邮件要求其"点此重发",点击后链接至"百姓网"网站。也有二十多位用户在微博上反映其在"赶集网"上发帖后,却收到"百姓网"的来信,让其在"百姓网"上发布信息。

原告诉称,原告运营的"赶集网"主营生活及商务类分类信息服务。经过多年的经营和发展,该网站已成为我国最大、知名度最高的分类信息门户网站之一。近期,原告发现被告的推广员大量采集"赶集网"用户的电子邮箱并向这些邮箱成批发送推广被告网站"百姓网"的电子邮件。这些行为已构成不正当竞争，相应的法律责任应由被告承担。具体体现在以下三个方面：1. 被告推广员采集"赶集网"用户电子邮箱并向此类邮箱发送推广"百姓网"的电子邮件，构成不正当竞争。因邮件的发送对象系"赶集网"会员，原告对"赶集网"投入了大量品牌宣传，被告到"赶集网"页面抓取用户邮箱，有针对性地对这些邮箱发邮件，使被告不需要广告投入就可以使用这些邮箱，分享了原告凭借投入而获得的用户，存在"搭便车"行为，违反《反不正当竞争法》第2条。2. 在被告推广员所发推广"百姓网"的邮件内容和地址中，使用了"service""8ganji.com""赶集""ganji""ganji_kefu""b14ganji.com"和"信息被删请重发"（点击该字眼可链接到"百姓网"）等表述，使用户误认为"百姓网"与"赶集网"存在关联关系。同时在邮件中直接声称"百姓网"是"赶集网"的子网站。上述行为违反《反不正当竞争法》第9条，构成虚假宣传。3. "赶集网"是原告的知名服务特有名称，被告推广员在邮件中直接使用"赶集网"特有名称的行为，违反《反不正当竞争法》第5条第2款。据此，原告起诉，要求：1. 被告停止不正当竞争行为；2. 被告就其不正当竞争行为在"百姓网"和"赶集网"首页显著位置、《北京青年报》、《新民晚报》上刊登声明，消除影响；3. 被告赔偿原告经济损失及合理费用人民币50万元。

被告辩称，1. 被告经营的"百姓网"在"分类信息"领域名列前茅，在多项指标中都排名在原告经营的"赶集网"之前。因此，被告没有仿冒原告名义实施不正当竞争行为的动机，也不可能通过仿冒名气不如自己的网站获利。2. 被告也没有实施原告所诉的不正当竞争行为。任何人在看了互联网上任何一个分类信息网站所刊载的QQ号码后，都可以向该QQ号码所对应的QQ邮箱发送电子邮件。原告无证据证明向QQ邮箱发送电子邮件的发信人系被告。3. 被告从未唆使他人实施任何不正当竞争行为。被告对于此类行为向来持否定态度，并且多次发表公开声明，禁止此类行为。

审　判

上海市浦东新区人民法院经审理后认为，1. 对原告公证书涉及的邮件内容不予确认系被告推广员所发。（1）关于原告工作人员李某某邮箱内的3份邮件，李某某系原告工作人员，与原告具有利害关系。3份邮件发件人为不同人员，考虑到邮箱地址他人可随意注册，从邮件地址上亦无法看出与被告的关联性，故无法证明3份邮件系被告推广员所发。（2）关于其余邮件，原告也未能举证证明邮件发件人与被告或其推广员之间的关系，不能确认系被告推广员所发。

2. 对原告公证书中涉及的微博内容的真实性不予确认。原告公证时，新浪微博的用户注册时尚未实施实名认证的方式，故相关用户的身份无法核实。且一个网民也可注册多个账户，不能排除多个账户由同一网民控制的情形，故法院对新浪微博的内容不予采信。

3. 从被告"百姓联盟"论坛中的内容能够认定，被告推广员存在收集原告用户邮箱并采用发送（甚至群发）邮件的形式推广被告网站的行为。对该行为，原告主张被告违反《反不正当竞争法》第 2 条，构成不正当竞争。但法院认为被告行为虽然存在不妥之处，但尚未构成不正当竞争。原告用户的 QQ 号都是公开的，任何看到该 QQ 号的网络用户均可向其邮箱发送邮件。同时批量采集邮箱和群发邮件的软件均可在互联网上下载获得，故就被告推广员采集原告用户邮箱、发送推广邮件的行为本身并不属于《反不正当竞争法》范畴的违法行为。就推广邮件的内容而言，根据本案原告的举证情况，现有证据只能证明，被告推广员向原告用户发送了推广"百姓网"的邮件，而无法证明具体的邮件内容。这种推广行为，尚属于市场经济中存在的商业推销行为的范畴。不能因被告推广员的推广行为而直接得出损害原告经济利益的结论。法院遂依照《反不正当竞争法》第 2 条之规定，判决驳回原告的诉讼请求。

一审判决后，原告服判，未提起上诉。

评 析

利润最大化是商品经营者的本性，经营者为了使自己能够在市场中得到生存、发展，获取最大利润，总会使用一些新的竞争手段参与市场活动，排挤竞争对手、争夺交易机会、抢占市场。对于这些层出不穷的竞争手段，如何在自由竞争和不正当竞争行为之间做出准确地把握，是审理该类案件的法官经常需要面对的问题。本案在两者之间作出了较好的区分，具有一定的典型意义。

一、《反不正当竞争法》第 2 条在本案中的运用

《反不正当竞争法》第 2 条通常被称为我国《反不正当竞争法》的一般条款。所谓一般条款是指，法律中的某些不具有确定内涵、外延，又具有开放性的指导性规定，其文义是空泛的、抽象的，表达立法者的价值倾向。通常认为，法律中的一般条款可以用来对具体规范加以进一步的解释，更可以补充漏洞[1]。因此，从形式上说，我国《反不正当竞争法》第 2 条第 1 款对基本原则的规定以及

---

[1] 梁慧星. 民法解释学 [M]. 北京：中国政法大学出版社，1995：292-298.

第 2 款对不正当竞争定义的规定,具有一般条款的性质❶。按照一般条款认定《反不正当竞争法》列举以外的不正当竞争行为时,要特别分析行为对竞争的危害后果。在行为既具有损害竞争的后果又具有促进竞争的后果或者具有其他有利后果时,要进行利弊对比,分析一种行为的后果中利大于弊还是弊大于利,以此进行定性。由于竞争行为具有固有的"损人利己"性,即使正当的竞争行为亦然,对于发生损害的竞争行为的正当与否,首先要按照《反不正当竞争法》第 2 条第 1 款规定的"自愿、平等、公平、诚实信用的原则"以及"公认的商业道德"进行判断,而对其损害性的判断也只能看是否存在该条第 2 款规定的"损害其他经营者的合法权益,扰乱社会经济秩序"的情形。

本案被告实施的行为属于同业竞争者之间出现的一种新的行为,诉讼前就已在网上引起诸多争议,网民通常将此称为"百姓网"的"邮件门"事件。这种群发邮件的行为并不属于《反不正当竞争法》列举的行为,根据原最高人民法院副院长曹建明在《加大知识产权司法力度,依法规范市场竞争秩序——在全国法院知识产权审判工作座谈会上的讲话》(2004 年 11 月 11 日)中的精神❷,判断被告行为是否违法,还需通过《反不正当竞争法》第 2 条来规制。根据该条规定的内容,应以行为是否违法、是否产生损害其他经营者的合法权益及是否产生扰乱社会经济秩序的后果❸作为衡量行为是否构成不正当竞争的标准。本案被告实施的是一种竞争行为,这种市场竞争行为本身就具有获取或破坏他人竞争优势的特性。即网上的用户资源是固定的,在原、被告之间都是同业竞争者的情况下,若被告通过其推广手段争取到了更多的用户资源,则其知名度会提高,也就可能会减少原告网站的用户资源。因此,本案关键在于对被告行为违法性的判断。

就法院查明的事实,被告推广员确实存在收集原告用户邮箱并采用发送(甚至群发)邮件的形式推广被告网站的行为。对于该行为违法性的判断,合议庭曾一度存在分歧。一种意见认为,该行为已构成不正当竞争,应予以制止。虽然原告用户的邮箱是公开的,但原告的用户也是原告通过自己的经营争取到的客户资

---

❶ 孔祥俊. 商标与不正当竞争法原理和判例 [M]. 北京:法律出版社,2009:678.

❷ 原最高人民法院副院长曹建明在《加大知识产权司法力度,依法规范市场竞争秩序——在全国法院知识产权审判工作座谈会上的讲话》(2004 年 11 月 11 日)中指出:"对于《反不正当竞争法》第二章未具体列举、也没有其他法律规范可以援引的市场交易行为,经过查证属实被告违反了自愿、平等、公平、诚实信用的原则和公认的商业道德,损害了原告的合法权益,且纠纷发生在平等主体的经营者之间的,人民法院可以依据该法第 2 条的规定认定为不正当竞争行为。"

❸ 孔祥俊. 商标与不正当竞争法原理和判例 [M]. 北京:法律出版社,2009:685.

源，应禁止他人的"不劳而获"行为，即被告推广员不能坐享其成，随意进入原告的网站，给原告网站用户发送推广被告网站的邮件。这种行为不仅不当利用了原告的客户资源，还给原告网站的运营秩序造成影响，违背了《反不正当竞争法》第2条第1款规定的诚信原则和商业道德，构成不正当竞争。第二种意见认为，原告用户的QQ号都是公开的，任何看到该QQ号的网络用户均可向其邮箱发送邮件。同时批量采集邮箱和群发邮件的软件均可在互联网上下载所得，故就被告推广员采集原告用户邮箱、发送推广邮件的行为本身并不属于《反不正当竞争法》范畴的违法行为，不应将被告行为认定为不正当竞争行为。

二、自由竞争是市场经济的根本属性

自由竞争是市场经济的根本属性，要发展市场经济必须促进和维系市场自由竞争，而要实现这一点，最根本的在于赋予和保障市场自由竞争权❶。法院在运用《反不正当竞争法》第2条判断一项新的竞争手段是否属于该法禁止的行为时，要准确把握保护的力度，保护的不足固然不利于促进市场创新，但保护的过度同样会损害人们对创新成果的正常利用。应当为市场竞争自由留下充足的空间，绝不能以过于宽泛的反不正当竞争法干预而窒息市场竞争的活力❷。因此，法院在认定不正当竞争行为时，不应随便扩大不正当竞争的范围，而应当审慎判断该行为的性质，合理区分违法行为与一般的不当行为，充分容忍、鼓励自由竞争的发展。

就本案而言，任何人在进入原告网站浏览相关交易信息时均可看到原告用户的QQ号码。鉴于QQ邮箱的特性，只需在QQ号后添加上@qq.com后即为用户的邮箱，故一旦原告用户采用QQ号的形式作为联系方式后，就等于向公众公开了其QQ邮箱，任何看到该QQ号的网络用户均有可能向该邮箱发送邮件。同时批量采集邮箱和群发邮件的软件均可在互联网上下载获得，一般网民只要稍加练习即可使用，无需专业技术，故就被告推广员采集原告用户邮箱并发送推广邮件的行为本身并不属于《反不正当竞争法》范畴的违法行为。就推广邮件的内容而言，根据本案原告的举证情况，现有证据只能证明，被告推广员向原告用户发送了推广"百姓网"的邮件，而无法证明具体的邮件内容。这种推广行为，尚属于自由竞争的市场经济中存在的商业推销行为的范畴。就原告用户信息是否被

---

❶ 邱本. 自由竞争与秩序调控——经济法的基础建构与原理阐析 [M]. 北京：中国政法大学出版社，2001：364.

❷ 孔祥俊. 商标与不正当竞争法：原理和判例 [M]. 北京：法律出版社，2009：689.

不当使用问题,首先,这些用户资源本身因相关信息的公开性,使包括邮箱等在内的信息不能成为原告专有的知识产权权利。其次,由于交易的不确定性,即便收到邮件的原告用户接受了推广邮件的内容,亦在被告网站上发布相同的交易信息,但并未丧失其在原告处的交易机会,故对原告网站的用户资源不一定造成影响。最后,原、被告网站在行业内均具有一定的影响力,网络用户为了提高交易的成功率,也有可能同时在原、被告或其他分类信息网站多方位发布相同的交易信息。因此,不能因被告推广员的推广行为而直接得出损害原告经济利益的结论。

原告作为被告的同业竞争者,应允许网络中存在正常的市场竞争行为。同时针对网络时时出现的新技术,亦应采取相应的保护措施,为竞争对手采用技术手段轻易获取、使用其用户信息设置一定的障碍,减少其用户被竞争对手轻易干扰的可能性。值得一提的是,本案诉讼中,原告已意识到上述问题,已将其用户的QQ号以图片的形式予以呈现,避免了其他用户使用批量采集邮箱的软件采集其用户的QQ邮箱。

三、结　语

虽然,本案中,现有证据无法认定被告行为构成不正当竞争,但被告应对其采用推广员推广其网站的制度予以反省。推广员为了获得更多报酬,可能难免会采用各种技术手段实施推广行为,被告将无法对所有推广员的行为进行有效规制。即便推广员发送的只是一种普通的推销邮件,也会对其同业竞争者的用户造成一定的干扰,收到这种邮件的用户会对被告网站的行为产生反感,从而降低对被告网站的评价,反而达不到推广被告网站的目的,更会使被告与其同业竞争者之间产生不必要的纠纷。故这种推广行为实际上并不是一种有效的推广方式。被告网站应以其他有效合理的方式提高其网站的知名度和用户量以及在同行业网站中的竞争力,这样才能促进分类信息网站的有序发展。

案例索引

一审:上海市浦东新区人民法院(2011)浦民三(知)初字第691号民事判决书

一审判决时间:2012年6月25日

反不正当竞争法中仿冒行为的认定与法律适用
——瓦文土耳其塑业股份有限公司诉上海合众管业科技有限公司不正当竞争纠纷案

郭 杰

裁判要旨

不正当竞争行为认定的决定性标准是"违反诚实信用"的经营行为,"原告是否享有特定的知识产权"并不是不正当竞争行为成立的前提条件。原告生产的"土耳其原装进口的管材管件产品"具有较高的知名度与美誉度,被告未经许可在产品以及网站、宣传彩页等宣传材料上使用"土耳其皮尔萨国际集团监制"字样,并突出使用"土耳其皮尔萨"字样,使得消费者误认为该产品来源于原告而进行购买,搭乘本应原告依法享有的较高商品声誉,构成"仿冒"行为,在无法适用《反不正当竞争法》第5条的情况下,应当适用诚实信用的一般条款予以规制。

案 情

原告:瓦文土耳其塑业股份有限公司
被告:上海合众管业科技有限公司

原告原名为(土耳其)皮尔萨塑业公司,于1971年在土耳其注册成立,于2011年4月7日将企业名称变更为现名称,2001年11月21日,经核准在我国注册"PiLSA"商标（商标注册证号为G779343），2002年6月4日，经受让取得了"PiLSA皮尔萨"注册商标专用权（商标注册证号为1373206），该两商标均核定使用在第19类商品上。从2002年起，原告对在中国境内销售的管材管件产品通过代理商在报纸、公交车站牌等载体上进行了持续、广泛的宣传推广，"PiLSA皮尔萨""PiLSA"品牌获得了"2002年中国PP-R管产品质量公证十佳品牌""2005年中国十佳名优品牌""2002~2003上海市场管材管件十大畅销品牌""2003~2005年上海装饰材料市场最具实力领军品牌金楹奖"等诸多荣誉称号。针对市场上的侵权行为，原告多次通过行政处罚、民事诉讼、刑事诉讼等方式进行维权。且原告代理商在上海、江苏、浙江等省份的各类媒体上广泛刊载声明，明确土耳其皮尔萨塑业公司系"PiLSA皮尔萨""PiLSA"注册商标所有人，皮尔萨管材管件产品均为土耳其原装进口，土耳其皮尔萨塑业公司从未在中国内地和港澳台地区授权任何生产性企业或组织制造该管材（件），因此正牌PiLSA皮尔萨水管不存在任何国产之说，消费者在选购时一定要认准英文商标"PiLSA"，注意管体上印有"MADE IN TURKEY"（译文：土耳其制造）这一重要特征。

2006年6月29日，被告法定代表人在香港注册成立案外人土耳其皮尔萨国际集团有限公司，该公司为监制单位，同时授权被告在中国生产和销售PPR管材管件产品，授权有效期为2011年6月5日至2014年6月4日。2012年11月2日，该公司宣告解散。

2012年11月8日，原告在上海恒大陶瓷建材市场619号店铺内购买被告生产的3根水管及15个水管接头，价格104.5元，并现场获得被告产品的宣传彩页。2012年11月22日，原告在被告的生产经营场所购买2根水管及16个水管接头，价格65元，并现场获得范某某的名片。被告生产销售的上述水管管材产品上印有黑色墨迹的"TURKEYPILSAINTERNATIONALHOLDINGSLTD"字样，并贴有绿色防伪标签，标签上有"土耳其皮尔萨国际集团公司"字样，其中"土耳其皮尔萨"字体突出显示；被告生产销售的水管接头管件产品上贴有绿色防伪标签，标签上有"土耳其皮尔萨国际集团公司"字样，其中"土耳其皮尔萨"字体突出显示。被告产品宣传彩页正、反面最下方均有上下排列的"土耳其皮尔萨国际集团有限公司监制""上海合众管业科技有限公司制造"等字样，宣传彩页反面将"土耳其·皮尔萨"作为产品名称多处粗体突出显示。被告员工范某某的名片上载明的公司为"土耳其皮尔萨国际集团有限公司"。

被告经营的"www.pertp.com"网站页脚有"土耳其皮尔萨版权所有 土耳其皮尔萨国际集团有限公司（上海公司）"字样；网站"公司简介"载明被告是一家集科研、开发、生产、销售土耳其皮尔萨管为一体的现代化高新技术企业，专业生产给水用 PP－R 管材、管件、土耳其皮尔萨管，其中"土耳其皮尔萨"字样均加粗突出显示；网站上"新闻中心"共 4 篇文章，"土耳其皮尔萨防伪标识""如何辨别皮尔萨水管真假 皮尔萨水管防伪""PTLSA 土耳其皮尔萨抗菌纳米管"均粗体突出使用"土耳其皮尔萨"字样，并称"土耳其皮尔萨是土耳其原装进口的"。审理中，被告网站页脚更改为"上海合众管业科技有限公司 PER-TP 版权所有、产品：土耳其皮尔萨"，在公司介绍中仍突出使用"土耳其皮尔萨"，在"新闻中心"有"土耳其皮尔萨国际集团有限公司"一文，在其他文章中仍加粗使用"土耳其皮尔萨"字样。

原告为制止本案侵权行为支付侵权公证费 3000 元、购买涉嫌侵权商品费用 169.50 元、差旅费 368 元以及律师费 2 万元。

原告诉称，原告生产的土耳其原装进口的皮尔萨管材及配套产品，在市场上具有极高的声誉并为相关公众所知悉。被告作为同一行业的生产厂家，明知原告产品在建材行业内的知名度，却擅自在管材管件产品上突出使用有"土耳其皮尔萨国际集团公司"字样，在管材产品上标注"TURKEY PILSA INTERNATIONALHOLDINGS LTD"字样，客观上使普通消费者对该产品的来源产生混淆，误认为其产品是原告或原告关联企业生产销售的产品，违背了诚实信用原则和公认的商业道德，已经构成了不正当竞争行为。同时，被告通过报纸、网络及全国各地经销商进行产品销售推广过程中，大量突出使用"土耳其皮尔萨"字样，并称产品系土耳其原装进口，使得消费者对其产品的来源产生了混淆或误认，也构成了不正当竞争行为。为维护原告的合法权益，故诉至法院，请求判令被告：1. 立即停止对原告的不正当竞争行为；2. 赔偿原告经济损失及合理费用共计人民币 50 万元；3. 在《新民晚报》上刊登声明，公开消除影响。

被告辩称，"皮尔萨"非原告注册商标，也非原告企业名称或字号，众多生产销售管材管件的企业名称中都含有"皮尔萨"，市场上还有"上海皮尔萨""进口皮尔萨"等多种皮尔萨管材管件产品，且原告产品在上海市场知名度较低，故"皮尔萨"不具有显著性，与原告产品没有唯一对应性，原告无权就本案提起诉讼。同时，土耳其皮尔萨国际集团公司及其英文名称 TURKEY PILSA INTERNATIONAL HOLDINGS LTD 系在香港合法注册的公司，系被告的监制单位和授权单位，被告在涉案产品上标注上述公司中英文名称系合理使用，且被告在宣传中也均会标注作为制造商的企业名称，故被告使用该中英文企业名称不会引起消费者误认,不构成不正当竞争行为。被告从未单独使用"土耳其皮尔萨"字样进行广告宣传,不存在不正当竞争行为,请求法院驳回原告的全部诉讼请求。

审 判

上海市浦东新区人民法院经审理认为:原告享有"PiLSA"及"皮尔萨"注册商标专用权,原告生产的管材管件产品早于2000年左右即进入中国市场进行销售,原告在产品上及宣传推广中一直持续使用"PiLSA""皮尔萨""土耳其原装进口"等字样和标识,并持续声明"土耳其原装进口的皮尔萨产品"才是原告生产的产品,购买时要认准产品上的"PiLSA"及"MADE IN TURKEY"(译文:土耳其制造)字样,因此在我国,"土耳其原装进口的皮尔萨管材管件"与原告之间形成了来源对应性,具有较高的市场知名度和美誉度。

被告在生产销售的管材管件产品上使用"土耳其皮尔萨国际集团公司"中英文标识,且突出使用"土耳其皮尔萨"字样,在员工名片、广告宣传彩页、公司网站等宣传载体上使用"土耳其皮尔萨""土耳其皮尔萨国际集团有限公司(或监制)"等字样,主观上具有搭乘原告较高商品声誉的故意,客观上导致相关公众对该产品的来源产生误认和混淆,侵害了原告的合法权益,对原告构成不正当竞争,应当依法承担相应的民事责任。土耳其原装进口的皮尔萨管材管件产品具有较高的市场知名度与美誉度,原告依法享有该知名度与美誉度所带来的竞争优势及经济利益,被告应当停止不正当竞争行为;同时,因原告产品与被告产品均在上海地区长期销售,被告的行为容易导致相关公众对其生产和销售的商品的来源产生混淆或误认,应当承担消除影响的民事责任;鉴于原告没有证据证明其因被告不正当竞争行为所遭受的实际损失或被告因涉案行为所获得的利润,故本院综合考量原告注册商标的显著性与知名度、原告商品的知名度与美誉度、被告侵权行为的性质、程度、损害后果、主观恶意以及原告为制止被告侵权行为所支付的合理费用等因素予以酌定。综上所述,为保护原告的合法权益,维护诚实守信、公平竞争的社会经济秩序,依照《民法通则》第4条、第5条、第134条第1款第(1)(7)(9)项和第2款,《反不正当竞争法》第2条、第9条第1款、第20条,《最高人民法院关于审理不正当竞争民事案件应用法律若干问题的解释》第17条第1款之规定,判决:1. 被告立即停止对原告的不正当竞争行为;2. 被告于本判决生效之日起十日内赔偿原告经济损失及合理费用共计人民币 15 万元；3. 被告于本判决生效之日起 10 日内在《新民晚报》上刊登声明，消除影响，内容需经法院审核。

一审判决后，原、被告双方均未提起上诉。

评　析

本案中，被告在产品、公司员工名片等上标注"土耳其皮尔萨国际集团公司"，让消费者误认为涉案产品的提供方系该公司，且在该公司已经注销的情况下，仍大肆使用，对自己生产的产品来源做引人误解的虚假宣传，而这种虚假宣传的结果，因原告"土耳其原装进口的皮尔萨管材管件产品"具有较高的知名度，而导致"仿冒"的后果。如何在反不正当竞争法中，对"仿冒"行为进行规制和法律适用成为本案的关键问题。

一、《反不正当竞争法》视野下"仿冒行为"的解读

"仿冒（行为）"或者"假冒（行为）"一词是学理概念，系从英美法国家的"Passing off"或"palming off"移译而来。大概从 1803 年开始，英美普通法缓缓地发展出欺诈侵权之诉的一个分支并称之为仿冒（Passing off）或冒用（palming off）。简单地说，作为侵权形态的仿冒，是指将自己的产品冒充他人产品。❶ 制止商品来源上的假冒，是早期反不正当竞争法的主要内容。随着经济的发展，仿冒的概念也在扩张，现今仿冒几乎与来源混淆成为同义词。

仿冒（假冒）具有非常广泛的内涵，大体来说，以虚假标示的方式，让消费者误认为自己的商业活动、商品或服务来源于他人，或得到他人认可，或附属于他人，都属于仿冒（假冒）的范畴。❷ 其中的虚假标示，可以是商标的虚假标示，可以是商号的虚假标识，还可以是商品外观的虚假标示。注册商标的虚假标示已经通过独立的商标立法予以规制，故《反不正当竞争法》视野下的假冒主要体现在对未注册商标、商号以及商品外观等的虚假标示上。

二、仿冒行为与虚假宣传行为的界分

我国《反不正当竞争法》第 9 条第 1 款规定，经营者不得利用广告或者其他方法，对商品的质量、制作成分、性能、用途、生产者、有效期限、产地等作引人误解的虚假宣传。将仿冒行为与虚假宣传行为进行比较，两行为均表现为"虚

---

❶ J. Thomas McCarthy. McCarthy on Trademarks and Unfair Competition [M]. 4 ed. §5：2.
❷ 李明德．美国知识产权法 [M]．北京：法律出版社，2003：336．

假陈述",这就导致司法实践对"仿冒"的认定出现偏差,特别是在原告无法证明其享有知名商品的特有名称、包装、装潢或商号权,无法适用《反不正当竞争法》第5条的情况下,法院往往将被告的仿冒行为解释为对商品来源的虚假宣传,适用《反不正当竞争法》第9条进行规制,禁止虚假宣传俨然成为规制仿冒行为的兜底保护。实际上,仿冒行为与虚假宣传行为具有不同的内涵,并不发生重合,两者应当予以区分适用。

"仿冒行为"是指商品"来源"上的虚假标示,导致与特定的竞争者产生来源混淆,其侵害的是特定竞争者的利益,即A提供的商品让消费者误认为来源于B或与B有许可、赞助等关系,这种情况下,A提供商品时会尽可能地隐藏自己的信息,信息的虚假标示最好让消费者认为这就是B的产品,最极端的表现就是提供与B外观完全一样的假冒商品。"虚假宣传行为"是指商品"特性"上的虚假标示,如商品的本质、特征、成分、生产者、功能与用途等的虚假陈述,导致相关公众误导,在这种情况下,A提供的商品上会具体标明来源于A,但就自己的商品的"特性"做虚假的标示,其侵害的主要是消费者的利益以及该行业的竞争者的利益,往往不针对特定的竞争者。正是基于两者具有不同的内涵,《巴黎公约》第10条之三将"具有采用任何手段对竞争者的营业所、商品或工商业活动产生混淆性质的一切行为",即仿冒行为,与"在经营商业中使用会使公众对商品的性质、制造方法、特点、用途或数量易于产生误解的表示或说法",即虚假宣传行为,作为两类典型的不正当竞争行为分别罗列。世界知识产权组织也说明,"仿冒行为"造成混淆,可认为是竞争法的"传统"领域,也就是保护竞争者;而"虚假宣传行为"即误导,系1958年新增的行为,既考虑了竞争者的利益,也考虑了消费者的利益。❶

本案中,被告有自己的企业名称,却未在产品上予以标示,而直接使用"土耳其皮尔萨国际集团公司"的名称,且在产品和广告宣传中突出使用"土耳其皮尔萨"字样,极力地虚化自己作为产品提供者的信息,放大容易造成相关公众混淆的原告产品信息,以达到与原告产品来源进行混淆的目的,被告的行为属于商品"来源"上的虚假标示,属于典型的仿冒行为,而非虚假宣传行为。

三、仿冒行为构成不正当竞争的法律适用

对仿冒行为的规制,直接体现在我国《反不正当竞争法》第5条第(2)项

---

❶ 世界知识产权组织. 知识产权指南——政策、法律及应用[M]. 北京大学国际知识产权研究中心,译. 北京:知识产权出版社,2012:106.

和第（3）项，要适用该条款，原告必须证明其享有知名商品的特有名称、包装、装潢或企业名称权等特定的知识产权。但当原告不享有上述特定的知识产权，无法适用《反不正当竞争法》第 5 条时，如何处理呢？一种观点认为，仿冒行为已经在我国《反不正当竞争法》第 5 条予以了明确规定，如果原告不享有特定的知识产权，则无权提起不正当竞争之诉。被告在本案中亦辩称，原告就"皮尔萨""土耳其皮尔萨"不享有任何知识产权，诉讼主体不适格。另一种观点认为，这种行为具有不正当性，违反了反不正当竞争法的诚实信用的基本原则，应当适用《反不正当竞争法》第 2 条予以规制，笔者赞同该种观点。

《巴黎公约》第 10 条之二明确规定："凡在工商业事务中违反诚实的习惯做法的竞争行为构成不正当竞争"。人们越来越认识到有必要针对无正当理由的"不适当"行为或者是对竞争对手的成果"搭便车"的行为提供保护，而不考虑特定知识产权的可获得性，只要在个案中，这样的行为是不正当的。❶ 因此，违反诚实信用的经营行为系不正当竞争行为成立的根本标准，而原告是否享有特定的知识产权，并非不正当竞争行为成立的前提条件。《反不正当竞争法》第 5 条第（2）项和第（3）项是对典型的、类型化的仿冒行为的规制，并非涵盖所有的盗用特定经营者商誉的仿冒行为，不能以无法适用该条款而拒绝给予其他非类型化仿冒行为以保护，此时，应适用《反不正当竞争法》诚实信用的一般条款予以规制。许多国家的实践已经证明按照《反不正当竞争法》一般条款认定不正当竞争行为的案件必然会越来越多。❷ 我国《反不正当竞争法》第 2 条也明确规定，经营者在市场交易中，应当遵循自愿、平等、公平、诚实信用的原则，遵守公认的商业道德。司法实践中，已经存在大量适用《反不正当竞争法》第 2 条一般条款认定不正当竞争的案件。

本案中，原告原名（土耳其）皮尔萨塑业公司，但于 2011 年 4 月 7 日变更为"瓦文土耳其塑业股份有限公司"，在原告于 2012 年 11 月对被告的侵权行为进行取证时，原告已经不享有该企业名称权，对"皮尔萨"字号也不享有权利。原告虽然享有"Pilsa"以及"PILSA 皮尔萨"注册商标专用权，但在本案中未主张商标侵权，且原告产品上直接使用"Pilsa"注册商标，在产品的境内销售以及广告宣传中，一直将"Pilsa"与"皮尔萨"在一起使用，在各地发布的声明中，

---

❶ 世界知识产权组织. 知识产权指南——政策、法律及应用［M］. 北京大学国际知识产权研究中心，译. 北京：知识产权出版社，2012：110.

❷ 孔祥俊. 商标与不正当竞争法——原理和判例［M］. 北京：法律出版社，2009：679.

也突出强调原告的产品均为土耳其原装进口，正牌 Pilsa 皮尔萨水管不存在任何国产之说，消费者在选购时一定要认准英文商标"Pilsa"，注意管体上印有的"MADE IN TURKEY"（译文：土耳其制造）字样。因此，本案虽然无法认定原告就"皮尔萨"中文字样享有特定的知识产权，但"土耳其原装进口的皮尔萨管材管件产品"经过原告长期的销售与宣传，与原告之间形成了产品来源的特定对应关系，具有较高的知名度与美誉度。被告与原告系管材管件产品的直接竞争者，应当知道原告的"土耳其原装进口的管材管件产品"的知名度与美誉度，却在产品以及网站、宣传彩页等宣传材料上使用"土耳其皮尔萨国际集团监制"字样，并突出使用"土耳其皮尔萨"字样，将"土耳其"国家名称与"皮尔萨"文字一起使用，使得消费者误认为该产品来源于原告而进行购买，搭乘本应原告依法享有的较高商品声誉，侵害了原告的合法权益，违反了诚实守信、公平竞争的商业道德和竞争原则，构成不正当竞争。

案例索引

一审：上海市浦东新区人民法院（2013）浦民三（知）初字第 181 号民事判决书

一审判决时间：2013 年 9 月 18 日

非知名字号作为企业名称获得保护的审查要点
——上海企赢企业登记代理有限公司诉企盈企业管理咨询（上海）有限公司擅自使用他人企业名称案

叶菊芬

裁判要旨

字号系企业名称的主体，受《反不正当竞争法》保护。字号尤其是知名字号的无形价值日益受到人们的重视，也越来越多地成为受侵犯的对象。根据司法解释的规定，具有一定知名度的字号能够作为企业名称，获得《反不正当竞争法》的保护。在个案审理中，应从《反不正当竞争法》保护企业字号的立法目的出发，结合双方的竞争关系程度、原告字号的显著性、被告的客观行为及主观意图等多种因素，综合判断非知名字号是否可以作为企业名称进行保护。

案 情

原告：上海企赢企业登记代理有限公司
被告：企盈企业管理咨询（上海）有限公司

原告上海企赢企业登记代理有限公司成立于2007年5月23日，注册地上海市浦东新区，注册资本10万元，经营范围包括企业登记代理、企业管理咨询等。原告在企业名称预先核准申请书中"拟从事的经营范围"一栏填写的是"企业登记代理"，成立后又增加了"代理记账"的经营范围。2009年10月至今，原告租赁位于上海市浦东新区东方路738号裕安大厦908室办公,在该大厦一楼有公司信息铭牌,公司前台有"企赢企业"图文标志,文件袋、信函上印有"企赢企业"。原告曾向上海沪立商务服务有限公司等7家公司提供过公司注册或代理记账服务,为浦东新区高东镇人民政府开发办公室等6家单位提供过招商引资企业的注册服务。上海市浦东新区企业设立代理服务行业协会于2008年和2010年对原告给予表彰,两家客户单位于2011年4月分别向原告赠送锦旗。2007年11月至2011年8月,原告以"企业登记代理"等为关键词,通过百度网、58同城网和谷歌网等媒介推广的费用为204400元,其中2011年2月27日前的推广费为161600元。

被告企盈企业管理咨询(上海)有限公司于2011年2月27日申请企业名称预先核准时,"拟从事的经营范围"一栏为"企业管理咨询(除经纪)",后在公司设立登记申请时经营范围中的"企业登记代理"和"商标代理"被手工划掉,上有校验章。3月15日,被告在上海市金山区成立,注册资本100万元,经营范围包括企业管理咨询等,后于8月增加"企业登记代理",并于2012年8月将注册地迁往上海市崇明县。2011年4月开始,被告租赁裕安大厦1306-1307室办公,后搬迁至1603室。被告在裕安大厦楼下设有包含"企盈中小企业服务平台"内容的灯箱广告,在裕安大厦一楼有公司信息铭牌,公司前台有"企盈中小企业服务平台"字样,文件袋和宣传册上印有"企盈中小企业服务平台"。被告以"公司注册""企业登记代理"等为关键词在百度网进行推广,2011年支出费用2257345.12元,2012年支出费用2574600元;在搜狗网的关键词推广费为4万元;曾作为协办单位支持中国现代文化学会企业文化专业委员会在上海举办4期"企业文化沙龙",发放被告宣传材料,展示被告名称、logo,被告为此支付18000元;上海雷默广告有限公司于2011年5月25日~8月24日在上海地铁1号线和4号线投放内容为"企盈中小企业服务平台"等的地铁拉手广告,被告为此支付10万元。此外,被告的关联企业对外签订为期各1年的《车体广告合同》2份,以"企盈""公司注册 财务记账(代理)"等内容在出租车车身做广告,出租车数量分别为200辆和100辆,被告为此支付103200元。

审理中,原告的两个客户分别出具情况说明称:曾将被告投放的出租车车体广告误认为是原告所做;欲去原告公司时误按照裕安大厦电子屏的引导去了被告处。

原告诉称,被告欺骗工商局,以非正当手段获得了与原告企业字号同音且同义的字号。被告在增加"企业登记代理"经营范围后将注册地迁到崇明县,以人为增加被工商局责令变更企业名称的难度。被告在裕安大厦正门口设立醒目的灯箱广告牌，致使原告的很多老客户误认。因此，被告行为构成擅自使用他人企业名称的不正当竞争，起诉请求判令被告立即变更企业字号；在《新闻晨报》的非中缝版面刊登消除影响的公告；赔偿原告经济损失人民币5万元、律师费1万元。

被告辩称，其企业名称与原告的企业名称结构不同，该字号虽字音相同但字形不同，字面上容易区分，因此不构成近似，不会导致混淆；被告的企业名称系合法取得，无任何欺骗行为；原告的知名度不高，被告的"企盈"字号系取"企业盈利"之意，且知名度及规模均高于原告，不具有"搭便车"的主观故意。综上，请求驳回原告的诉讼请求。

审　判

上海市浦东新区人民法院经审理认为，本案被告的行为并不构成擅自使用他人企业名称的不正当竞争，理由如下：（1）在企业登记代理、企业管理咨询等为企业的设立、经营提供服务的行业内，以"企业"和"赢利"或"盈利"等文字组合作为字号的显著性不强，对他人在同一行业使用同音同义的字号并不具有绝对的排他性。（2）原告提交的现有证据尚不足以证明在被告申请注册"企盈"字号时，相关公众已在原告的字号与原告之间建立稳定的联系，从而使其字号达到一定的市场知名度、为相关公众所知悉。（3）被告的"企盈"字号系合法登记取得，注册资金和广告宣传费均远高于原告，且其关于"企盈"字号的解释也具有合理性，因此被告不具有"搭便车"的主观恶意或其他不正当竞争的主观意图。据此，依照《民事诉讼法》第64条第1款、《最高人民法院关于民事诉讼证据的若干规定》第2条之规定，于2013年4月12日判决：驳回原告的诉讼请求。

一审判决后，原告不服，提起上诉。上海市第一中级人民法院经审理，于2013年6月21日判决驳回上诉，维持原判。

评　析

在市场经营活动中，企业名称作为经营者的营业标识，可以起到识别商品或服务来源的作用，是一种重要的知识产权，在我国受《反不正当竞争法》的保护。根据《企业名称登记管理规定》第7条的规定，企业名称一般由行政区划、字号、行业或者经营特点及组织形式依次组成。其中，字号是最核心、最具有区别性的部分。在经营活动中，企业单独使用字号的情况日益普遍，针对字号的侵权取代侵犯企业名称全称的行为成为司法实践中企业名称侵权的一种常态。根据

《最高人民法院关于审理不正当竞争民事案件应用法律若干问题的解释》第6条的规定,字号可作为企业名称获得保护的前提是"具有一定的市场知名度、为相关公众所知悉"。当原告无法证明其字号具备一定的知名度时,对其字号是否保护以及如何保护,在理论及实践界均存在分歧。

一、关于非知名字号保护的不同观点

一种观点认为除法律、司法解释明确规定的情形外,不能对企业名称进行扩充解释。司法解释明确了字号作为企业名称获得保护必须具备的前提条件,不应超出司法解释对字号的保护范围。因此,对于不具备知名度的企业字号不能作为企业字号予以保护。例如在"家家乐"字号侵权纠纷中,二审法院认定原告使用的"家家乐"字号,尚未在上海地区的调味品行业中达到一定的知名度,因此不具备受到保护的法定条件,最终驳回原告的诉讼请求❶。

另一种观点认为,当经营者的字号使用行为足以造成市场混淆时,如果对在先字号不予保护,既扰乱市场秩序,又损害其他经营者和消费者的合法权益,与《反不正当竞争法》的立法宗旨和目的相背离,因此应当结合案件具体情况,根据维护公平竞争和制止市场混淆的需要,对不具备知名度的字号予以保护。在审判实践中,对非知名字号的保护大致有两种途径。第一种途径是对企业名称进行适当的扩张解释。例如在北京易用软件有限公司与北京易用软通科技有限公司不正当竞争纠纷一案中,法院认为,原告的企业字号是"易用",虽然原告未能证明该字号的知名度情况,但原告与被告的工商登记住所地均为北京市海淀区,同为经营应用管理软件的公司,属于在同一区域内具有竞争关系的企业。被告在自身拥有登记注册的企业名称的情况下,仍在经营、宣传过程中大量使用"易用软件""易用软件公司"等字样,足以导致相关公众对二者或其产品来源产生混淆和误解,已构成对原告企业名称的违法使用,为此认定被告行为构成擅自使用他人企业名称的不正当竞争❷。第二种途径是依据《反不正当竞争法》的原则性条款进行保护。例如在上述"家家乐"字号侵权纠纷中,法官认为对于非知名字号,可依据法律的原则性条款获得保护,具体应考虑在后使用者的主观状态、造成混淆的可能性和后果等。如果当事人的字号客观上被他人使用并导致混淆,且

---

❶ 一审案号:上海市黄浦区人民法院(2009)黄民三(知)初字第196号。二审案号:上海市第二中级人民法院(2010)沪二中民五(知)终字第6号。

❷ 一审案号:北京市海淀区人民法院(2008)海民初字第22820号。二审案号:北京市第一中级人民法院(2009)一中民终字第5007号。

在后使用者主观上不能证明属善意，则即使该字号达不到知名的条件，当事人仍可依据《反不正当竞争法》的原则规定而受到保护❶。

此外，还有观点认为，现行《反不正当竞争法》对非知名字号的保护存在立法空白，提出以行为人的主观状态为标准重置字号的保护门槛，将字号保护的"知名度+混淆"标准修改为"识别性+混淆"标准❷。

笔者认为，鉴于字号是企业名称的核心部分，在对字号的保护未予重新立法的情况下，对于非知名字号仍应从遵从企业名称获得保护的审查标准。在通过对企业名称进行扩张解释的途径保护非知名字号时，也应严格把握适用条件，不能过度扩大《反不正当竞争法》对企业名称的保护范围，否则可能破坏字号拥有人和社会公众尤其是与其他市场主体之间的利益平衡，还可能与企业名称核准登记注册制度产生冲突。当满足《反不正当竞争法》原则性条款的适用条件时，也可以依据该原则规定对非知名字号进行保护，但在适用时应采取谨慎的态度，也不能脱离《反不正当竞争法》保护企业名称的立法目的。

二、非知名字号作为企业名称保护的审查要点

企业对其字号享有的权利范围仅限于登记主管机关辖区内，只有当企业通过长期而广泛的使用和宣传使其字号在辖区之外形成一定的知名度时，《反不正当竞争法》对字号的保护才可能超出辖区之外。正因如此，司法解释将具有一定的知名度规定为字号作为企业名称进行保护的基本条件，这是因为具有一定知名度的字号实际上取得了类似于商标注册的公示效应，其他竞争者可以相对容易地确定自己行为的界限。一般而言，赋予非知名字号在其注册地域范围内具有排他的作用，足以保护字号拥有人的利益。但当在后字号与在先字号之间在客观上产生混淆时，出于维护公平竞争和制止市场混淆的需要，可以视具体情况对在先字号予以保护。在审理涉非知名字号的案件中，应从《反不正当竞争法》保护企业字号的立法目的出发，结合双方的竞争关系程度、原告字号的显著性、被告的客观行为及主观意图等多种因素进行综合审查。

一是审查双方当事人竞争关系的程度，即属于同业竞争关系还是广义的竞争关系。在《反不正当竞争法》分则规定的不正当竞争行为中，竞争关系一般是指广义的竞争关系，但经营者对同地区、同行业竞争对手的在先合法权利应具备

---

❶ 袁秀挺，杨馥宇. 字号知名度的认定及非知名字号的法律保护[J]. 人民司法案例，2011（24）：86-89.

❷ 金民珍. 中小企业普通字号的法律保护[J]. 人民司法，2011（1）：81.

较高的谨慎注意义务。根据《企业名称登记管理规定》第 6 条的规定，企业只准使用一个名称，在登记主管机关辖区内不得与已登记注册的同行业企业名称相同或者近似。因此，即便企业名称所有人不能就其字号的知名度进行举证，但对于其登记主管机关辖区内同行业的其他经营者擅自使用其字号或近似字号的行为仍有权予以制止。当超出非知名字号登记注册的经营范围和地域范围时，企业一般无权制止他人在该范围之外对相同或近似字号的注册和使用。

二是审查字号的显著性状况。虽然《企业名称登记管理规定》未对企业字号的显著性提出明确要求，但作为一种商标标记，只有具备一定的显著性，才能发挥商业标识的识别功能，使相关公众将之与原告联系到一起，从而起到企业名称的作用。因此，企业名称本身的显著性程度势必影响到其识别性以及排他性范围。判断字号有无显著性，需要从字号的字面含义出发，结合原告对该字号的实际使用、宣传情况以及相关公众的接受程度进行综合考虑。对于非知名字号，如果在其行业范围内只是通用名称或常见词汇，那么企业一般无权禁止他人对该词汇的正常使用。

三是审查被告行为的正当性。主要应立足于《反不正当竞争法》的立法目的，即被告行为是否违反诚实信用原则或公认的商业道德，采取"搭便车"或投机取巧等手段，损害其他经营者和消费者的合法权益，扰乱社会经济秩序。例如，在前述北京易用软通科技有限公司与北京易用软件有限公司不正当竞争纠纷一案中，被告自身拥有登记注册的企业字号，但经营中使用的却是原告的字号，其行为具有一定的不正当性。

四是审查混淆或混淆可能性。字号的作用主要是识别商品或服务来源，而《反不正当竞争法》对企业名称进行保护的根本目的在于通过制止混淆来保护经营者和消费者的合法权益，维护公平的竞争秩序。法律并不绝对禁止字号的相同或相似，实践中也确实存在不同辖区企业的企业名称除行政区划外其他构成要素均相同的情况，法律禁止的只是市场主体之间的恶意混淆。因此，如果不具有混淆可能性，则没有必要对非知名字号进行保护。

五是审查被告的主观状态。不正当竞争行为的主观要素均系故意。对于使用他人企业名称的全称、具有一定知名度的字号或企业名称简称的行为，一般能够推定被告具有侵权的故意。但对于使用他人非知名字号的行为，难以从字号使用的事实推定被告具有攀附商誉、恶意混淆等不正当的主观意图，这属于原告举证责任的范围，也是法院认定非知名字号可否作为企业名称进行保护的重要考量因素。

本案中，原告主张被告在相同经营范围内使用与原告字号近似的字号构成擅自使用他人企业名称的不正当竞争。根据审理查明的事实，原、被告的字号构成近似，原告的字号在其登记主管机关辖区内外均未取得一定的知名度。因此，本案涉及的问题主要在于是否满足非知名字号作为企业名称受保护的条件。从双方的竞争关系来看，原告与被告系同业竞争者，但企业名称登记主管机关在不同辖区；从原告字号的显著性程度来看，在企业登记代理、企业管理咨询等为企业的设立、经营提供服务的行业内，以"企业"和"盈利"或"赢利"等文字的组合作为字号，是一种较为常见的命名方式，显著性并不强；从被告的客观行为来看，原告认为被告在注册字号后再变更经营范围系采取不正当手段获得"企盈"字号在"企业登记代理"业务上的注册，但被告的字号系通过合法的工商登记程序取得，经营范围的变更也经过了法定程序，并不存在原告所谓的不正当手段；从混淆可能性角度看，虽然原告提交了两份证人证言以证明在原告与被告之间产生了混淆，但并不足以证明在原、被告的字号间存在普遍的、稳定的混淆，更不能证明被告存在恶意混淆的情形；从被告的主观状态看，虽然被告的字号注册在后，但被告对其字号的解释符合常理，其注册资金及广告宣传费用均远高于原告，综合在案证据尚不能证明被告注册和使用"企盈"字号具有攀附原告商誉的故意。综上，原告的非知名字号并不符合作为企业名称受到法律保护的条件。

案例索引

一审：上海市浦东新区人民法院（2012）浦民三（知）初字第807号民事判决书

一审判决时间：2013年4月12日

二审：上海市第一中级人民法院（2013）沪一中民五（知）终字第87号民事判决书

二审判决时间：2013年6月21日

反向假冒他人商品作为样品展出构成虚假宣传

——徐州工程机械集团有限公司等诉青州装载机厂有限公司商标侵权与不正当竞争案

郭 杰

裁判要旨

更换他人商品标识,并将更换标识后的商品作为样品展出,不构成将更换了注册商标的商品投入市场的行为,不构成反向假冒的商标侵权行为。但该行为将他人高品质的商品"伪造"成自己生产的商品作为样品展出,客观上导致消费者对被告商品质量等产生误解,构成虚假宣传的不正当竞争行为。在原告商品上使用的商标、商号具有较高知名度与美誉度,被告作为同业竞争者应当知道原告商业标识承载的较高商品声誉的情况下,被告实施该虚假宣传行为,主观具有过错,应当承担赔偿损失等民事责任。

案 情

原告:徐州工程机械集团有限公司(以下简称"原告一")
原告:徐工集团工程机械股份有限公司(以下简称"原告二")
原告:徐州徐工筑路机械有限公司(以下简称"原告三")
被告:青州装载机厂有限公司

原告一成立于1985年8月13日,公司类型为有限公司(国有独资),系著名的工程机械生产企业，分别位列 2011 年、2012 年中国企业 500 强中第 123 位、第 122 位，系涉案原告主张的平地机的生产方。原告二成立于 1993 年 12 月 15 日，系原告一组建并由原告一实际控股的专业生产工程机械商品的股份有限公司，2010～2012 年的营业总收入每年 300 亿元左右、利润总额每年 30 亿元左右。原告三成立于 2005 年 12 月 16 日，系原告二的全资子公司，接受原告一的委托生产并销售涉案平地机商品，涉案平地机销售价格为人民币 50 万元左右。

原告一于 1993 年 3 月 20 日、2001 年 9 月 28 日在第 7 类筑路机和压路机等上分别注册了" "商标（注册号分别为第 634474 号、第 1641821 号）；原告一于 2005 年 1 月 14 日、3 月 7 日在第 7 类平地机商品上分别注册了" 徐工集团"（注册号为第 3552543 号）、" XCMG"（注册号为第 3552544 号）。2009 年 10 月 13 日，上述四个注册商标经核准转让给原告二。根据实际经营的需要，原告二从 2010 年 5 月起许可原告一使用原告二名下所有商标及商号，包括但不限于上述四个注册商标等，用于生产和销售平地机等。

原告一及原告二及其控股公司、子公司等对外统一以"徐工集团"为企业主体发布广告。2004 年 11 月 15 日《中国工业报》"bauma China2004"特刊第 C4 版对徐工集团参加宝马展的情况进行了介绍，并罗列了徐工集团自 1992 年开始参加历届宝马展的情况，该版面中突出显示" XCMG"与"徐工集团"字样。2009 年 3 月 9 日、2010 年 3 月 6 日、2011 年 3 月 6 日、2012 年 3 月 6 日、2013 年 3 月 6 日《人民日报》的整版广告均突出显示上下排列的" XCMG"与"徐工集团"字样，版面中有各种机械商品的图片，照片上能清晰地看到" XCMG"" 徐工集团"" "" 徐工集团"等标识。在《中国工业报》《建筑机械技术与管理》《建筑机械》等杂志上均有徐工集团的广告，广告中均突出显示上下排列的" XCMG"与"徐工集团"字样以及下方的"徐工徐工 助您成功"字样。徐工集团为 2010～2012 年在 CCTV-1 黄金档剧场播放 15 秒广告每年支付 4000 多万元的广告费用。

2012 年 11 月 27～30 日，原、被告均参加了在上海新国际博览中心举办的第 6 届中国国际工程机械、建筑机械、工程车辆及设备博览会（以下简称 2012 上海宝马展），原告在该展会上租赁摊位情况为室内光地 1080 平方米以及室外光地 5230 平方米，共展出包括涉案平地机在内的 41 台机器，参展费用总计 10263100 元；被告租赁摊位情况为室外光地 182 平方米，共展出包括涉案平地机在内的 7 台机器，参展费用总计 309400 元。

2012 年 11 月 30 日，上海工商行政管理局浦东新区分局以商标侵权为由，对被告发出了《责令整改通知书》，该局出具的《现场笔录》以及现场照片载明：被告展出的平地机机架两侧有被告使用的 LQ220A 图文标识，发动机罩两侧、驾驶室前上方有被告使用的 LUQING 图文标识，铭牌第一行系突出显示的"LQ220A 平地机"字样，铭牌最下方突出显示 LUQING 图文标识以及"青州转载机厂有限公司"字样。但该平地机牵引架上贴有铭牌"徐工专用回蜗轮箱""徐工专用回转接头"字样，驾驶室内的收放机上标有"XCMG"字样，发动机铭牌上标有型号 6CTA8.3 - C215，发动机序列号为 Engine Serial No. 87680248。被告自认其专业生产装载机，目前不生产平地机，现场展示的平地机是从其他地方购买来用于展示的，在展会上展出时将原有的机身上的相关商标贴掉换上了自己的标识。

2013 年中央电视台 CCTV - 2 财经频道《大国重器》节目报道称：宝马展起源于 50 多年前的制造强国德国，是全球工程机械最大规模的展示和采购平台，上海宝马展是亚洲最大的国际工程机械展。徐工集团是中国最大的工程机械制造商，共有 41 台大型机械参加 2012 年上海宝马展，占据着展区中央最大的面积，展会的最后一天，徐工签下了本届展会最大的订单，节目画面中的工程机械商品上能清晰地看到" XCMG "" 徐工集团 "" "" 徐工集团 "等标识。

三原告诉称，原告二享有" XCMG "" 徐工集团 "" "等注册商标专用权，原告一、原告二共同享有"徐工集团"字号权，上述注册商标与商号均具有较高的知名度。涉案平地机技术含量与销售价值均较高，被告在不具备生产能力的情况下，采购原告的商品后，将原告平地机上使用的" XCMG "" 徐工集团 "" "商标以及"徐工集团"字号更换成其使用的"LUQING"商标及企业名称，然后再将该更换标识的商品在上海宝马展上展出、销售，使公众对商品的来源产生误认，构成反向假冒的商标侵权行为，亦构成不正当竞争行为。故三原告提起诉讼，请求判令：1. 被告在《工程机械》（刊号 CN12 - 1328/TH）上刊文消除影响（内容需经法院审核）；2. 被告赔偿三原告经济损失 100 万元；3. 被告承担三原告为制止侵权所支出的合理费用 10 万元。

被告辩称，被告就原告所诉的事实予以认可，但被告仅是一般的商标侵权；被告仅进行了商品的宣传，没有与原告开展竞争，不构成不正当竞争；被告没有对原告造成经济上的伤害和利益上的损失，原告要求 100 万元的赔偿额没有事实和法律依据；原告主张的 10 万元律师费过高，不是合理费用。综上，请求法院依法裁判。

审 判

上海市浦东新区人民法院经审理认为：1. 根据我国《商标法》第 52 条第（4）项的规定，未经商标注册人同意，更换其注册商标并将该更换商标的商品又投入市场的，构成反向假冒，属侵犯注册商标专用权的行为。被告确将原告平地机上的"■""■XCMG"及"徐工集团"等标识更换为"LUQING"图文标识，但被告将更换标识后的商品作为样品在展会，并没有实际销售原告的商品，故被告行为不构成"将更换商标的商品又投入市场"的行为，故被告不构成反向假冒的商标侵权行为。2. 被告与原告系工程机械行业的同业竞争者，在原告注册商标及企业字号具有较高知名度的情况下，应当知道原告平地机商品具有较高的品质，但却在没有生产能力的情况下，不通过自行研发或购买技术等方式合法获得高品质的商品，而将原告商品伪造为自己的商品作为样品进行宣传，导致消费者误认为被告平地机商品具有较高的品质，构成虚假宣传的不正当竞争行为。3. 因原告三系涉案平地机的受托生产商及销售商，对该商品所承载的商业信誉等无直接的权利义务关系，与被告的不正当竞争行为亦没有直接关联，故法院不予支持原告三的诉讼请求，因原告一与原告二明确表明对被告承担的民事责任不予区分，故法院对两者不进行区分判决。4. 原告一、原告二享有的"■""■XCMG"注册商标以及"徐工集团"字号在全国具有较高的知名度与美誉度，被告的行为导致消费者产生了误解，且给两原告的商业信誉造成了一定的影响，故法院对原告要求被告消除影响的诉讼请求予以支持。5. 因原告未举证其因被告不正当竞争行为所遭受的损失及被告所获得利益，法院综合考虑原告商品的声誉以及被告侵权行为的性质、情节、影响及主观过错等因素予以酌定。因此，法院根据《侵权责任法》第 2 条，第 15 条第 1 款第（6）项和第（8）项，第 2 款；《反不正当竞争法》第 2 条、第 9 条第 1 款、第 20 条；《最高人民法院关于审理不正当竞争民事案件应用法律若干问题的解释》第 17 条第 1 款；《民事诉讼法》第 144 条之规定，判决：1. 被告于本判决生效之日起 30 日内在《工程机械》（刊号 CN12 - 1328/TH）刊登声明，消除影响；2. 被告于本判决生效之日起 10 日内赔偿原告一、原告二经济损失人民币 15 万元；3. 被告于本判决生效之日起 10 日内赔偿原告一、原告二合理费用人民币 2 万元；4. 驳回原告一、原告二的其余诉讼请求；5. 驳回原告三的全部诉讼请求。

评 析

该案具有一定的新颖性，所涉核心法律问题为：反向假冒他人具有较高声誉的商品作为样品展出,是否构成商标侵权或不正当竞争。

一、反向假冒他人商品进行样品展出不构成商标侵权

我国原《商标法》第52条第(4)项对反向假冒的商标侵权行为进行了定义:未经商标注册人同意,更换其注册商标并将该更换商标的商品又投入市场的,构成反向假冒,属侵犯注册商标专用权的行为。要构成商标侵权行为,反向假冒必须同时符合两个条件:(1)更换了商品上的注册商标;(2)将更换了商标的商品又投入市场。更换注册商标,在实践中比较容易认定,但第二个条件中的"投入市场"则难以直观认定,如本案中,被告将更换注册商标的商品在展会上进行展出是否构成"投入市场"的行为呢?

笔者认为,对"投入市场"的准确解读,应当建立在对反向假冒构成商标侵权的立法理由及理论背景的准确认识之上。在各国的实践中,商标的反向假冒由来已久,其不仅侵犯了商标权人享有的注册商标使用权,非法掩盖了商品的真实来源;而且侵犯了消费者的知情权,使消费者对商品来源,对生产者、提供者产生误认,对注册商标有效地发挥其功能和商标注册人的商品声誉造成了妨碍,甚至引起商品流通秩序的混乱,故被认定为是一种侵犯注册商标专用权的行为。❶也就是说,注册商标权人享有自由使用注册商标的权利,而这种使用应当是发挥商标功能的使用,如果无法发挥商标功能,就谈不上商标的使用,注册商标权人的权利就被损害或剥夺了,这也是反向假冒被认定为商标侵权行为的本质原因。商标具有指示来源、保证质量、广告宣传、信誉表征的功能,消费者是商标是否实现功能的裁判者,因此,商标功能的实现必须通过商品的销售来实现。而反向假冒的商标侵权行为令商标与商品分离,载有商标的商品无法通过销售到达消费者手中,则商标无法被消费者接触,消费者自然无法将商品品质的正面评价累积到商标上,导致商标无法作为商品的标记影响消费者的需求,商标的功能也就无法发挥。因此,反向假冒商标侵权中的"进入市场"要件指的是对更换了标识的商品进行市场销售的行为,如果仅仅是将一个商品或特定少量的商品更换标识后作为样品进行宣传展示,而不是进行市场销售,则难以发生阻碍商标功能实现的结果,难以认定为商标侵权行为。

本案中,被告将更换了原告注册商标的商品仅是作为样品进行展览宣传,而未销售该商品。退一步而言,即使被告基于该宣传实际销售了平地机商品,则被

---

❶ 全国人民代表大会常务委员会法制工作委员会. 中华人民共和国商标法释义 [M]. 北京:法律出版社, 2013:110.

告销售的商品也不可能是原告商品。理由在于：第一，被告展出的平地机仅在商品外观上遮盖了原告的标识，在平地机驾驶室内还有拓印的原告标识等，如果被告将展出的平地机作为自己的商品销售给他人，则他人必然会在使用中发现原告的标识，故被告更换涉案平地机商标的目的是将更换后的商品作为自己商品的样品进行宣传，而非用于销售。第二，原告的平地机商品质量优良，价格也高达50万元，且该平地机上使用的商标和商号也具有较高的知名度，具有较强的市场竞争力，而被告没有平地机的生产能力，平地机上使用的"LUQING"图文标识也不具有知名度，被告若通过购买原告的商品、更换商标后作为自己的商品进行销售，成本必然高于原告，无法获取经济利益，不符合经济理性人的通常做法。

因此，被告将涉案平地机的标识进行更换，并将更换后的商品进行展出的行为，系用原告优良的商品作为自己的商品样品进行广告宣传，以使消费者误认为其具有生产该高品质的平地机的能力，而非将更换后的商品投入市场销售，故被告不构成"将更换后的商品投入市场"的行为，不构成反向假冒的商标侵权行为。

二、反向假冒他人商品作为样品展出构成虚假宣传

依据我国《反不正当竞争法》的规定，经营者在市场交易中，应当遵循自愿、平等、公平、诚实信用的原则，遵守公认的商业道德。经营者不得利用广告或者其他办法，对商品的质量、生产者、产地等作引人误解的虚假宣传，损害其他经营者的合法权益，扰乱社会经济秩序。虚假宣传是指竞争者对自己商品的特性，如质量、功能、用途等做的引人误解的表示或说法，被告行为只要在客观上导致公众产生了误导性影响，就构成虚假宣传，须停止该不正当竞争行为，而要承担赔偿损失的民事责任，还需要被告主观有过错。

一方面，被告行为客观上对自己样品的来源、商品的质量作了虚假的表示，导致消费者产生误解。真实性是诚实商业惯例的一个主要原则，禁止欺诈是正当竞争的一个主要内容。本案中，被告不具有生产平地机的技术能力，也实际不生产平地机商品，在其试图开拓平地机市场时，不通过自行研发或购买技术等方式合法获得商品，而是选择购买原告的高品质商品后"伪造"为自己生产的商品进行展出，让消费者误以为该样品系被告生产、且被告生产的产品具有如样品般的高品质，以影响消费者的需求获得竞争机会或竞争优势，该行为不仅欺诈了消费者，也不正当地抢夺了平地机市场上合法竞争者的客户，扰乱了公平有序的竞争秩序，构成不正当竞争行为。

另一方面，原告平地机商品上使用的注册商标及商号享有较高的知名度，被告主观存在过错。原告二系涉案"⊙""⊙XCMG"注册商标的权利人，原告一经过原告二许可，在涉案商品上实际使用该两注册商标。"徐工集团"作为原告一的企业简称最早由原告一进行使用，原告一组建并实际控股原告二，"徐工集团"作为原告二的字号进行了登记使用，在实际的经营活动中，原告一、原告二及其下属子公司或关联公司生产销售的商品也统一以"徐工集团"的主体名义进行宣传或在商品上进行使用，在涉案展览会的参展中，也由原告一、原告二及其关联公司的商品共同参展，故原告一、原告二共同享有"徐工集团"的字号权。通过大量有影响力的报纸、期刊和电视广告宣传，以及在商品上的长期使用，"徐工集团"字号以及"⊙""⊙XCMG"注册商标具有了较高的知名度与美誉度，两者承载了原告一、原告二高质量、高新技术商品的声誉以及商品提供者的较高的商业信誉，成为消费者选择原告一、原告二商品的识别性标记，为两原告获得较大的竞争优势。被告与原告一、原告二同为工程机械行业的经营者，应当知道原告商标、字号的知名度，知道原告平地机商品具有较高的品质，但却不通过自行研发、购买技术等方式与原告展开正当竞争，而是将原告商品伪造为自己的商品的样品进行宣传，试图利用他人花费财力、物力打造的高品质商品为自己快速赢取竞争优势，主观过错明显，应当承担赔偿损失等民事责任。

三、虚假宣传行为损害赔偿数额的确定

被告构成虚假宣传的不正当竞争行为，如何确定损害赔偿数额亦是本案的一个焦点与难点。原告要求适用法定赔偿额的计算方式向被告主张100万元的经济损失赔偿，而被告则抗辩称其仅进行宣传，没有与原告展开竞争，没有损害原告的利益，不应赔偿经济损失。

通常而言，赔偿损失作为不正当竞争行为的民事责任承担方式，发挥的是补偿被侵害者实际损失的功能，而非被侵害者获取意外横财的工具，因此，赔偿损失数额的确定应当与损害后果相符合。本案中，鉴于原告未举证其因被告不正当竞争行为所遭受的损失以及被告所获得的利益，故法院围绕损害后果考虑以下因素酌定原告的损害赔偿额为15万元：

第一，被告的行为特征。被告系广告宣传行为，而非商品销售行为，不应将商品的销售价格直接作为参考因素予以确定赔偿数额。而从市场经营的常理而言，经营者意图或实际获取的经济利益应当大于或远大于其为商品支付的广告费用，因此，就广告宣传行为产生的损害而言，广告费用系一个重要的参考因素，

本案被告的广告费用体现在展会的展览费用及进行展览的成本上,被告就包括涉案平地机在内的 7 台商品共支付了 30 多万元的展位费,而原告涉案平地机商品的售价在 50 万元左右,故被告为该平地机的宣传支付了较高的费用。

第二,被告行为侵害的对象范围。与仿冒行为直接侵害竞争者利益不同,虚假宣传行为作为一种欺诈行为,直接侵害消费者而非竞争者的利益,其通过欺诈消费者,影响消费者的选择与需求,以抢夺同业竞争的客户,从而侵害同业竞争者的经济利益。原被告之间的直接竞争关系为被告行为与原告损害后果之间建立了直接的因果关系,原告作为同业竞争者之一有权因自己的合法权益受到损害提起诉讼,但其仅能就被告行为对自己造成的具体损害主张赔偿数额。

第三,被告的行为影响的相关公众范围。虚假宣传行为本质是通过对公众产生误导性影响而损害其他竞争的利益,故误导性影响的范围系虚假宣传损害赔偿额确定的参考因素。本案虚假宣传行为发生在展会中,展会的参加者构成了被误导的公众范围,而涉案博览会在工程机械行业具有较高的知名度,参展者范围较广、人数众多,被告行为的影响较大。

第四,被告的主观过错程度。主观过错程度应当与损害赔偿数额相符。本案中,原告" "" XCMG "注册商标及"徐工集团"字号具有较高的知名度与美誉度,被告作为原告的同业竞争者,明知原告商业标识承载较高的商品声誉,仍实施本案的不正当竞争行为,主观过错程度较高。

案例索引

一审:上海市浦东新区人民法院(2013)浦民三(知)初字第 775 号民事判决书

一审判决时间:2014 年 4 月 22 日

违反保密义务与侵害经营秘密不必然构成"一事再理"

——力福汀钢绳(上海)有限公司诉陈某等侵害商标权、经营秘密纠纷案

许根华

裁判要旨

原告在劳动合同纠纷案件中以被告违反保密义务为由要求其承担赔偿责任,在该请求被驳回后又在侵害经营秘密纠纷案件中要求被告承担赔偿责任,因两案的请求权基础不同(侵害经营秘密指向的是法定权利的受害,违反保密义务指向的是合同义务的违反,两者不属同一法律关系)、部分事实不同(违反保密协议的行为不一定构成侵害经营秘密,侵害经营秘密的行为必然包括了违反保密协议的行为)、适用法律不同(违反保密协议的行为由劳动合同法律法规进行调整,侵害经营秘密的行为由反不正当竞争法进行调整),故两案不属同一纠纷,后案不属于对生效判决已经审理的同一事实的重复审理,不适用民事诉讼"一事不再理"原则。

案 情

原告:力福汀钢绳(上海)有限公司(以下简称"力福汀公司")
被告:陈某
被告:上海西芝信息技术有限公司(以下简称"西芝公司")

原告力福汀公司生产、销售特种钢丝绳，在其商品上注册了第 6141217 号"威路配"图文组合商标，该商标在有效期内。原告通过销售人员打电话、上门拜访客户等方式销售商品，但未规定具体的销售方式，未同意或禁止销售人员通过互联网销售商品。被告陈某自 2009 年 4 月起到原告处工作，担任销售工程师，劳动合同期限至 2015 年 4 月止。劳动合同明确：陈某应使用原告派发的手机号码联系业务，应遵守保密制度，不得以任何形式泄露、使用原告的商业秘密（包括客户资料、成交价格、销控表等），不得从事与原告经营活动类似的商业竞争活动，否则原告有权解除合同。双方还签有《忠诚勤勉协议》，明确：陈某应履行忠诚勤勉义务，不得利用职务之便为自己或他人谋取属于原告的商业机会及为有竞争关系的公司提供商业信息、披露原告商业秘密等，否则原告有权要求支付违约金 6 万元并赔偿损失。

陈某在原告处工作期间，未经原告同意，在"世界工厂网"发布信息，主要内容为原告名称、地址、电话、传真、邮编、企业网站网页链接标记、主营产品及联系人姓名、手机号码等，并将自己列为联系人即原告的销售工程师"秦刚"、将手机号码写为其私人手机号码而非原告为其配备的工作手机号码、将联系人性别写为"女士"。点击上述企业网站网页链接标记后，显示世界工厂网上存在宣传介绍原告及其产品的信息，联系人为"秦刚"，有 6 个规格型号的钢丝绳商品信息以及"价格：面议""发布时间：2011-11-15"等内容，并有与第 6141217 号商标近似的标识。世界工厂网由被告西芝公司经营，主要发布企业信息、产品信息等，信息量巨大，设有"联系我们""法律声明"等栏目。此外，陈某还在阿里巴巴网、中国制造交易网等多家网站发布了宣传介绍原告及其产品以及联系人秦刚、其私人手机号码等内容的信息。

2012 年 6 月 20 日，陈某向案外人山东电建公司发送原告产品报价资料，明确：原告的 OWS5P 型号的荷兰原装进口楔形索节的报价为 8670 元/个，标明了产品图形、尺寸等参数数据，注明原告没有重力旋转环产品。次日，案外人泽融基公司向山东电建公司发送报价单，明确：OWS5P 型号的进口楔形索节的报价为 8450 元/个，进口重力旋转环的报价为 9360 元/个，相关参数见附页等。同年 8 月 2 日，山东电建公司向原告发送电子邮件，称"先前一直与陈某联系，往来资料见附件。根据资料中的开式楔形索节和旋转环的参数尺寸，发现附件中的两种型号的产品无法匹配，重力释放环的轴孔无法放到楔形索节并穿上销轴，请根据我方所需给予正确的产品推荐。"

2012 年 7 月 27 日，原告拨打"秦刚"手机，以某油田工程公司的名义要求购买力福汀牌的长度 800 米左右的钢丝绳。陈某表示自己是原告的销售工程师

"秦刚",介绍购买流程为由其询问代理商有没有货,如有货就由代理商签合同并直接发货。原告询问力福汀公司为何自己不做?陈某表示该公司没货,为资金方便把货给代理商,利用代理商的钱做生意,牌子肯定是力福汀,原厂包装,产品没任何问题。之后,陈某回拨电话给原告,表示已联系代理商泽融基公司,该公司有根900米的钢丝绳,价格为125元/米。原告表示需核实泽融基公司的情况,陈某表示可让该公司发送邮件,并称该公司注册资本一千多万。原告问有没有力福汀公司的授权?陈某表示授权应该是有的,尽管放心,绳子必然是力福汀公司的。上述手机通话共计6段,其中有数段系陈某主动拨打。

2012年8月10日,原告通知陈某自即日起解除劳动关系。同月14日,原告向上海市浦东新区劳动人事争议仲裁委员会申请仲裁,要求陈某停止侵犯商业秘密、赔偿违反保密义务的损失30万元、支付公证费及律师费21000元。该仲裁委员会以停止侵犯商业秘密和支付公证费及律师费的请求不属受理范围为由,对该两项请求不予处理,以原告未提供陈某违反保密义务造成具体损失数额的证据为由,对赔偿30万元损失的请求不予支持。原告不服,诉至一审法院,请求判令陈某履行竞业限制义务、赔偿违反保密义务的损失30万元、赔偿公证费及律师费2.1万元。一审法院以"原告无证据证明被告在劳动合同解除后仍负有竞业限制义务""原告无证据证明被告违反保密义务给其造成了实际损失""原告在劳动合同纠纷案件中主张公证费、律师费无法律依据"为由,判决驳回原告的诉讼请求。原告不服,上诉至上海市第一中级人民法院。该院于2013年6月4日作出判决,认定"无论陈某是否存在力福汀公司所称的违反保密义务的事实,因该公司未能举证证明存在30万元损失之事实依据,故对赔偿30万元损失的诉讼请求实难支持""主张合理费用2.1万元无法律依据",判决驳回上诉、维持原判。

2012年8月22日,陈某向上海市浦东新区劳动人事争议仲裁委员会申请仲裁。该仲裁委员会裁决支持了陈某要求原告支付工资、垫付费用、销售提成的请求,对支付违法解除劳动关系赔偿金的请求不予支持。陈某不服,诉至一审法院。一审法院认定陈某在职期间,存在欲将力福汀公司的潜在客户所可能带来的销售业务转至其他公司的主观意愿,实际实施了包括刊登广告、接听客户电话、介绍案外公司承接业务等多项缔约前的准备工作,违背了职业道德和忠实勤勉义务及劳动合同,作出与上述仲裁裁决内容相同的判决。陈某不服,上诉至上海市第一中级人民法院。该院于2013年6月19日判决驳回上诉、维持原判。

原告力福汀公司诉称,陈某违反保密等义务,与泽融基公司勾结,在世界工厂网等网站上冒用原告名义、使用原告商标进行宣传、销售活动，吸引有意愿购买原告产品的客户，获取原告的潜在客户信息，将原告的潜在客户介绍给泽融基公司进行商品交易，通过上述飞单行为非法牟利，造成原告潜在客户流失及经济损失，侵害了原告的注册商标专用权，并构成侵害原告商业秘密的不正当竞争。西芝公司未尽合理注意义务，构成共同侵权。故请求判令：陈某、西芝公司删除侵权网页链接及信息；陈某赔偿原告侵害商标权的经济损失3万元、侵害商业秘密的经济损失5万元以及公证费2000元、律师费2万元。

被告陈某辩称，原告关于侵害商业秘密及合理费用的诉讼请求，已被生效判决驳回，本案应适用"一事不再理"原则；陈某以原告名义通过网络销售原告商品，系履行职务，在销售中必然需要使用原告商标以便对其商品进行描述、宣传，且网页标明了原告名称、地址等信息，故具有正当性，不构成商标侵权；原告主张的潜在客户信息不属于商业秘密，且陈某向山东电建公司报价属于职务行为，没有将报价信息提供给泽融基公司，泽融基公司的行为与陈某无关，故不构成侵害商业秘密。

被告西芝公司辩称，西芝公司系网络服务提供者，已尽到合理注意义务，不构成共同侵权。

审 判

上海市浦东新区人民法院经审理认为，原告的报价资料属于原告的经营秘密，山东电建公司对原告产品的特定需求信息亦系原告的经营秘密，被告陈某将原告的上述经营秘密泄露给泽融基公司，构成侵害原告经营秘密。陈某发布的网络信息中使用了与原告商标近似的标识，因上述标识指向原告商品，且标明了原告名称、地址等信息，故不会导致相关公众对商品产生混淆、误认，不构成侵害原告注册商标专用权，但上述行为系侵害原告经营秘密行为的组成部分。生效判决虽已对原告要求陈某赔偿违反保密义务所致损失30万元及公证费、律师费的诉讼请求作出处理，但前案与本案在请求权基础、案件事实、适用法律等方面存在不同，故不适用"一事不再理"原则。西芝公司系网络服务提供商，无过错，不构成共同侵权。据此，依照《侵权责任法》第15条第1款第（1）项和第（6）项、第36条，《反不正当竞争法》第10条第1款第（3）项和第3款、第20条，《最高人民法院关于审理不正当竞争民事案件应用法律若干问题的解释》第9条第1款、第10条、第11条、第13条第1款、第17条第1款的规定，判决：陈某停止侵害原告经营秘密的不正当竞争行为，删除发布在网络上的含有原告及其商品、商标内容的信息；陈某赔偿原告侵害经营秘密的经济损失15000元及公证费 2000 元、律师费 1 万元；驳回原告的其余诉讼请求。

一审判决后，陈某不服，上诉至上海市第一中级人民法院。该院经审理，判决驳回上诉、维持原判。

评 析

本案纠纷系侵害经营秘密的不正当竞争纠纷和侵害注册商标专用权纠纷，在程序上涉及前案劳动合同纠纷与本案侵害经营秘密纠纷及原告关于合理费用的主张是否应适用"一事不再理"原则的争议，在实体上涉及报价资料、潜在客户信息是否构成经营秘密的争议以及如何界定形式上正当、主观上恶意的商标使用行为的争议。

一、关于"一事不再理"

原告在前案诉讼中请求判令陈某赔偿违反保密义务所致损失 30 万元以及赔偿公证费、律师费，一审法院以原告无证据证明因陈某违反保密义务而给其造成实际损失、劳动合同纠纷中主张公证费和律师费无法律依据为由，判决驳回上述诉讼请求。二审法院以原告未能举证证明存在其所主张的 30 万元损失的事实依据、主张合理费用无法律依据为由，判决驳回上诉、维持原判。上述判决虽对违反保密义务的损失赔偿、合理费用的赔偿等争议作出了相应处理，但该种处理结果依法并不构成陈某主张的"一事不再理"的情形。主要理由是：

1. 前案与本案的诉因不同、事实不同。首先，前案系劳动合同纠纷案件，原告的请求权基础是陈某违反保密义务。本案系侵权纠纷案件，原告的请求权基础是陈某存在侵害经营秘密的不正当竞争行为。侵害经营秘密指向的是法定权利的受害，违反保密义务指向的是合同义务的违反，两者具有不同的法律关系构成要件，不属同一法律关系。其次，就同一行为主体而言，由于应当保密的内容不一定属于经营秘密，故违反保密协议的行为不一定构成侵害经营秘密，但因经营秘密必然属于保密范围，故侵害经营秘密的行为必然包括了违反保密协议的行为，系在违反保密协议基础上具体利用经营秘密实施的侵权行为。本案审理的是侵害经营秘密的不正当竞争行为，所涉案件事实范围明显大于前案违反保密义务行为所涉案件事实范围。因此，本案侵害经营秘密纠纷与生效判决处理的劳动合同纠纷不属同一纠纷，本案不构成对同一事实的重复审理，依法不适用民事诉讼"一事不再理"原则。

2. 前案与本案适用的法律不同。前案系劳动合同纠纷，适用调整劳动合同关系的相关法律。本案系竞争类知识产权纠纷，适用调整不正当竞争行为的相关法律。在前案中，因原告未将违约责任条款作为赔偿依据，故需原告举证证明实际存在的损失，又因原告未能举证证明实际存在30万元损失，故应驳回原告要求赔偿30万元损失的诉讼请求。在本案中，原告不以陈某获利或者原告损失作为主张赔偿数额的依据，要求适用《反不正当竞争法》规定的法定赔偿原则。根据《反不正当竞争法》的规定，在原告损失、被告获利均难以确定的情况下，可以适用法定赔偿原则，依法酌定赔偿数额，故原告在本案中可以主张法定赔偿。原告在劳动合同纠纷案件中主张赔偿公证费、律师费，没有法律依据。在本案中，《反不正当竞争法》明确规定可以将权利人为制止侵权行为而支付的公证费、律师费等合理费用列入损害赔偿的范围，故原告在本案中有权主张合理费用，该主张不属于重复主张，对该项诉讼请求的处理依法亦不应适用民事诉讼"一事不再理"原则。

二、关于经营秘密

根据我国《反不正当竞争法》的规定，经营秘密是指不为公众所知悉、能为权利人带来经济利益、具有实用性并经权利人采取保密措施的经营信息。有关经营信息具有潜在的商业价值，能为权利人带来竞争优势的，属于能为权利人带来经济利益、具有实用性的经营信息。客户的名称、地址、联系方式以及交易习惯、意向、内容等经营信息，如具有一定的特定性，并区别于相关公知信息的，可以构成经营秘密。

本案中，原告、陈某在劳动合同及《忠诚勤勉协议》中约定陈某应履行忠诚勤勉义务、应遵守保密制度，不得以任何形式泄露、使用原告的商业秘密（包括但不限于客户资料、成交价格、销控表等），不得从事任何与原告的经营活动类似的商业竞争活动，不得为自己或他人谋取属于原告的商业机会及为有竞争关系的公司提供商业信息等。以上合同、协议，属于原告对其经营秘密所采取的合理的保密措施。原告产品的报价资料包括价格、规格参数、配套产品等信息属于原告的经营信息，具有实用性，能够为原告带来经济利益，且原告对此已经采取要求销售人员不得泄露等保密措施，故属于不为公众知悉的专属于原告的经营信息，构成原告的经营秘密。山东电建公司具有向原告购买进口楔形索节及配套的重力旋转环产品的明确意向，陈某也向该公司提供了报价资料，该公司在收到报价资料后明确需要原告提供正确的产品推荐，故山东电建公司是原告的潜在客户，该公司对原告产品的需求信息具有特定性，不为公众知悉，该信息对原告具有商业价值，能够为原告带来竞争优势，且原告对此已经采取要求销售人员不得泄露等保密措施，亦构成原告的经营秘密。

原告的上述两项经营秘密受到法律保护。根据我国《反不正当竞争法》的规定和原告与陈某的相关约定，陈某在业务活动中不得将原告的报价资料等经营秘密泄露给他人，也不得将原告的潜在客户信息泄露给他人。陈某在职期间，利用职务之便，存在将原告的潜在客户可能带来的销售业务"飞单"转至泽融基公司的主观故意，并为达成该目的，实际实施了包括自行刊登网络广告、接听客户电话、介绍泽融基公司承接业务等多项具体行为，将原告的报价资料方面的经营秘密泄露给泽融基公司，将原告的潜在客户信息方面的经营秘密泄露给泽融基公司，企图使泽融基公司与山东电建公司达成商品交易，以此获利。陈某的上述行为，严重违背职业道德，违反了相关劳动合同、忠诚协议的约定，也违反了《反不正当竞争法》等法律规定，主观过错十分严重，已经构成侵害原告的经营秘密。

三、关于商标权

陈某是原告的销售工程师，从事原告商品的销售工作。在销售工作中，为正确描述、宣传原告商品，标识原告商品品牌、来源，促进原告商品销售，在原告无特别禁止性规定的情况下，陈某可以正当使用原告的商标。同时，在原告未明确规定销售人员具体的销售方式，亦未明确禁止销售人员通过互联网开展销售活动的情况下，陈某可以通过网络途径开展销售活动。陈某在世界工厂网等网站上发布信息，宣传介绍原告及其产品，信息内容包括了原告的名称、地址、电话、传真、邮编、企业网站网页链接标记、主营产品及联系人姓名、移动电话等，并使用了与原告商标近似的标识。陈某对上述标识的使用构成使用原告商标，由于上述商标指向的商品是原告商品，且正确标明了原告的名称、地址、电话等信息，故相关公众足以相信陈某所描述、宣传、销售的商品即为原告商品，不会导致相关公众对原告商品产生混淆或者误认，故陈某的商标使用行为依法不构成侵害原告注册商标专用权。

但是，陈某在世界工厂网上使用原告商标的行为虽不是为了混淆商品来源，但具有以此吸引有意购买原告商品的潜在客户，获取该些客户对原告商品的具体需求信息，再将该些客户转介绍给泽融基公司进行商品交易以获利的故意，故陈某的商标使用行为在主观上具有明显的恶意，在客观上为侵害原告经营秘密提供了必要条件，具有违法性。因此，陈某的商标使用行为属于其实施侵害原告经营秘密的不正当竞争行为的重要组成部分，系侵害原告经营秘密的一种手段，应当将该行为纳入侵害经营秘密行为的范围之内并加以处理。

案例索引

一审：上海市浦东新区人民法院（2013）浦民三（知）初字第 629 号民事判决书

一审判决时间：2013 年 12 月 10 日

二审：上海市第一中级人民法院（2014）沪一中民五（知）终字第 18 号民事判决书

二审判决时间：2014 年 4 月 21 日

知识产权合同案件

先履行抗辩权在著作权许可使用合同纠纷案中的适用

——上海颁德影视有限公司诉突触计算机系统(上海)有限公司著作权许可使用合同纠纷案

杜灵燕

裁判要旨

双务合同中,先履行义务一方不当履行的行为构成根本违约的,后履行义务一方有权行使先履行抗辩权,拒绝履行相应的合同义务。影视剧的拍摄中,导演和主演对影视剧的质量具有非常重要的影响力,同一剧本,不同演职人员所演绎的影视作品会产生不同的视觉艺术效果,从而形成不同的影视作品。本案原告擅自更换主创人员的行为已改变了原、被告协议约定的合同标的物,构成根本违约。被告作为后履行义务的一方,有权行使先履行抗辩权,拒绝就与合同标的物不符的项目支付相应的款项。

案　情

原告:上海颁德影视有限公司
被告:突触计算机系统(上海)有限公司

2011年8月5日,原、被告签订两份《音视频节目独家采购协议书》(以下简称"协议书"),由原告将其筹拍的35集电视剧《遗嘱》《姥爷的抗战》的独家信息网络传播权及相关著作权以每集40万元的价格授予被告,其中《遗嘱》的导演于淳,主演王同辉、宋丹丹、李保田,《姥爷的抗战》的导演冯远征,主演冯远征、苍井空、殷桃。两份协议书的其他内容基本相同。就电视剧《姥爷的抗战》(以下简称"涉案电视剧"),被告应支付使用费1400万元。该费用被告应分三次支付,其中,首期使用费为560万元,被告应在收到首款发票及原告营业执照副本、《发行许可证》(或《制作许可证》)或《公映许可证》等物料并初步审核无误后的10个工作日内支付。协议书第1条约定,若作品的"片名、集数、导演、主演"信息有变化,需与被告协商,得到被告书面认可并承诺所变化的内容不会导致作品品质的降低。否则被告有权解除合同,原告应退还被告已支付的全部款项并按被告已向原告支付金额承担同期银行贷款利息。在第5条原告的权利和义务中,第5.10条约定,原告承诺并保证,授权影视作品首播平台须有广东卫视、浙江卫视、山东卫视、上海卫视、江苏卫视中的任意一家且为黄金档,首播时间不晚于2013年6月。在第6条被告权利与义务中,第6.4条约定,被告应按本合同之规定,及时支付有关款项。如被告无故不能履行合同及时付款,被告应当承担所欠支付金额的每日万分之一的违约金,超过60个工作日被告无合理理由未支付上述款项的,原告有权终止合同,被告须向原告支付10%的违约金,并赔偿原告因此遭受的损失。因原告原因导致被告无法履行及时付款义务的,不在此限。上述协议书首部署有原、被告的联系地址及联系人(原告联系人为刘某某、被告联系人为兰某)。

2011年12月28日,原告向上海市文化广播影视管理局提出电视剧《姥爷的抗战》的《电视剧制作许可证》申请,申请材料载明导演冯远征;主要演员:冯远征、殷桃、周知。该许可证有效期为2012年1月11日~2012年7月11日,在该期限内,原告未进行该剧的拍摄。许可证到期后,原告于2012年10月31日重新提起申请,此次申请材料载明导演:蒋庆民,主要演员:王学圻、冯静、李璐茜。现该剧已拍摄完毕,主创人员除第二次申报许可证时的成员外还增加蒋勤勤作为主演之一,至本案庭审日止,原告尚在办理《发行许可证》。

2012年2月4日和同月6日,原告就电视剧《遗嘱》和《姥爷的抗战》分别开具了两张发票,两张发票记载的付款项目分别为两剧的独家信息网络传播权,付款单位均为被告,金额均为560万元。原告为上述两张发票向松江区税务局缴纳企业所得税28万元、城市维护建设税5600元、营业税56万元、教育费附加收入16800元、地方教育附加收入11200元、河道管理费收入5600元、印花税 8400 元，共计 887600 元。

2013 年 3 月 1 日和同月 17 日，被告两次向原告发函，表示被告至今未收到《遗嘱》和《姥爷的抗战》两剧的《发行许可证》及相应授权书。被告还要求原告将两剧的"片名、集数、导演、主演"等主创人员信息情况及该剧首播卫视平台名称和日期以书面形式发函告知。若原告认为原协议已无法履行，建议双方可协商解约或以其他合作条件重新修正原协议。原告收到上述两份函件后，未予以回复。

2013 年 8 月 2 日，法院至松江区税务局就本案发票缴税问题进行咨询，税务局工作人员表示就《遗嘱》和《姥爷的抗战》两剧的发票，确实会产生税收 887600 元，这些税收在发票齐全的情况下是可以申请退税的。

原、被告确认，原告公司注册地所在地上海仓城胜强影视文化产业园区对园区内的企业有税收优惠政策，就原告开具的两张发票所缴纳的税收，原告可申请退还 36 万多元的税收，但原告表示，实际操作与文件精神会有差距，而且可能还会产生其他的相关费用。

2013 年 9 月 16 日，被告将原告交付的《遗嘱》和《姥爷的抗战》两剧的信息网络传播权的首期使用费发票原件两张递交法院，委托法院转交给原告，并表示因兰某离职的关系，收到发票的员工未及时将发票移交兰某，故兰某和被告之前均未发现上述发票。同日，原告即委托其公司财务朱某某至本院领取了上述两张发票原件，在领取发票时，承办人询问原告是否已享受了园区税收优惠政策时，朱某某表示公司已于 2012 年 9 月或 10 月收到了园区以扶持资金为由而返还的 37 万元。朱某某同时表示，其已事先至税务局咨询过退税问题，税务局答复凭法院判决书退营业税，其余税收是否能退，其未作进一步咨询。

原告就电视剧《遗嘱》与被告之间的纠纷亦同期向本院提起了诉讼，两案原告聘请了相同的律师为其代理诉讼，为两案产生律师费 16000 元、公证费 1100 元，原告在两案中各主张一半的费用。

原告诉称，根据原、被告就涉案电视剧签订的协议书，被告应在收到原告开具的首付款发票、《电视剧制作许可证》等物料后及时支付首付款。2012 年 2 月 4 日，原告开具了首款发票，并缴纳税款 443800 元，且于同月 6 日依约向被告交付了相关物料，但被告经原告多次催促仍未支付，造成涉案电视剧未能按期投拍。被告的行为已构成违约，故起诉，要求解除与被告签订的《音视频节目独家采购协议书》（《姥爷的抗战》）、被告支付原告违约金 140 万元、赔偿原告因开具发票导致的实际纳税损失 443800 元、赔偿原告律师费 8000 元、公证费 550 元。

被告辩称，被告未收到原告提交的发票和相关物料，合同约定的付款条件尚未具备。在被告应付款前，原告就擅自更改了剧组主创人员，被告有权拒绝付款。原告违约在先，被告无须承担违约责任。

审　判

上海市浦东新区人民法院审理后认为，依法成立的合同合法有效，双方均应按约履行。但是当事人互负债务，有先后履行顺序，先履行一方履行债务不符合约定的，后履行一方有权拒绝其相应的履行要求。根据协议书第1条的约定，原告若更改合同中约定的主创人员，需与被告协商，并得到被告书面认可且承诺所变化内容不会导致作品品质降低。否则被告有权解除合同并应退还已付全部款项及要求原告承担已付款项的银行贷款利息。协议书中虽然约定被告应在收到原告提供的首款发票和《发行许可证》或《制作许可证》等物料后支付首付款，但是根据被告提供的证据表明，在原告向被告交付《制作许可证》时，其已在申报该许可证时将主演之一苍井空更换为周知，原告在更换时既未通知被告，亦未与被告协商获得被告认可。在此情况下，其仍开具发票要求被告支付首付款，对此，原告存在过错。现涉案电视剧已拍摄完毕，其主创人员从导演到主演已做全部更换，该影视作品与协议书约定的影视作品系两部完全不同的作品。原告的行为已变更了双方协议书约定的合同标的物，构成根本违约。被告作为后履行义务的一方，在原告交付的合同标的物不符合约定的情况下完全有权行使抗辩权，拒绝就与合同标的物不符的项目支付相应的款项。现原、被告在本案庭审中一致确认合同于庭审日解除，未违反法律规定，法院予以准许。鉴于原告就合同的解除负有过错，其要求被告承担违约金的诉请，与法无据，法院不予支持。

关于原告主张的纳税损失，根据法院所咨询内容，原告凭相关发票原件即可向税务局申请办理退税手续，现原告已收到《遗嘱》和《姥爷的抗战》两剧发票原件，应当及时办理相关手续。即便原告不能将所纳税收全部退回，鉴于原告系合同违约方，其在开具发票时即应当知晓其擅自变更主演的行为可能会导致被告行使合同解除权和要求返还钱款，因此所产生的纳税损失理应由原告自行承担。

关于原告主张的律师费、公证费，本案系合同之诉，双方在合同中并未就诉讼后律师费和相关取证费用的负担作出约定，且原告系违约方，故原告上述主张，与法无据，法院不予支持。

综上，法院依据《合同法》第60条第1款、第67条、第93条第1款、第97条之规定，判决解除原告、被告就电视剧《姥爷的抗战》签订的《音视频节目独家采购协议书》；驳回原告的其余诉讼请求。

一审判决后，原告不服，提起上诉，二审法院上海市第二中级人民法院维持了一审判决。

评 析

本案难点在于，被告是否违反合同约定逾期付款，若构成逾期付款，其在本案中能否主张先履行抗辩权。

一、被告行为的认定

本案在查明事实过程中困难重重，双方均隐瞒了与案件有关的重要事实，原告隐瞒了已获得园区税收优惠的事实，被告隐瞒了已收到发票原件的事实。原、被告隐瞒事实的行为导致双方及法院耗费了大量的时间和精力进行举证质证。

就原告主张已向被告交付发票、《制作许可证》等物料的事实，原告有收条为证。但该收条在形式要件上存在瑕疵，仅有被告工作人员兰某个人签名，且还有手写的更改内容，更改处并无相关经办人员的签名。法院最后基于以下理由确认了收条的真实性：1. 根据双方协议首部约定的内容，兰某系被告在协议中指定的联系人，故原告将相关材料交由兰某符合常理，并且原告提供了证人对收条及相关物料的交付过程作出了详细的陈述。现兰某对该收条上的签名并未明确予以否认，只是表示在其记忆中没有签过该收条。则被告欲否认该收条的真实性，应承担相应的举证责任，现被告未能举证，法院不予采信。2. 若按被告陈述，原告为开具《遗嘱》和《姥爷的抗战》两剧的发票，已向税务部门缴纳高额税收，在缴纳这么多税收后，原告却迟迟不将发票交付被告，此不符合常理。3. 经法院多方工作，被告在审理中也提交了两剧的发票原件，证明了收条的真实性和收到发票的事实。

基于上述法院认定的事实，被告在收到相关材料后未及时付款，已构成逾期付款。因此，本案关键在于就其逾期付款的行为，被告能否以先履行抗辩权主张免责。

二、先履行抗辩权的行使要件

《合同法》第 67 条❶是对先履行抗辩权的界定。先履行抗辩权，是指合同中

---

❶ 《合同法》第 67 条规定：当事人互负债务，有先后履行顺序，先履行一方未履行的，后履行一方有权拒绝其履行要求。先履行一方履行债务不符合约定的，后履行一方有权拒绝其相应的履行要求。

约定了债务履行的先后顺序，在按约定应先履行的一方当事人未履行之前，后履行一方有权拒绝其履行请求，先履行一方履行债务不符合约定的，后履行一方有权拒绝其相应的履行请求。❶

先履行抗辩权的行使需具备以下要件：1. 需基于同一双务合同。当事人需因同一合同互负债务，在履行上存在关联性，形成对价关系。2. 需双方互负的债务有先后顺序，且后履行一方的债务已届清偿期。3. 需先履行一方未履行或履行不适当。

实践中，就先履行一方未履行，后履行一方有权拒绝其全部履行要求，并无争议。但是在先履行一方不适当履行情况下，后履行一方如何行使抗辩权的问题上较难把握，本案情形即是如此。先履行一方不当履行的情形通常分为三种：1. 不当履行构成部分履行；2. 不当履行构成根本违约；3. 虽不当履行，但已基本实现合同目的。就第1种情形，后履行一方有权就未履行部分拒绝给付，只对其相应给付。即如果先履行一方所作出的部分履行的价值是可以确定的，且该部分履行对后履行一方具有的价值与合同得到全部履行时该部分所得对他所具有的价值大致相等，依诚信原则，后履行一方仅有权拒绝与先履行一方未完成的履行相对应的部分履行，而不能拒绝全部。通常此规则只能适用于合同标的物可以分割，并可分别计价的情形，如普通货物的买卖合同等。当双方明确约定一方的履行应以另一方的全部履行为条件时，应当推定先履行一方的部分履行对后履行一方具有的价值与合同得到全部履行时该部分所得对他所具有的价值不能相等，因而不能适用此规则；在第2种情形下，如标的物不可分，先履行一方的部分履行根本无助于后履行一方实现合同目的时，先履行一方的行为构成根本违约。此时，后履行一方在其履行期届至时，可行使先履行抗辩权，拒绝全部给付；当不当履行属于第3种情形时，即倘若不当履行部分可通过事后修复等方式予以弥补的，应视为先履行一方已基本实现合同目的，后履行一方应履行自己的合同义务，因此而产生的相关费用应由先履行一方承担。

先履行抗辩权是一项法定权利，当事人因行使该权利而不履行自身合同义务时，其行为不构成违约。但是，先履行抗辩权只是延期的抗辩权，仅暂时阻止对方当事人请求权的行使，非永久抗辩权。若先履行一方履行了合同义务，该抗辩权即消灭，后履行一方应当履行自己的义务。但是，先履行一方应就其履行迟延的行为承担违约责任。若该行为造成后履行一方履行迟延的，后履行一方无需承担违约责任并有权在解除条件成就时将合同解除，从而解决双方之间的纠纷。

---

❶ 最高人民法院经济审判庭. 合同法释解与适用·上册［M］. 北京：新华出版社，1999：294.

三、先履行抗辩权在本案中的适用

本案原、被告虽然签订的合同名称为《音视频节目独家采购协议书》，但相关内容系关于涉案电视剧独家信息网络传播权及相关著作权的授权问题，故应为著作权许可使用合同案件。

根据原国家广电总局 2004 年 7 月 19 日颁布的《广播电视节目制作经营管理规定》规定，申领《电视剧制作许可证（乙种）》的，申请机构须提交申请报告、编剧授权书、申请机构与制片人、导演、摄像、主要演员等主创人员和合作机构（投资机构）等签订的合同或合作意向书复印件等相关材料，故在原告办理制作许可证时，涉案电视剧的主创人员应已初步确定。本案中，在原告向被告交付《制作许可证》时，其已在申报该许可证时将主演之一苍井空更换为周知。原告在更换时既未通知被告，亦未与被告协商获得被告认可。虽然被告已收到《制作许可证》，但许可证上并未载明主创人员。原告在擅自更换主演的情况下，仍开具发票要求被告支付首付款。该许可证到期后，原告再次申领许可证，此时原告已将双方协议中约定的导演和主演全部予以更换。但原告仍未告知，甚至在被告两次发函明确询问涉案电视剧主创人员时，仍不作回应。众所周知，影视剧的拍摄，导演和主演对影视剧的质量具有非常重要的影响力，同一剧本，不同演职人员所演绎的影视作品会产生不同的视觉效果，从而形成不同的影视作品。如根据金庸小说《射雕英雄传》而拍摄的电视剧有众多版本，1983 年黄日华版、1994 年张智霖、朱茵版、2003 年李亚鹏版等。这些版本的电视剧虽然改编自同一小说，故事情节基本相同，但因为导演和演职人员不同，所演绎出的作品呈现在观众面前的视觉效果是完全不同的。被告签约时所订购的系冯远征导演并主演的电视剧，现该剧已拍摄完毕，其主创人员从导演到主演已做全部更换，形成了一部新的影视作品，完全改变了原、被告协议书中约定的合同标的物。原告的该不当履行行为构成根本违约，被告作为后履行义务的一方，在原告交付的合同标的物不符合约定的情况下完全有权行使抗辩权，拒绝就与合同标的物不符的项目支付相应的款项。

案例索引

一审：上海市浦东新区人民法院（2013）浦民三（知）初字第 271 号民事判决书

一审判决时间：2013 年 9 月 18 日

二审：上海市第一中级人民法院（2013）沪一中民五（知）终字第216号民事判决书

二审判决时间：2014年2月24日

协议解除合同按双方过错认定责任

——上海天照信息科技有限公司诉银大（天津）贵金属经营有限公司计算机软件开发合同纠纷案

张 毅

裁判要旨

通过网站展示企业、通过互联网与客户进行交流，已经成为现代企业的重要营销手段和宣传策略，而网站的建立需要依靠专业的软件公司，计算机软件开发行业亦日渐兴旺，但在开发过程中因履行产生的纠纷也日趋增多。在无法通过专业机构来确定软件开发程度的情况下，需要通过全面衡量合同双方的权利义务和实际履行状况来判定合同责任的承担。

案 情

原告：上海天照信息科技有限公司

被告：银大（天津）贵金属经营有限公司

2012年4月7日，原告（乙方）与被告（甲方）签订一份《网站建设合同书》，约定甲方委托乙方网站建设，其中具体栏目设置、程序开发等要求均约定为"见方案"。合同总金额为人民币26000元。合同签订后，甲方向乙方支付合同总金额的40%，即10400元；15个工作日后甲方再支付合同总金额30%，即7800元；网站建设完成后三日内甲方向乙方付清余款7800元。乙方设计的样页经甲方定稿后，30个工作日完成网站建设。合同还对样页的确认、验收程序及标准、验收后的修改、违约责任等作了约定。双方亦一致确认讼争合同约定需建设的网站应于2012年5月31日前开发完成。

2012年4月10日和5月11日，被告分别向原告支付了10400元和7800元。2012年5月30日，原告最后一次向被告交付了其开发的软件。

2012年6月1日，被告与案外人郑某某签订《企业网站制作合同书》，约定由案外人为被告设计开发企业网站，总金额为2万元，网页制作及完成时间为2012年6月4日至7月13日。被告于2012年6月7日和7月5日各支付了1万元。

原告认为，在双方签订合同后，原告一直认真地履行合同，但在2012年5月30日原告将网站交付被告测试后，被告唆使原告公司负责开发被告网站的两名技术人员在余款未付清的情况下将网站源代码私自拷贝到被告公司并投入使用，并将该二人于6月初叫到被告公司正式上班。被告的行为给原告带来了较大的经济损失，原告多次联系被告并到其公司索要余款但均未果，故起诉，要求判令被告支付合同余款7800元。

被告辩称，合同之所以没有履行下去，是因为原告违反合同约定，在合同到期之后没有继续为被告开发网站。而被告已向原告支付了两笔款项，因此被告拒付剩余款项。同时，由于合同已到期，其也不追究原告的违约责任，也不再要求原告继续履行合同，被告已另行委托其他公司完成剩余工作，故要求驳回原告诉请。

审　判

上海市浦东新区人民法院经审理后认为，涉案合同是原、被告两个平等主体之间自愿签订的合同，是双方真实意思表示，对原、被告均具有约束力，双方均应按约全面履行义务。但在合同履行过程中，原告未能在双方约定的期限内交付开发完成的软件，且之后，原告未再继续就涉案网站进行开发和交付，被告亦未进行验收。因此直至诉讼期间，原、被告合同权利义务未终止，仍处于履行阶段，但双方事实上已中止履行。现双方在诉讼中协商一致同意解除合同，符合法律规定，自可准许，系争合同于双方协商一致日权利义务终止。

本案中，原告存在未按期交付符合要求的网站、单方中止开发工作等情况，被告则存在对原告已交付的工作内容不及时测试验收、对原告单方中止开发后不督促不沟通以及另行委托他人开发而未及时通知原告等情况。因此，双方对于因合同履行中止而导致合同解除均应承担责任。法院遂根据报价单对每一模块的报价、原告对被告优惠后确定的合同价款、双方在合同中应当履行的义务、原告在此期间履行的工作量及其相应的报酬、被告已支付的价款、双方在合同履行过程中的过错程度等情节，酌情确定合同解除后，被告还需向原告支付的金额。据此，法院判决被告支付原告人民币 2500 元。

一审判决后，原、被告均服判，未提起上诉。

评 析

随着市场经济的发展和计算机互联网技术的更新，企业之间的竞争从实体空间发展到虚拟空间，从线下延伸到线上，而拥有一个公司自己的网站并通过网站宣传自己也成为很多企业在市场竞争中区别于传统营销的另一发展策略。由于很多企业并不具有开发和建设网站的技术能力，故其需要通过委托专业的软件开发公司进行研发设计，但因为计算机软件本身就具有开发难、复制易等特点，且实际生活中存在开发方和委托方对于计算机知识掌握程度高低不同等因素，使得计算机软件开发合同当事人在合同履行过程中纠纷不断。

我国的法律体系中对计算机软件开发合同规定很少，如《合同法》对计算机软件开发合同并无专门章节的设计，《计算机软件保护条例》也仅对计算机软件的著作权的权利归属作了规定，而最高人民法院《民事案件案由规定》中，对该类合同纠纷仅作了定义和归类，即计算机软件开发合同纠纷是指双方当事人就计算机软件开发等相关事宜达成的协议而发生的纠纷，包括就计算机软件的委托开发合同、合作开发合同而发生的纠纷，并将其列入著作权合同纠纷范围之内。除此之外，并无专门法律法规对计算机软件开发合同作明确的规定，故在审判实践中，必须从合同本身的约定出发，根据《合同法》的相关规定对案件作出裁判。

一、涉案网站开发需求的确定

所谓需求就是指人们购买商品或服务的希望及要求。在计算机软件开发合同中，委托方的需求就是合同需要达到的目的，也是受托方开发相关软件的具体要求。每一个开发而成的计算机软件都是根据委托方的要求量身定制的，都适用于特定的对象，因此需求就成为判断开发的软件是否符合当事人要求的验收标准，进而成为判定双方在履行合同中的履行程度及发生履行争议时责任大小的依据。由此可见，需求越详细，那么法院在处理该类合同纠纷时就会越省时，越省力。但是由于计算机软件开发是一个从无到有的过程，因此，其需求的明确固定也必然有一个从笼统到具体、从模糊到清晰的发展过程，这就需要我们在实践中仔细地甄别。

在本案中，原告起诉时只提供了一份双方签订的《网站建设合同书》，其中具体栏目设置、程序开发等要求均只约定为"见方案"，而无详细描述。同时原、被告都未能提供合同约定的"方案"，但双方均确认在签订合同之前，原告曾向被告提供过一份载有"网站建设费用"的报价单。原告在该份报价单分5个大项目（大项目项下还分若干个小项目）进行了报价，并在大部分单个小项目的报价中作了一定的说明。虽然有些说明很简单，但还是符合计算机软件开发之初需求往往比较笼统的特点，故该份报价单上载明的各功能需求可认定为被告对涉案网站的开发要求。但又因报价单上对于银大学院模块的开发未标明具体要求，而在合同签订前的需求沟通和开发过程中，被告向原告提供了载明银大学院模块开发要求的图表，而原、被告也均未能举证证明除该图表以外针对银大学院模块双方另有约定及约定的具体内容，故该模块的开发需求应以该图表为准。至此，本案中的需求已基本得到确定。

二、涉案网站开发程度的确定

本案中双方对于被告现在使用的网站是否就是运用原告最后一次向被告提交的软件运行而来争议很大，而这也是原告主张被告必须全额付清余款的依据，为此审理中原告提出了要求专业机构对源代码进行测试比对的鉴定申请。

《民事诉讼法》第76条规定："当事人可以就查明事实的专门性问题向人民法院申请鉴定。"由于计算机软件是高新技术发展的成果，其涉及许多专业性的技术问题，而这些问题在很多情况下会成为审理相关案件的难点。为解决这一问题，一些具有专门知识的专业人员逐步进入司法程序，他们凭借所掌握的专业知识对专门技术问题发表意见，以此来帮助法官对涉及专业技术的事实问题作出判断。鉴定的优点在于技术人员所涉领域广泛，技术设备齐全，中立性强，有比较完整的鉴定报告，当事人比较信服。但其缺点在于耗时长，花费大，启动程序烦琐，特别是在缺乏技术背景知识时对明确鉴定点困难重重。

就本案而言，虽然原告提出了鉴定申请并且表示愿意预交鉴定费用，但经询价本案的鉴定费用需要2万~3万元，而本案原告主张的标的只有7800元，因此鉴定势必会提高双方当事人的诉讼成本，增加双方的经济负担，裁判效果和社会效果都不好。但原告最后一次提交的开发成果是否已满足了被告要求开发的功能又是本案必须要查明的事实问题，因此本案采取了现场直接比对的方式，在双方技术人员均到场的前提下，利用本案原告在开发过程中为方便被告验收而特别建立的临时测试网站，通过直接浏览网站前台和后台系统的方式与被告网站进行比对,以确认被告使用的网站是否就是原告最后一次交付的软件运行所得,进而可以确定原告对涉案网站的开发程度。在比对过程中,双方不仅对网站整体风格、排版、色彩等进行了比较,还对网站前台和后台中每一栏目的设置、编排、操作等作了演示对比。通过比对,可以判定被告使用的网站确实是在原告已交付开发内容的基础上,对部分模块进行了进一步的开发完善。在比对过程中,双方同时对原告已完成的模块内容、部分完成的模块内容以及未完成的模块内容进行了确认。

三、合同解除的过错责任认定及工作量的判定

《合同法》第93~94条对合同解除作了明确的规定。合同解除是合同权利义务终止的事由之一,包括协议解除、约定解除和法定解除。合同解除是合同一方或双方当事人的意思表示,是为了避免合同双方因在合同履行中发生争议而致使权利义务一直处于不确定状态的法律救助措施,旨在维护当事人的合法权益和正常的交易秩序。

本案在审理中双方表达了要求解除讼争合同的意愿,这其实属于协议解除的范围,而协议解除是双方当事人协商一致的意见表示,是双方对自身权利义务关系的重新安排、调整和分配,故法院对于双方协商一致解除合同的行为依法予以准许。由于原告未能在合同约定期限内交付符合约定要求的网站,并在未与被告就合同继续履行达成一致意见时,即单方中止履行合同开发义务,且原告作为专业的软件开发公司,在开发人员的配备上存在不足,导致开发人员离职后无法及时继续开发。而被告在合同到期后应当及时对原告已交付的软件提出反馈意见并催促原告继续开发或与原告就合同如何继续处理进行沟通协商,但被告未能举证证明其已履行了上述义务,反而在合同约定完成日的次日就与案外人签订了另行开发协议,亦未及时通知原告。因此,双方对于合同解除均存在过错。现根据报价单记载的模块内容和要求、现场比对的结果,原告对于报价单中的广告管理系统、站内搜索系统、面包屑导航功能、客服管理系统、缓存机制、网站备份系统等模块确实未做;友情链接管理模块也确实只完成了前台功能,后台未做;银大学院模块完成的功能同新闻系统模块是一样,可以实现文章的添加、编辑和删除,但与报价单之外的银大学院图表相比,未能实现初中高级的区分。由此可见,原告确实未完成开发工作,其要求被告全额支付合同余款的诉讼请求显然无法得到全面支持。

《合同法》第97条规定,合同解除后,尚未履行的,终止履行;已经履行的,根据履行情况和合同性质,当事人可以要求恢复原状、采取其他补救措施,

并有权要求赔偿损失。审判实践中,当计算机软件开发合同发生纠纷时,合同双方往往会对软件是否开发完成产生争议,而且解决争议通常要一拖数月,进而导致开发中断、合同解除。作为开发方而言,由于软件开发本身要求得到的是智力成果,其已经付出了脑力劳动,应该得到相应的报酬,但作为委托方而言,如果开发出来的软件不符合其要求,无法使用,那么其已支付的费用也就打了水漂。因此在合同解除后,应当根据法律规定就合同的结算进行处理,即需要对开发方已完成的工作量进行认定,进而判断委托方是否还应当向开发方支付款项及具体数额。

本案诉讼中,双方对于原告已完成的工作量争议较大,原告认为就整个合同而言,其已完成了90%,而被告则认为原告的完成量在70%。要解决这个争议,可以采取双方协商一致、由第三方机构判定、由法院认定等方法,而在本案中双方对于原告已完成的工作量均坚持自己的意见,未能达成一致意见。又因合同标的本身很小,故双方也一致认为不需要由第三方机构对工作量作出评估。因此法院在将被告对每一模块的需求与原告完成的工作内容进行了比对的基础上,参考双方技术人员的判断,对原告已做的工作量进行了认定。而对于合同的最终结算,即被告是否还应当向原告支付开发费用及具体金额,本院则以报价单中原告对每一模块向被告所作的报价以及合同总价是在原告总报价的前提下对被告进行了一定的优惠为基础,再根据双方一致确认的原告已完成的模块对应的价款、原告已做但未完成的模块对应的价款及完成情况、原告未做的模块对应的价款,综合考虑被告已支付的价款、双方在合同履行过程中的过错程度等情节,酌定合同解除后,被告还需向原告支付2500元。

案例索引

一审:上海市浦东新区人民法院(2012)浦民三(知)初字第562号民事判决书

一审判决时间:2013年3月20日

被特许人任意解除特许经营合同的司法认定

——冯某诉上海培正教育投资管理有限公司特许经营合同纠纷案

许根华

裁判要旨

基于被特许人在信息获取、风险判断等方面的相对弱势,为保护被特许人,缓冲其投资冲动,被特许人在特许经营合同签订后的一定期限内享有悔约即任意解除合同的权利,该权利不以合同约定为成立前提,也不因合同未作约定而视为被特许人放弃了该权利,但受到应在一定期限内行使的限制,该期限有约定的从约定,无约定的应结合加盟项目的行业特点、商业惯例等因素确定,通常应截止于特许人的经营资源尚未由被特许人实际进行商业使用之前。

案　情

原告:冯某

被告:上海培正教育投资管理有限公司

被告从事教育投资管理、咨询等经营活动,于 2009 年 10 月在商务部对其开展的特许经营活动进行了备案,备案内容包括特许品牌为"培正逗点"等。原告为开展早教经营活动而加盟被告,在对被告的经营情况进行考察后,于 2011 年 5 月 5 日与被告签订《培正逗点经营授权合同》,约定:原告在天津注册公司作为被告的加盟中心,被告授权原告使用其培正逗点亲子乐园教育课程等早教类经营资源并对原告提供开业指导及培训等服务,加盟时间为合同签订日起的5年,原告应付加盟费18万元、保证金8万元及每年8万元的加盟权益金;合同解除须经双方达成书面协议,但原告在被告停业、被清算、双方均无合作意愿等情况下有权解除合同。原告于2011年5月10日支付加盟费18万元,被告于同月14日到天津为原告开设加盟中心选址,并于2011年8月30日在网站上主动为原告发布招聘广告,但因原告未按约支付保证金等费用而未向原告交付特许经营资源方面的材料。2011年6月1日,原告致函被告,以其资金缺口较大、天津地区目前不批准社会力量办学项目等为由,要求解除合同、返还加盟费。被告不予同意,原告遂提起诉讼。

原告诉称,经营涉案加盟项目须成立公司并采用开班授课形式,但原告在合同签订后办理公司注册时才得知开班授课须先成立教育单位性质的幼教培训机构,该机构对注册资金、师资力量、办学场所等有严格要求,以原告的条件根本不可能通过行政审批,故原告不能实现合同目的,请求判决解除涉案合同、被告返还原告加盟费18万元。

被告辩称,涉案合同合法有效,原告可单方解除合同的约定条件未成就,故原告无权解除合同;涉案加盟项目系亲子活动平台而非幼教培训机构,原告仅需注册普通咨询公司即可开展加盟经营活动,故涉案合同能够继续履行,不能解除;因合同应继续履行,故被告在本案中不向原告主张赔偿损失等权利,请求驳回原告的诉讼请求。

审 判

上海市浦东新区人民法院经审理认为,涉案合同系特许经营合同,依法成立、合法有效。因合同约定的原告可单方解除合同的条件没有成就,故原告不享有约定解除权。因合同未约定、也无证据证明原告开展加盟活动须成立教育机构性质的经营主体,故原告不能以无法实现合同目的为由行使法定解除权。但被特许人在特许经营合同订立后的一定期限内享有任意解除合同的权利,因原告要求解除合同之时距合同签订尚不足1月,合同签订后原告尚未获得和使用被告的特许经营资源,且特许经营合同的性质决定了不可能通过强制手段要求原告行使特许经营权,故涉案合同可予解除。因原告尚未获得和使用被告的特许经营资源,故可依照公平、等价有偿原则,考虑被告可依法另行向原告主张损害赔偿的权利等因素,被告应全额返还加盟费。因被告无过错,故应由原告承担案件诉讼费。据此,依照《合同法》第94条第(5)项、第97条和《商业特许经营管理条例》第 12 条的规定，判决：解除涉案合同；被告返还原告加盟费 18 万元；案件受理费 3900 元由原告负担。

一审判决后，被告不服，提起上诉。二审法院上海市第二中级人民法院经审理，判决驳回上诉、维持原判。

评　析

合同解除包括协议解除、约定解除、法定解除三种。特许经营合同作为标的具有知识产权属性的合同，在合同解除上存在有别于其他合同的显著特点，即被特许人在合同签订后的一定期限内享有单方任意解除合同的权利。本案判决在依法保护被特许人的任意解除权方面进行了有益探索，判决结论具有一定的指导意义。

一、关于任意解除权

根据《合同法》第 93 条第 1 款的规定，当事人可以协商一致，协议解除合同；根据《合同法》第 93 条第 2 款的规定，当事人可以约定一方解除合同的条件，在约定的条件成就时，享有解除权的一方可以行使约定解除权，单方解除合同；根据《合同法》第 94 条的规定，当出现该条规定的五种情形中的任何一种情形时，当事人可以行使法定解除权，单方解除合同。本案中，第一，原、被告于 2011 年 5 月 5 日签订合同，原告于同年 6 月 1 日致函被告表达了解除合同、返还加盟费的意思表示，但因双方未能达成一致意见而涉讼，故涉案合同无法适用协议解除。第二，根据涉案合同的约定，原告有权单方解除合同的条件是被告停业、被告被清算、双方都无合作的意愿。该三种情形在原告提出解除合同之时均不存在，合同约定的原告有权单方解除合同的条件没有成就，故原告不享有单方解除合同的权利，涉案合同无法适用约定解除。第三，涉案合同并未约定原告加盟被告须成立教育机构性质的经营主体，且没有证据证明原告经营加盟项目须以成立教育机构性质的经营主体为前提，也没有证据证明原告申请成立教育机构性质的经营主体但未获批准或者政府对涉及涉案加盟项目的相关政策在合同签订前后发生了重大变化，亦没有证据证明被告在订立合同过程中向原告隐瞒或者虚构了足以影响合同成立的相关信息，故原告以无法通过行政审批成立教育机构、无法实现合同目的而请求解除合同的理由不能成立。原告不能基于无法实现合同目的而主张法定解除权。但是，原告虽不能基于无法实现合同目的的理由而主张法定解除权，但可以依据《合同法》第 94 条第 5 项 "法律规定的其他情形" 的规定，依法行使法定解除权，其法律依据是国务院《商业特许经营管理条例》（以下简称《条例》）第 12 条的规定。

商业特许经营是指拥有注册商标、企业标志、专利、专有技术等经营资源的企业（即特许人）以合同形式将其拥有的经营资源许可其他经营者（即被特许人）使用，被特许人按照合同约定在统一的经营模式下开展经营，并向特许人支付特许经营费用的经营活动。特许经营合同具有合同双方在合同成立后必须长期、持续性地互相履行义务才能实现合同目的的特征，并存在合同签订前被特许人在信息获取、风险判断、风险承受等方面较特许人处于相对弱势地位等特征。基于以上特征，考虑我国开展特许经营活动的时间不长，特许经营行业良莠不齐、不够规范，被特许人草率签约后产生的相关后果可能会影响社会和谐稳定等情况，我国关于特许经营行业的立法即国务院行政法规《条例》在制度安排上对特许经营合同双方进行了利益平衡，向被特许人作了适当的倾斜，由此在特许经营合同的解除上形成了特殊性。《条例》第 12 条规定"特许人和被特许人应当在特许经营合同中约定，被特许人在特许经营合同订立后一定期限内，可以单方解除合同。"该规定明确被特许人在特许经营合同订立后的一定期限内可以单方解除合同，其实质是给予被特许人"冷静期"，目的是保护被特许人，缓冲其投资冲动，赋予其可以在一定期限内自由悔约的权利。被特许人有权在一定期限内单方解除合同是法律对被特许人的一种特别的制度安排和利益平衡与保护，该项法定权利并不以当事人缔约时是否存在约定为前提，也不能以合同未作约定而认为被特许人放弃了该项权利。当然，被特许人行使上述权利不是无限制的，其必须在一定期限内行使权利，逾期就不能再行使。上述一定期限的确定，有约定的应从其约定，没有约定的则应结合该加盟项目的行业特点、商业惯例等因素确定一个合理的期限。合理期限不宜过长，通常应截止于特许人的经营资源尚未被被特许人实际进行商业使用之前。

本案中，由于涉案合同系双方于 2011 年 5 月 5 日签订，同月 14 日被告为原告开设加盟中心进行选址，同年 6 月 1 日原告致函被告要求解除合同，时间间隔不足一个月，且在合同签订后，原告尚未获得被告的特许经营资源，更未实际利用被告的特许经营资源开展经营活动，而被告为原告刊登招聘广告系在原告提出解除合同之后，故原告提出解除合同符合行使《条例》规定的任意解除权的条件，涉案合同可据此解除。同时，特许经营合同的性质决定了其不可能通过强制手段要求被特许人履行义务、行使权利。涉案合同的权利义务内容除原告给付金钱、被告给付特许经营资源外，还包括了原告设立加盟中心、使用被告授权的资源开展特许经营活动等需要原告积极作为才可能完成的具体行为，如原告拒绝行使权利、拒绝履行义务，则难以通过强制措施来实现合同约定的权利义务。从此角度而言，在原告坚持要求解除合同的情况下，涉案合同也可解除。

应当指出，任意解除权的行使虽无需正当理由，但并不等于被特许人可以对单方解除合同的后果不承担任何的民事责任。民事活动应当遵循公平、等价有偿、诚实信用等基本原则，权利的行使不得损害他人合法权益，因行使权利而造成他人损害的，应当承担赔偿责任。合同解除后，尚未履行的终止履行，已经履行的则根据履行情况和合同性质，当事人可以要求恢复原状、赔偿损失等。因此，被特许人应当赔偿因无故解除合同而对特许人造成的缔约费用等方面的经济损失。本案中，原告对本应履行的合法有效的合同行使任意解除权，其行使权利的行为在客观上造成了被告为签订合同、履行合同而导致的经济损失，应当对此承担赔偿责任。因被告在本案中经释明后未主张上述权利，故本案对此不予处理。同时，涉案合同虽可解除，但被告对合同解除无过错，故应由原告承担本案诉讼费。

二、关于加盟费

商业特许经营中的加盟费是被特许人进入特许人特许经营体系的门槛费，即被特许人为获得特许人授予的特许经营权而向特许人支付的一次性费用，是被特许人获取特许经营资格的对价。因此，被特许人行使特许经营权开展特许经营活动后，因被特许人的原因而解除合同的，如无特别约定，特许人通常无需返还加盟费。本案中，涉案合同没有约定被告应当返还加盟费，即如果双方正常履行合同，在履行期限届满后，被告无需返还加盟费。由于原告支付加盟费后的合同履行情况仅处在拟成立经营加盟项目的公司、为加盟中心选址的阶段，原告尚未从被告处取得任何特许经营资源，更未实际行使特许经营权对外开展特许经营活动，并考虑被告可依法另行向原告主张赔偿损失的权利等因素，被告应全额返还加盟费。

案例索引

一审：上海市浦东新区人民法院（2011）浦民三（知）初字第602号民事判决书

一审判决时间：2011年12月16日

二审：上海市第一中级人民法院（2012）沪一中民五（知）终字第27号民事判决书

二审判决时间：2012年5月18日

特许经营合同的定性及其效力的认定
——北京魅力视觉服装有限责任公司诉维尔坦国际贸易（上海）有限公司特许经营合同纠纷案

许根华

裁判要旨

特许人将经营资源许可被特许人使用，被特许人在统一的经营模式下开展经营，并支付特许经营费用是特许经营合同的本质特征，但不能因合同未约定加盟费等特许经营费用而认为不属特许经营合同，也不能因被特许人向特许人购买商品而认为双方存在独立的买卖合同关系。违反行政法规的管理性强制性规定，存在特许人不具备"两店一年"条件、合同未作备案、合同未约定任意解除权、合同期限未满三年等情形的，不影响合同效力。特许人虽未披露真实信息或提供虚假信息，但尚不足以诱使被特许人签订合同的，不宜认定为欺诈。

案 情

原告：北京魅力视觉服装有限责任公司
被告：维尔坦国际贸易（上海）有限公司

被告于2001年成立，经营范围为贸易咨询服务、服装零售等，2009年时被告在北京有24家专门销售"Sandwich_"品牌服装的直营店。案外人东贸公司于2004年2月14日注册了第3060217号"Sandwich_"商标，核定使用商品为第 25 类服装等,有效期至 2014 年 2 月 13 日,该公司许可被告在生产、销售的服装上排他性使用该商标,包括许可第三方使用,期限自 2004 年 5 月~2013 年 10 月。被告在其网站上宣传称其代理"Sandwich_"品牌女装,该品牌于 1981 年在荷兰创立,已发展至欧洲各地及中国,在世界时装品牌中非常具有影响力等。

2009 年 3 月 25 日,原、被告双方签订《特许经销协议》,原告为被特许人,被告为特许人,双方约定:1. 被告在中国以统一的方式、规格、设计、水平、程序、管理制度(以下简称"制度")及特许经营守则(以下简称"经营守则")特许经营"Sandwich_"服装零售店,专门销售该商标的货品,并在中国授予特许经营权给他人,负责统筹及监察所有特许经营店的经营运作。2. 被告授予原告非独占性的特许经营权,原告按照制度及经营守则,在被告批准的地点经营"Sandwich_"特许经营店,"Sandwich_"商标拥有独特的形象特色,原告在货品、宣传资料等上应以被告规定的方式使用该商标。3. 原告为特许经营店的独立经营者,自负盈亏,该店装修费用由原告承担,店铺装潢、布置等需经被告批准,家具、货架、包装袋等应向被告购买,除被告指定的假期外须每天营业,营业时间为上午 10 时至晚上 10 时。4. 原告的特许经营店只能销售附录一中的货品,被告以附录三的出货价向原告供应货品,原告须按附录四的时限向被告首次购买货品,并须按被告制定的零售价出售,不得任意增价、折扣等,还须向被告定期提交营业报告、每日报告销售情况等。5. 原告须按被告要求定期培训服务员,服务员达到被告要求才可工作并应穿着被告指定的工作服。6. (第 17 条)合同终止时,原告须将存货优先售予被告,被告有优先权回购全部或部分存货,存货回购价按货品状况、款式和新旧程度等由双方协商议定;若被告不回购原告的存货或在回购部分存货后原告还有余货,原告可于合同终止日起三个月内在不影响货品形象的情况下继续按被告制订的零售价及在被告同意或指定的地方清售余货,如需减价须事先获得被告同意;若合同终止日起三个月内原告无法清售全部余货,原告须拆除余货上的商标等标识,将标识归还被告。7. 合同为期一年,至 2010 年 3 月 24 日止。该合同还约定了原告进行推广活动须事先获被告批准、应保存账簿、应对特许经营店的制度保密、不得转让特许经营权等事项。上述合同中的"附录""制度""经营守则"等均未附于合同。同日,双方签订《交易条款确认书》,约定:被告授权原告在北京易事达购物休闲广场使用"SANDWICH_"商号并经销该品牌的产品;原告进货价为被告制订的零售价的 40%;原告可有条件地向被告更换当季货品;被告每半年收取原告 1000 元的广告物料费,被告统一发放新品上市的宣传资料等。2009 年 4 月 1 日,被告向原告出具《授权书》,确认:被告经授权在中国拥有排他性权利,从事国际知名品牌

"Sandwich_"产品的市场推广和销售，依据《特许经销协议》授权原告在北京易事达购物休闲广场销售"Sandwich_"产品，有效期自2009年4月1日至2010年3月31日，原告仅可零售而不得向以转卖为目的的经营者销售。

原告于2009年5月4日起在北京易事达购物休闲广场开设"Sandwich_"品牌特许经营店，该店按被告的具体装修要求、由被告指定的装修公司进行了装修。双方于2009年7月21日签订的《服装下单须知》载明：原告可挑选其喜好的布种、款式、颜色、码数、数量向被告订货。双方还签有《2010年春季特许商（代理商）订单确认书》《2010年夏季特许商（代理商）订单确认书》等，由原告向被告订货。在合同履行过程中，被告除向原告提供装修图纸及相关标识、宣传资料以及供货外，未向原告提供合同约定的"制度""经营守则""附录"等材料，也未向原告提供培训员工等服务。因经营业绩不佳，原告的店铺于2010年3月31日关闭。至2010年3月30日，原告在被告处有购货预付款余额12904.75元及2010年上半年的广告物料费1000元。2010年4月9日，原告向被告发出《申请函》，表示自2010年4月1日起不再续约，被告应于同月22日前返回属于原告的钱款。

原告诉称，原告、被告虽建立了特许经营合同关系，但该合同属于无效合同，造成合同无效的过错责任在被告，主要理由是：被告没有许可原告使用涉案商标的权利、没有符合条件的直营店、没有成熟的经营模式和持续提供服务的能力、合同没有备案、合同未规定原告任意解除合同的权利、合同期限不满3年等，故合同内容违反了法律规定；涉案合同系格式合同，侵害了原告换货的权利，侵害了原告选择装修施工单位及装修物料用品的权利，故权利义务显失公平；被告故意隐瞒经营信息，未披露其所有被特许人的数量、地域、经营状况及其最近2年的财务会计报告、审计报告，将本土"Sandwich_"品牌宣称为在荷兰创立的国际知名品牌以欺骗加盟者，故被告构成欺诈；被告没有向原告提供持续性的经营指导、技术支持、业务培训，没有按合同约定的用途使用向原告收取的广告费用，在合同到期后不履行回收原告存货的义务，故被告具有过错。因此，请求判决：确认《特许经销协议》及其附件无效；被告返还原告的钱款13904.75元并承担利息损失；被告以183448元的进货价向原告回购剩余的货物；被告赔偿原告经济损失199039.21元（包括装修费、货运费、员工费用、差旅费、公证费、商场费用、仓储费等）。

被告辩称，原、被告系买卖合同关系而非特许经营合同关系。涉案合同系双方真实意思表示，内容不违反法律规定，也不存在显失公平、欺诈等情形，故合法有效。即使双方为特许经营合同关系，该合同也合法有效，并已履行完毕。依据合同，被告不负有必须回收原告库存服装的义务，原告可在不拆除商标等标识的情况下自行处理库存服装。被告同意退还原告预付款7602元和2010年上半年的广告物料费1000元，原告可向被告提取5284元的换货金额所对应的服装。因此，不同意原告的诉讼请求。

审 判

上海市浦东新区人民法院经审理认为，原、被告之间的《特许经销协议》《交易条款确认书》《授权书》既约定原告对被告商标、装潢等特定经营资源的使用，又约定被告对原告进行管理、监督、服务等，体现了原告在被告统一的经营模式下开展经营活动的本质特征，故双方形成特许经营合同关系。涉案合同系双方真实意思表示，且被告对"Sandwich_"品牌服装的经营具有较为统一的经营模式，获得了商标权人的授权，具有开展特许经营活动的资质，故合同合法有效。涉案合同期限为1年、无原告可单方解除合同的条款以及合同未在商务主管部门备案等情形，均不足以影响合同效力。被告未提供"附录"等经营资源方面的材料及经营指导、培训等服务，均属于违约范畴，被告是否违约不影响合同效力的认定。涉案合同于2009年3月签订，至2010年3月底已期满，原告于2010年10月起诉，已超过行使撤销权的除斥期间，故即使存在合同权利义务显失公平、被告欺诈等情形，原告也已丧失撤销合同的权利，且显失公平、欺诈系合同可撤销的条件而非合同无效的条件，故原告不得以此为由主张合同无效。因合同已届满终止，故被告应返还原告预付货款12904.75元及2010年上半年广告物料费1000元。因合同未约定返还期限，故被告应自原告《申请函》确定的付款期限届满之日即2010年4月23日起支付逾期付款的利息。原告库存服装的处理应执行《特许经销协议》第17条的约定即合同终止后回购原告的存货是被告的权利而非义务，因被告拒绝回购，且原告系自主购买服装而非被告强制出售，原告也未举证证明在特许经营活动中存在回购存货的商业惯例，故原告要求被告回购存货的诉讼请求没有依据。因合同合法有效，故对原告在释明后仍坚持以合同无效为请求权基础要求被告赔偿损失的主张应予驳回。据此，依照《合同法》第8条、第52条、第98条的规定，判决：被告返还原告预付货款和广告物料费13904.75元，偿付自2010年4月23日起至本判决确定履行之日止的按中国人民银行同期贷款利率计算的本金13904.75元的利息损失；驳回原告的其余诉讼请求。

一审判决后，原告不服，提起上诉。二审法院上海市第一中级人民法院经审理，判决驳回上诉、维持原判。

评　析

特许经营作为一种适应社会化生产和现代消费理念的商业经营模式进入我国已有二十多年。为保障、促进特许经营行业的健康发展，国务院制定了于2007年5月1日起施行的《商业特许经营管理条例》（以下简称《条例》）。《条例》作为调整特许经营法律关系的专门行政法规，规范了特许经营活动，但实践中特许经营双方基于利益立场等的不同而对《条例》相关规定的理解与适用存在不少分歧，引发矛盾纠纷。本案纠纷所涉及的问题具有一定的代表性、典型性，在合同定性上涉及系特许经营合同还是买卖合同的争议，在合同效力上涉及违反行政法规相关规定的合同是否有效的争议，案件判决对认识和处理同类纠纷具有较好的指导意义。

一、关于合同定性

判定合同是否属于特许经营合同，应当依照合同约定的权利义务以及合同实际履行情况是否符合特许经营合同的本质特征为基本标准，不能基于合同名称等简单机械地对合同定性。根据《条例》第3条的规定，特许经营是指拥有注册商标、企业标志、专利、专有技术等经营资源的企业即特许人，以合同形式将其拥有的经营资源许可其他经营者即被特许人使用，被特许人按照合同约定在统一的经营模式下开展经营，并向特许人支付特许经营费用的经营活动。依据上述规定，结合特许经营活动实践情况，特许经营合同的本质特征是特许人将经营资源许可被特许人使用，被特许人在统一的经营模式下开展经营，并支付特许经营费用。特许经营合同是标的具有知识产权属性的合同，由商标、商号等知识产权以及特许双方的监督、管理、服务、支持等一系列经营模式方面的要素所构成的综合系统，此类合同的核心在于：一是特许人通过合同等契约方式授权许可他人使用其经营资源；二是被特许人有偿获得特许经营权；三是特许人和被特许人系各自独立的经营主体；四是被特许人在统一的经营模式下开展经营活动；五是合同履行有一个较长的持续性的交互过程。具有以上特征的合同应认定为特许经营合同，反之不属于特许经营合同。

本案中，原、被告双方以《特许经销协议》《交易条款确认书》《授权书》的形式确定了双方的权利义务，明确《特许经销协议》即为特许经营合同，被告为特许人，原告为被特许人，被告以统一的方式、规格、设计、水平、程序、管理制度、经营守则经营"Sandwich_"品牌服装零售店，并授予他人特许经营权，负责统筹及监察特许经营店的经营，原告应按被告的制度及经营守则经营特许经营店,在店址选定、商标使用、店铺装修、所售货品、进货价格、零售价格、营业时间、店员培训及服装、销售情况报告、营销推广、合同到期后库存服装处理等多方面均须符合被告的统一规定。上述约定内容,既包括原告对被告商标、装潢等特定标识的使用,也包括被告对原告的管理、监督、服务,明显体现了原告必须在被告统一的经营模式下开展经营活动的特点,符合特许经营合同的本质特征,故可认定双方之间的法律关系是特许经营合同关系。

特许人向被特许人收取加盟费等特许经营费用是特许经营合同的本质特征,但是否收取加盟费等特许经营费用并非特许经营合同成立的充分必要条件。通常情况下,特许人为商业盈利目的,均向被特许人明示收取特许经营费用,但也不排除特许人不收取特许经营费用这一特殊情况的存在。在有些特许经营合同中,一方面,特许人在开展特许经营活动的初期,可能基于推广其品牌、低成本地先期占领市场等目的而在发展加盟商时放弃收取加盟费等特许经营费用的权利;另一方面,特许人在合同中虽未明示收费,但完全可能已经通过某种非明示为加盟费或者其他特许经营费用的形式实际向被特许人收取了特许经营费用。因此,不能仅仅由于合同中未约定诸如加盟费、管理费、品牌使用费等名目的特许经营费用而得出双方不属于特许经营合同法律关系的结论。本案中,原、被告虽未约定原告应向被告支付加盟费等特许经营费用,但考虑原告只能向被告进货、进货价格由被告指定、加盟店装修受被告约束等因素,可以视为被告已经通过指定进货价格等途径向原告实际收取了特许经营费用,达到了其授予原告特许经营权的合同目的。

在特许经营合同关系中,完全可能存在被特许人必须向特许人购买产品的情况,该种买卖关系通常在特许经营合同中事先就已作出明文规定,故系特许经营合同的重要组成部分,属于双方履行特许经营合同的范畴,并不在特许经营合同之外同时存在一个独立的买卖合同关系。本案中,在合同履行过程中,原告持续向被告购入"Sandwich_"这一特定品牌的服装,再通过加盟店向消费者零售,双方在外观上形成了一种商品买卖关系,但该买卖关系并非通常意义上的商品买卖,而是在《特许经销协议》《交易条款确认书》《授权书》所设定的条件框架内的特定的商品买卖,是原告基于被告的统一经营模式包括在加盟店内销售、按被告规定价格销售等而开展的经营活动的基本组成部分,且双方合同约定的权利义务事项远远不止上述买卖,故原、被告双方在外观上的买卖关系既不是双方合同关系的唯一内容,更不是双方合同关系的本质内容,不能错误地认定双方之间的法律关系为买卖合同关系。

二、关于合同效力

根据《合同法》第 52 条第 5 项的规定，违反法律、行政法规的强制性规定的合同属于无效合同。强制性规定分为管理性强制性规定和效力性强制性规定，根据《最高人民法院关于适用〈中华人民共和国合同法〉若干问题的解释（一）》和《最高人民法院关于适用〈中华人民共和国合同法〉若干问题的解释（二）》的规定，只有违反效力性强制性规定的，合同才无效。原则上，为行政管理需要而非针对行为本身所作出的规定，属于管理性强制性规定；调整对象针对的是行为本身的，属于效力性强制性规定；明确规定违反的后果是合同无效，或者合同如有效则将损害国家利益和社会公共利益的，属于效力性强制性规定。《条例》第 7 条第 2 款规定"特许人从事特许经营活动应当拥有至少 2 个直营店，并且经营时间超过 1 年"，第 8 条第 1 款规定"特许人应当自首次订立特许经营合同之日起 15 日内，依照本条例的规定向商务主管部门备案"，第 12 条规定"特许人和被特许人应当在特许经营合同中约定，被特许人在特许经营合同订立后一定期限内，可以单方解除合同"，第 13 条第 1 款规定"特许经营合同约定的特许经营期限应当不少于 3 年。但是，被特许人同意的除外"。以上规定均属于管理性强制性规定而非效力性强制性规定，故不具备"两店一年"条件、合同未作备案、合同未约定任意解除权、合同期限未满 3 年等情形的存在均不影响合同效力。

《条例》第 21 条、第 22 条、第 23 条规定，特许人应当在订立特许经营合同之日前至少 30 日以书面形式向被特许人提供其从事特许经营活动的基本情况等 12 个方面的信息，隐瞒有关信息或者提供虚假信息的，被特许人可以解除特许经营合同。依据上述规定，特许人负有信息披露义务，被特许人在合同签订后才发现特许人隐瞒有关信息或者提供虚假信息，导致其违背真实意思而签订合同的，可依据上述规定请求解除合同，也可依据《合同法》第 54 条的规定以特许人构成欺诈为由行使撤销合同的权利。在特许人是否履行了信息披露义务的认定上，应当认为，只有在特许人隐瞒的信息或者提供的虚假信息关系到了特许经营的实质内容，对被特许人是否作出签订合同的意思表示或者对于合同主要目的的实现产生了实质性影响的情况下，才可认定特许人未依法履行信息披露义务。在特许人构成欺诈的认定上，应以特许人有欺诈故意并实施了欺诈行为、被特许人因受欺诈而违背真实意思并订立合同为构成要件。特许人虽未披露相关信息或者提供虚假信息，但尚未达到足以诱使被特许人签订合同的程度的，不宜认定为欺诈。

本案中，第一，原、被告订立《特许经销协议》等合同，原告一直自觉履行合同，对合同内容及履行义务从无异议，直至合同期满后原告仍要求被告按照合同约定回收库存服装等，从未提出合同无效等主张，可见涉案合同是双方自愿、真实的意思表示，依法成立。第二，按照《条例》规定，特许人从事特许经营活动应当拥有成熟的经营模式，并具备为被特许人持续提供经营指导、技术支持和业务培训等服务的能力，特许人从事特许经营活动应当拥有至少2个直营店并且经营时间超过1年。由于被告于2009年时在北京有24家直营店，被告具有统一的方式、规格、设计、水平、程序、管理制度及特许经营守则，"Sandwich_"品牌拥有独特的形象特色，被告提供使用涉案商标的服装及与该商标相关的标识，且原告店铺装潢与被告直营店相同、原告的广告营销等由被告统一安排等，可见被告对"Sandwich_"品牌服装的经营具有较为统一、成熟的经营模式。被告获得了商标权人授权，有权使用该商标，有权许可包括原告在内的第三方使用该商标。因此，被告具有开展特许经营活动的资质，涉案合同合法有效。第三，涉案合同尽管存在期限1年、无原告可单方解除合同的条款以及未在商务主管部门备案等情形，因《条例》关于合同期限不少于3年、被特许人可单方解除合同、合同应备案等规定属于行政法规的管理性的强制性规范而非效力性的强制性规范，故违反上述规定对合同效力不产生实质性影响，不能据此认定合同无效。第四，显失公平、欺诈等情形不属于认定合同无效的法定事由。根据《合同法》第54条的规定，存在显失公平、欺诈等情形的合同可予撤销，当事人可在1年的除斥期间内请求撤销合同。由于涉案合同于2009年3月签订，于2010年3月底已期满，原告于2010年10月起诉，故即使存在显失公平、欺诈等情形，原告也已丧失撤销合同的权利，更不能以显失公平、欺诈等为由主张合同无效。在原告未提供任何指控被告构成欺诈的证据，且除斥期间已过的情况下，无需在实质上对被告是否构成欺诈、权利义务是否显失公平等进行审查。当然，依据现有证据，并不能认定被告构成欺诈或者合同权利义务显失公平。

案例索引

一审：上海市浦东新区人民法院（2010）浦民三（知）初字第624号民事判决书

一审判决时间：2011年7月4日

二审：上海市第一中级人民法院（2011）沪一中民五（知）终字第217号民事判决书

二审判决时间：2011年11月18日

特许经营合同违约责任的确定

——上海培正教育投资管理有限公司诉徐某某特许经营合同纠纷案

邵 勋

裁判要旨

在特许经营合同期限内,特许人应按照合同约定为被特许人持续提供经营指导、技术支持、业务培训等服务,特许人未完全履行合同义务的,被特许人有权不付或少付特许经营费用。债务免除是单独行为,债务免除的通知到达债务人后即发生法律效力。

案 情

原告:上海培正教育投资管理有限公司
被告:徐某某

原告上海培正教育投资管理有限公司(以下简称"培正公司")于2010年在第41类教育、培训等服务及第16类的书籍、教学材料等商品上注册了"培正逗点""Perching Kids"等商标。原告开展特许经营活动经过商务主管部门的备案。

2009年10月13日,原告培正公司(甲方)与被告徐某某(乙方)签订《培正逗点教育中心经营授权合同》(以下简称《授权合同》),约定:乙方在江苏省苏州吴江使用甲方的 PerchingKids 培正逗点亲子乐园教育课程的授权及相关的权利,成立具有独立法人资格的 PerchingKids 培正逗点亲子乐园项目的加盟中心。合同第 3 条约定:授权加盟期限为 5 年,自 2009 年 10 月 13 日起至 2014 年 10 月 12 日止。加盟费为 8 万元/5 年,保证金为 5 万元/5 年,权益金为 3 万元/年。首年度权益金必须在 2009 年 10 月 19 日前付清,以后在每年 10 月 19 日前付清。第 6 条关于"甲方义务"中约定:(一)甲方将特许经营权授予乙方,并向乙方提供操作手册、商标标识、系统规划、管理方法等;(二)甲方在本合同生效后至乙方开业前,向乙方免费提供经营所需要的培训服务,并提供开业前指导;(三)甲方向乙方提供经营所需要的远程支援,支援的范围包括:市场销售咨询、课程咨询、营运问题解答、物料订购和配送、市场策略等,以帮助乙方运营的良好持续;(四)甲方在合同生效后至乙方开业前对乙方的中心进行两次免费的商业访问(中心选址、开业前验收及协助开业),开业后 6 个月内的商业访问(不超过 7 天);从第 2 年开始,每年提供一次免费的商业访问(不超过 5 天),以辅导和协助解决乙方关于市场、运营、销售、管理等方面存在的问题。乙方有按时交纳年度加盟权益金的义务,延误付款按照每日 500 元计算违约金,将直接从保证金中抵扣。

合同签订后,被告使用原告授予的品牌等经营资源开展经营活动。被告先后向原告支付了加盟费 8 万元、加盟保证金 5 万元及前 3 年度的权益金,但未缴纳第 4 年度及第 5 年度的权益金。

在第 3 年度(2011 年 10 月 13 日至 2012 年 10 月 12 日)期间,原告向被告发送有关促销方案、活动海报、管理制度、情况通报、会议通知等内容的电子邮件,对被告的经营活动予以支持和指导。在第 4 年度(2012 年 10 月 13 日至 2013 年 10 月 12 日)期间,原告未到被告的加盟店进行商业访问,其仅向被告发送了数封电子邮件,邮件数量明显少于第 3 年度。

2013 年 8 月 5 日,原告向各加盟商发布《关于加盟中心权益金缴纳的重要通告》(以下简称《通告》),称:经原告董事长宋文斌对全国加盟商走访和调研之后,发现有部分加盟中心在大环境影响下,经营确实困难。原告本着真诚体谅加盟中心难处的诚意心态及继续一如既往地与众多加盟伙伴长期合作共同发展的理念,现就加盟商权益金缴纳事宜,向所有加盟中心做如下通告:(一)缴纳时间。将至今应交但未按时缴纳年度权益金的加盟中心缴纳期限统一延迟至 2013 年 8 月 15 日,8 月 15 日后,仍不缴纳权益金的加盟中心,公司将启动法务程序。(二)缴纳权益金金额(重大支持政策)。体谅中心经营难处,经公司研究,对于仍未缴纳加盟权益金的中心,给予免除半年权益金的支持政策,对于已按时缴纳权益金的加盟中心，在次年度的权益金缴纳中，也执行免除半年权益金的支持。

原告诉称，被告未支付第 4 年度及第 5 年度的权益金共计 6 万元，已构成违约。按照合同约定，被告逾期支付权益金，还应支付每日 500 元的权益金。故请求法院判令：被告支付权益金 6 万元；被告支付按每日 500 元计算的违约金。

被告辩称，因原告未履行合同义务，故被告不同意支付权益金；合同约定的违约金金额过高；根据《通告》被告可免交半年权益金，并可免于承担 2013 年 8 月 15 日之前的逾期付款违约金。

审　判

上海市浦东新区人民法院经审理后认为，原、被告签订的《授权合同》是当事人真实意思的表示，未损害国家、集体和第三人的利益，也未违反法律、法规的禁止性规定，故该合同合法有效。当事人享有合同约定的权利，应当履行合同约定的义务。根据《授权合同》的约定，原告应履行的义务包括许可被告使用其经营资源、提供经营指导服务等，被告应按时向原告支付特许经营费用。被告未按时缴纳第 4 年度及第 5 年度的权益金，已构成违约。原告在第 4 年度发送给被告的有经营指导内容的电子邮件数量明显少于第 3 年度，且原告未提供第 4 年度的商业访问服务，已构成违约。原告通过发布《通告》，免除了包括被告在内的被特许人的部分债务。《授权合同》约定的违约金过高，被告请求降低，法院酌情予以调整。据此，依照《合同法》第 8 条、第 60 条第 1 款、第 107 条、第 114 条、第 120 条，《最高人民法院关于适用〈中华人民共和国合同法〉若干问题的解释（二）》第 29 条的规定，判决：被告徐某某支付原告上海培正教育投资管理有限公司第 4 年度的权益金人民币 12000 元，并支付自 2013 年 8 月 16 日起至实际支付之日止按每日人民币 20 元计算的违约金；被告徐某某支付原告上海培正教育投资管理有限公司第 5 年度的权益金人民币 30000 元，并支付自 2013 年 10 月 20 日起至实际支付之日止按每日人民币 20 元计算的违约金。

一审判决后，原、被告均未提起上诉。

评　析

一、违约行为的认定

特许经营合同是双务合同。特许人的主要义务是将其拥有的注册商标、企业标志、专利、专有技术等经营资源授予被特许人使用，并提供经营指导、技术支持和业务培训等服务。被特许人的主要义务是在特许人规定的经营模式下开展经营，按时向特许人支付特许经营费用。

特许经营费用是特许人授予被特许人特许权及提供相应服务所收取的对价。按照各种费用的性质，特许经营费用可分为三类：特许经营初始费、特许经营维持费以及其他相关费用。特许经营初始费是被特许人进入特许经营体系的门槛费，通称为加盟费，即被特许人为获得特许经营权而向特许人支付的一次性费用。特许经营维持费是在特许经营合同持续期间，被特许人需要持续地向特许人交纳的费用，主要包括特许权使用费（又称权益金、管理费）和市场推广费（广告费）等两大类费用。其他相关费用主要是指履约保证金、培训费、设备费、产品费等费用。本案《授权合同》约定的特许经营费用包括特许经营初始费（加盟费）、特许经营维持费（年度权益金）、其他费用（保证金）。被告向原告支付了加盟费、前3年度的权益金、加盟保证金。被告未按照合同约定的期限缴纳第4年度及第5年度的权益金，已构成违约。

特许经营合同是持续性合同。《商业特许经营管理条例》第7条第1款规定：特许人从事特许经营活动应当拥有成熟的经营模式，并具备为被特许人持续提供经营指导、技术支持和业务培训等服务的能力。经营资源、经营模式、经营能力是特许人规范从事特许经营活动的基本保障。"经营资源+经营模式=特许经营成功的源泉""经营指导+技术支持+业务培训=复制成功"。❶ 因此，特许人提供持续性的经营指导、技术支持以及业务培训等服务是特许经营合同的重要内容，特许人应当对其已妥善履行上述义务承担证明责任，举证不能的，应当承担不利后果。

本案《授权合同》约定，在加盟期限内，原告向被告提供经营所需的远程支援；从第2年起，原告有义务每年提供一次免费的商业访问（不超过5天）。原告在第4年度发送给被告的有经营指导内容的电子邮件数量明显少于第3年度，且原告未提供第4年度的商业访问服务。被告抗辩，原告未完全履行合同义务，构成违约。原告主张，原、被告的义务有先后履行顺序，因被告未及时缴纳年度权益金，故原告有权拒绝履行合同义务。笔者认为，本案原告主张其系行使后履行抗辩权的意见不成立。首先，虽然合同约定，被告在每年度开始的6日内支付该年度权益金，但这并不意味着被告是先履行义务的一方。原告的经营指导等服务是持续性的，从每年度的年初就有此义务。其次，后履行抗辩权是后履行

---

❶ 林晓. 特许经营商务法律解决方案：《商业特许经营管理条例》使用指南［M］. 北京：法律出版社，2007：53-55.

一方暂不履行义务的权利,一旦对方履行了义务,后履行一方也必须履行义务。在本案中,原告提供的经营指导、营销方案等服务内容具有很强时效性,如向被特许人提供针对特定节假日的活动方案等。这类具有时效性的服务,一旦错过了时间节点,原告再履行就失去意义。最后,被告向原告缴纳了保证金,《授权合同》又约定了被告逾期付款应承担支付违约金的责任,对于被告不及时缴纳年度权益金的违约行为,原告有足够的救济措施。综上,原告在第4年度发送给被告的有经营指导内容的电子邮件数量明显少于第3年度,且原告未提供第4年度的商业访问服务,已构成违约。

此外,被告还抗辩,原告未披露相关诉讼情况,构成违约。《商业特许经营管理条例》第23条规定:特许人向被特许人提供的信息应当真实、准确、完整,不得隐瞒有关信息,或者提供虚假信息。特许人向被特许人提供的信息发生重大变更的,应当及时通知被特许人。本案中,被告所称的原告未披露的诉讼系原告与其他加盟商之间的合同纠纷所引起的诉讼,上述诉讼对原告的特许经营活动没有重大影响,原告没有必要向被告披露上述案件情况。

二、债务免除

关于债务免除的性质,有两种观点。一种观点认为,债务免除为契约行为,免除应经债务人同意。另一观点认为,债务免除是债权人抛弃债权的单方行为,没有必要征得债务人的同意。我国《合同法》第105条规定:债权人免除债务人部分或者全部债务的,合同的权利义务部分或者全部终止。该条文并未明确免除是契约行为还是单独行为。通说认为,我国《合同法》中债务免除为单独行为。免除使债务人享受利益,因此没有必要征得债务人的同意。如果免除一定要债务人同意,债务人不同意的,等于限制了债权人对权利的处分。作为单独行为,免除行为具有以下性质:第一,免除是无因行为;第二,免除是无偿行为;第三,免除是非要式行为。免除可以附条件或者附期限。免除应当通知债务人或者债务人的代理人,向第三人为免除的意思表示不发生法律效力。免除为放弃债权的行为,向债务人或者债务人的代理人表示后,即产生债务消灭的法律后果。债权人作出免除的意思表示不得撤回。

本案原告发布的《通告》中表示给予加盟中心免除半年权益金的支持政策,原告的上述通告具有免除他人债务的意思表示。原告称,被告未在《通告》确定的期限即2013年8月15日前支付权益金,故被告应全额支付权益金。笔者认为,免除他人债务的行为系处分行为,不需对方当事人同意即可成立。通告中将缴款期限统一延迟至2013年8月15日,上述内容系免除加盟商2013年8月15

日前拖欠权益金违约责任的意思表示,而非为债务免除所设定的条件。在《授权合同》约定的第 4 年度期间内,被告虽使用了原告的经营资源,但原告未完全履行合同义务,故被告可少付该年度的权益金。又因原告免除了被告的半年的权益金,故法院确定被告应付的第 4 年度权益金为 12000 元,并从 2013 年 8 月 16 日起计算逾期付款的违约金。

三、违约金调整

一般认为,违约金在性质上可分为赔偿性违约金和惩罚性违约金。赔偿性违约金,是指此种违约金在功能上主要是为了弥补一方违约后另一方所遭受的损失。此种违约金的运用,使当事人免除了计算损害赔偿额的麻烦及举证困难。惩罚性违约金,是指对债务人的违约行为实行惩罚,以确保合同债务得以履行的违约金。惩罚性违约金与实际损失无必然联系,因此常常具有较高的数额。❶ 根据我国立法和司法实践,一般认为违约金主要功能是弥补损失,兼有一定的惩罚性质。对于赔偿性违约金,由于将其主要功能确定为弥补损失,因此,对于违约金的约定允许进行国家干预。《合同法》第 114 条第 2 款的规定:约定的违约金低于造成的损失的,当事人可以请求人民法院或者仲裁机构予以增加;约定的违约金过分高于造成的损失的,当事人可以请求人民法院或者仲裁机构予以适当减少。司法解释进一步强调了违约金弥补损失的功能,对违约金过高的判断标准进行了明确。《最高人民法院关于适用〈中华人民共和国合同法〉若干问题的解释(二)》第 29 条的规定:当事人主张约定的违约金过高请求予以适当减少的,人民法院应当以实际损失为基础,兼顾合同的履行情况、当事人的过错程度以及预期利益等综合因素,根据公平原则和诚实信用原则予以衡量,并作出裁决。当事人约定的违约金超过造成损失的百分之三十的,一般可以认定为合同法第 114 条第 2 款规定的"过分高于造成的损失"。

本案原告并没有举证被告逾期付款所造成的损失。通常情况下,预期付款所造成的实际损失可以参照银行同期贷款利息计算。本案《授权合同》约定的年度权益金为 3 万元,按每年 365 日计算,每日约为 82 元,而合同约定逾期支付权益金的违约金达每日 500 元,该违约金明显过高。被告认为合同约定的违约金过高,法院根据未付款的本金金额、当事人过错程度、银行贷款利率等因素,酌情确定逾期付款的违约金为每日 20 元。

---

❶ 王利明. 违约责任论 [M]. 北京:中国政法大学出版社,2000:566.

案例索引

一审：上海市浦东新区人民法院（2013）浦民三（知）初字第754号民事判决书

一审判决时间：2014年2月24日

知识产权刑事案件

期货自动化交易软件使用产生的商业秘密的认定
——储某某侵犯商业秘密罪案

冯 祥

裁判要旨

期货交易瞬息万变,故以网络交易方式进行的自动交易系统因具有实用性、迅速便捷性便应运而生。现实生活中,形形色色的期货自动交易软件广受欢迎。但因此类软件的实质功能基本相同,在程序设计上也基本大同小异,故导致事实上很难区分具体某个期货自动交易软件与其他类似功能软件的实质不同之处。本案的难点就是在于如何从期货自动化交易软件的使用中找寻出密点所在。

案 情

公诉机关:上海市浦东新区人民检察院

被告人:储某某

2008年10月7日,上海善翔股权投资管理有限公司(以下简称"善翔公司")注册成立,经营范围:股权投资基金管理。2009年12月31日,被告人储某某与善翔公司签订劳动合同，任投资总监。2010年8月16日，善翔公司与上海云徽软件有限公司（以下简称"云徽公司"）签订《分账户系统销售合同》，包括云徽分账户期货交易结算系统、模拟交易系统等。该交易系统的密码仅曹某、储某某及周某某3人知道。

2010年9月7日，上海元同投资管理有限公司（以下简称"元同公司"）成立。2010年10月8日，善翔公司、云徽公司、元同公司签订协议，授权元同公司拥有该期货自动化交易系统的使用权。

2011年3月1日，储某某与元同公司签订《劳动合同》，任投资总监，之后元同公司与储某某签订《保密协议》，协议约定：不得为自己利益使用或计划使用，不得利用公司程序进行交易获利。

元同公司主要由被告人储某某与周某某根据曹某的指示，操作善翔公司在兴业期货有限公司的期货账户、曹某个人的期货账户以及其他几人的期货账户。元同公司综合模拟交易数据库的数据后，由曹某、周某某、储某某三人选择出最优的系列参数，输入自动下单交易系统，由电脑自动进行实盘交易。

2011年6月至2012年10月间，被告人储某某擅自对"元同期货自动交易系统SimBridge"进行了复制，并先后将吕某等23个期货账户在该软件中运行，并实时将元同公司优化选出的参数输入其擅自添加的期货账户的交易参数窗口以让电脑进行自动交易使用。

案发后，经司法鉴定，"元同期货自动交易系统SimBridge"以及"元同期货自动交易系统后台交易数据"属于不为公众所知悉的技术信息。储某某擅自添加的23个交易目录中均包含名为SimBridge.exe的程序文件，与"元同期货自动交易系统SimBridge"中的SimBridge.exe文件大部分相同。在2012年8月10日至11月1日期间对相关联的期货账户进行了自动期货交易，且使用了"元同期货自动交易系统后台交易数据"中的不为公众所知悉的技术信息。

另经司法会计鉴定，上述23个期货账户交易纯获利合计为人民币3578935.05元。而根据储某某银行账户统计，其实际获利金额为543712.80元。

审理中，元同公司出具从轻处罚请求书，认为储某某认罪态度较好，考虑到其家庭困难，在保留所有民事赔偿权利的前提下，对储某某的犯罪行为表示谅解，并请求法院对储某某从轻处罚。

2013年4月23日，上海市浦东新区人民检察院以被告人储某某犯侵犯商业秘密罪向浦东新区人民法院提起公诉。公诉机关认为，被告人储某某违反约定，非法使用其所掌握的公司的商业秘密，给商业秘密权利人造成重大损失，其行为已触犯《刑法》第219条第1款第3项、第3款、第4款，犯罪事实清楚，证据确实、充分，应当以侵犯商业秘密罪追究其刑事责任。被告人储某某具有自首情节，根据《刑法》第 67 条第 1 款的规定，可以从轻处罚。

被告人储某某对公诉机关指控的犯罪事实没有异议。

被告人储某某的辩护人提出，商业秘密一定是合法权利，但元同公司的营业执照上没有代理期货交易的经营范围。被告人储某某主观恶性不大，元同公司实际的损失无法认定。储某某获利的金额刚刚达到刑事追诉标准，且具有自首情节，被害单位元同公司也出具了谅解书，建议法院对储某某从轻处罚并适用缓刑。

审　判

上海市浦东新区人民法院经审理后认为，被告人储某某作为元同公司的投资总监，明知期货自动化交易软件的交易参数是公司的商业秘密，自己负有保密义务，仍违反约定，利用职务上的便利，擅自复制元同期货自动交易系统软件，并使用公司的商业秘密获取非法利益，违法所得达 54 万余元，其行为已构成侵犯商业秘密罪。储某某具有自首情节，如实供述自己罪行，依法从轻处罚。审理中，元同公司表示对储某某的犯罪行为予以谅解，并请求法院从轻处罚，故量刑时酌情从轻处罚。被告人储某某的辩护人提出储某某具有自首情节，元同公司也出具了谅解书，建议法院对储某某从轻处罚的意见，法院予以采纳。

根据被告人储某某的犯罪情节、社会危害性、认罪悔罪态度等，依照《刑法》第 219 条第 1 款第 3 项、第 3 款、第 4 款、第 67 条第 1 款、第 53 条、第 64 条及《最高人民法院、最高人民检察院关于办理侵犯知识产权刑事案件具体应用法律若干问题的解释（二）》第 4 条之规定，判决被告人储某某犯侵犯商业秘密罪，判处有期徒刑 11 个月，罚金人民币 60 万元；违法所得予以追缴。

一审判决后，被告人储某某未提出上诉，公诉机关未提起抗诉，案件已生效。

评　析

本案争议的实质是元同公司是否可以认定为商业秘密的权利人以及利用功能大致相同的期货自动化交易软件进行期货交易，其中涉及的商业秘密的密点何在。

一、元同公司是否可以认定为商业秘密的权利人

当今社会高风险、高收益的证券、期货交易越来越成为寻常百姓的理财方

式，但因期货行业的专业性较高，期货账户的所有人和账户的实际操作人往往不是同一人。相关行政法规只禁止期货公司的从业人员代人操盘，对非期货公司的从业人员代人操盘法律并无禁止性规定。本案中的元同公司就以代人操盘进行期货交易为主营方式。《反不正当竞争法》规定，商业秘密是指不为公众所知悉，能为权利人带来经济利益，具有实用性并经权利人采取保密措施的技术信息和经营信息。其中的权利人是指商业秘密的所有人和经商业秘密所有人许可的商业秘密使用人。虽然元同公司的经营范围未包括代理他人进行期货交易，但事实上善翔公司、云徽公司与元同公司签订的协议中，明确授权元同公司拥有涉案期货自动化交易系统的使用权，元同公司在使用涉案期货自动化交易系统时，使用经曹某、周某某、储某某三人选择出的最优化系列参数，输入该自动下单交易系统的参数窗口，由电脑自动进行实盘交易，故元同公司依法属于商业秘密的权利人。

二、本案的密点是元同公司期货自动化交易软件还是运行该软件时使用的不断变换的交易参数

商业秘密的本质特征是：秘密性、价值性、保密性，三者缺一不可。秘密性即"不为公众所知悉"，该信息是不能从公开渠道直接获取的。价值性即"能为权利人带来经济利益"。具有实用性指商业秘密所具有的商业价值，能为权利人带来现实的或者潜在的经济利益或者竞争优势。保密性即权利人对商业秘密采取了保密措施。作为受法律保护的商业秘密，如果权利人对其不采取任何措施，就会成为在公众中广为传播的技术信息和经营信息，也就不再是法律意义上的商业秘密。

本案中，公诉机关将元同期货自动化交易软件认定为商业秘密。虽然该交易软件能够直接运用于期货交易活动，能够为使用人带来现实的经济利益，具备实用性和价值性。且从商业秘密须具备的保密性上考量，元同公司与储某某签订有《保密协议》，协议的内容明确具体，应视为元同公司对该交易系统采取了相应的保密措施。但因此类自动化交易软件的实质功能基本相同，在程序设计上也基本大同小异，仅针对不同用户的不同需求在交易参数窗口的设置上存在一定差异。事实上，云徽公司曾先后多次将涉案期货自动化交易结算系统销售给案外人，并用于实际的期货自动化交易。相关鉴定机构出具的鉴定报告虽然认定"元同期货自动交易系统 SimBridge"软件属于不为公众所知悉的技术信息，但并未具体区分出该期货自动交易软件与其他类似功能软件的实质不同之处，也即缺乏秘密性的认定要素。据此，法院在本案中并未认定元同期货自动化交易软件为本案的商业秘密。

虽然涉案元同公司期货自动化交易软件不能被认定为元同公司的商业秘密，但软件在操作过程中使用的交易参数由曹某、周某某及储某某三人综合大量的模拟交易记录进行商量、测试后评定，融入了自己的主观判断，相关参数只有上述三人知道，其他人也不可能从公开渠道获知，故本案所涉期货交易参数具有非公知性，即秘密性。"善翔投资"在兴业期货有限公司的账户在2011年至2012年间的交易有较好的盈利，储某某擅自添加的23个期货账户也有较好的盈利。故上述自动化交易系统中使用的参数能为权利人带来现实的经济利益，具有实用性和价值性。涉案期货交易参数由曹某、周某某、储某某三人输入自动交易系统，该系统的登录密码只有上述三人知道，限定了参数的知悉范围。另元同公司与储某某签有《保密协议》，明确约定储某某不能为了自己的利益利用公司程序进行交易获利，可见元同公司已经采取了应有的保密措施。综上，元同公司的元同期货自动交易系统中使用的交易参数具备秘密性、价值性和保密性，符合商业秘密的构成要件，应当认定为本案的密点，受法律保护。

本案的价值在于：1. 在商业秘密密点的认定上，并未认定涉案期货自动交易软件为密点，而是抓住实际运行该软件时使用的特有交易参数，因已具备了秘密性、价值性和保密性的商业秘密的本质特征，从而认定软件运行中使用的交易参数系本案的商业秘密。2. 突破传统对商业秘密密点基本为静态的技术、图纸、软件等的定向思维，将始终处于不断动态变化中，权利人根据即时市场行情，及时进行调整的自动交易软件使用的参数认定为密点。3. 本案的判决对今后法院在审理类似期货自动化交易过程中的侵犯商业秘密犯罪案件具体密点的认定具有较大的指导和借鉴作用。

本案系一起典型的侵犯商业秘密罪案件，类似被告人的这种行为在现实的期货交易中可能并不少见，而行为人可能根本未意识到这种行为的违法性。本案的判决打击了期货自动化交易中以"交易参数"为犯罪对象的侵权行为，在一定程度上对正在实施和将来可能发生的类似侵权行为起到了威慑作用。

案例索引

一审：上海市浦东新区人民法院（2013）浦刑（知）初字第4号刑事判决书

一审判决时间：2013年9月25日

假冒注册商标商品的认定
——顾某、张某某销售假冒注册商标的商品罪案

冯 祥

裁判要旨

假冒注册商标罪中对商标的"使用",是指将注册商标或假冒的注册商标用于商品、商品包装或者容器以及产品说明书、商品交易文书等的行为,且商标必须独立标识于商品之上。改变注册商标的字体、字母大小写或者文字横竖排列,改变注册商标的文字、字母、数字之间的间距,不影响体现注册商标的显著特征的,或与注册商标在视觉上基本无差别,足以对公众产生误导的商标,可以认定为与注册商标相同的商标。

案 情

公诉机关:上海市浦东新区人民检察院

被告人:顾某

被告人:张某某

"HELLO KITTY"" "" "商标经中华人民共和国工商行政管理总局商标局核准注册,核定使用的商品为第2~5类:化妆用棉条、剪刀、服

装、鞋、围巾、浴帽、手套、玩具等商品，且在商标注册有效期内。上述注册商标的权利人为三丽鸥股份有限公司（日本公司，以下简称"三丽鸥公司"）。2009年10月16日，三丽鸥公司出具授权书，授权上海博邦知识产权服务有限公司（以下简称"博邦公司"）作为全权代表，向有关机构投诉任何侵犯其在中国境内注册的知识产权的行为，在各级法院、官方各有关当局及其职能机关面前接洽办理各项必要事宜，代表其对要采取的行动提供一切帮助，有权代表其对侵权嫌疑物品进行真伪鉴定，出具书面鉴定书。

被告人顾某、张某某系夫妻关系。2006年2月，两人经商议后由被告人顾某用张某某的身份信息在淘宝网上注册账户 gujuan216@yahoo.com.cn，对应的支付宝银行卡为张某某在中国工商银行上海市分行开设的牡丹灵通卡。2008年7月至2010年12月期间，被告人顾某、张某某为牟取非法利益，明知是假冒三丽鸥公司"HELLO KITTY"品牌的各类商品，仍向他人购入后使用上述账户在淘宝网上对应的网店"娟子家的凯蒂"对外予以销售。其间，被告人顾某负责采购及销售，并雇用店员在网上与买家进行交易，被告人张某某负责部分货物的运输。2010年12月28日，上海市公安局浦东分局在上海市浦东新区康桥镇康桥路1558弄3号501室抓获被告人顾某、张某某，并当场查获74种14248件涉嫌假冒"HELLO KITTY"品牌的商品。

根据支付宝（中国）网络技术有限公司提供给公安机关的顾某的支付宝账号 gujuan216@yahoo.com.cn 的全部记录，将其中"作为卖家"及"商品名称"包含"HELLO KITTY"字样的记录筛选出，与公安机关网络安全支队根据顾某提供的"娟子家的凯蒂"的淘宝旺旺ID号和密码，登录淘宝网导出的交易记录进行逐一比对，将交易记录中涉及无商标的商品、其他商标的商品及包含与扣押商品中不侵犯"HELLO KITTY"商标权的商品同品名的交易金额均予以剔除，再扣除有授权证明的公司及商行销售给顾某的商品金额人民币17189元按加价10%后全部售出的金额，两被告人销售假冒"HELLO KITTY"品牌的商品金额合计为325550.08元。关于查获的74种商品，结合实物，经核查，其中开关贴、桌子、毛巾挂钩、卷尺、手套、餐具上虽然有涉案文字商标的字样或图案商标的图案，但上述文字、图案与商品的形状融为一体，而非作为商标独立标识于商品上，故不能认定为商标法意义上的商标使用。此外，公安机关在对扣押物品进一步核查时，储蓄罐未找到实物，应不予认定，故上述7种扣押商品的货值金额应从查获的商品货值金额中予以扣除。其余67种商品中，有部分商品同样存在上述情况，故在扣除该部分不构成商标侵权的商品后，尚有12101件侵权商品，按照"娟子家的凯蒂"实际销售的相同商品的最低价格及顾某确认的价格计算，价值 73060.22 元。

案发后,经博邦公司鉴别,上述查获商品均为假冒三丽鸥公司"HELLO KITTY""　""　"注册商标的商品。

2011 年 8 月 18 日,上海市浦东新区人民检察院以被告人顾某、张某某犯销售假冒注册商标的商品罪向浦东新区人民法院提起公诉。公诉机关认为,2009 年 7 月至 2010 年 12 月期间,被告人顾某、张某某为牟取非法利益,在淘宝网上开设"娟子家的凯蒂"网店,销售假冒"HELLO KITTY"品牌的各类商品,销售金额共计 80 余万元。并于 2010 年 12 月 28 日被当场查获 70 余种假冒"HELLO KITTY"品牌的商品,货值金额为 11 余万元。被告人顾某、张某某销售明知是假冒注册商标的商品,数额巨大,其行为均已触犯《刑法》第 25 条第 1 款、第 214 条,应当以销售假冒注册商标的商品罪追究刑事责任。被告人顾某在共同犯罪中起主要作用,根据《刑法》第 26 条第 1 款的规定,系主犯;被告人张某某在共同犯罪中起次要作用,根据《刑法》第 27 条的规定,系从犯,应当依法从轻处罚。

被告人张某某提出销售金额没有排除相关的快递费成本。

被告人张某某的辩护人提出本案中鉴定商品真假的机构是权利人,而权利人同时也是被害人,其鉴定结论的中立性值得怀疑。

审　判

上海市浦东新区人民法院经审理后认为,被告人顾某、张某某以营利为目的,违反商标管理法规,未经商标权人许可,销售明知是假冒注册商标的商品,销售金额数额巨大,其行为均已构成销售假冒注册商标的商品罪。公诉机关指控的罪名成立,应予支持。两名被告人系共同犯罪,被告人顾某在共同犯罪中起主要作用,系主犯。被告人张某某在共同犯罪中起次要、辅助作用,系从犯,依法减轻处罚。

本案中扣押的涉案商品上的商标和注册商标不完全一致,对于这些不相同和没有商标的商品应该予以剔除。审理中,结合实物,法院进行了商标的比对和实物的核对,对其中不构成商标侵权的商品和未找到实物的商品予以了扣除,剩余的 12101 件商品,有与"HELLO KITTY""　""　"相同的商标,或者仅改变注册商标的字体、字母大小写,或与注册商标在视觉上基本无差别,足以对公众产生误导,应认定为侵权商品。

被告人张某某提出销售金额没有排除相关快递费成本的意见。经查,涉案商品主要由中通、申通和顺丰三家公司快递。"娟子家的凯蒂"通过快递公司发货的商品既有涉案侵权商品,也有案外商品,故无法具体甄别。因快递费的金额在本案中并不影响侵权商品销售数额较大与巨大的区分,故计入销售金额,在量刑时酌情予以考虑。

被告人张某某的辩护人提出本案中鉴定机构是权利人,因为权利人也是被害人,其鉴定结论的中立性值得怀疑。法院认为,销售假冒注册商标的商品罪首先侵犯的是商标权人的商标权,商标权人最有权对涉案商品是否侵犯其商标权进行鉴别。本案中,涉案商标的商标权人为三丽鸥公司,其授权博邦公司有权代表其对侵权嫌疑物品进行真伪鉴定,并出具书面鉴定书。故博邦公司有权对从被告人处扣押的商品进行真伪鉴别。

据此,法院根据被告人的犯罪情节、社会危害性、认罪悔罪态度等,依照《刑法》第214条、第25条第1款、第26条第1款、第27条、第53条、第64条,《最高人民法院、最高人民检察院关于办理侵犯知识产权刑事案件具体应用法律若干问题的解释》第2条第2款、第12条第1款、第16条,《最高人民法院、最高人民检察院关于办理侵犯知识产权刑事案件具体应用法律若干问题的解释(二)》第4条之规定,判决如下:1. 被告人顾某犯销售假冒注册商标的商品罪,判处有期徒刑3年6个月,罚金人民币16万元。2. 被告人张某某犯销售假冒注册商标的商品罪,判处有期徒刑1年,罚金人民币5万元。3. 违法所得予以没收。4. 查获的假冒注册商标的商品及作案工具电脑主机3台予以没收。

一审判决后,两名被告人均不服,提起上诉。上海市第一中级人民法院经审理,认定原审法院确认的两名上诉人犯罪的事实清楚,证据确凿、充分,所作的定罪量刑并无不当,且审判程序合法。二审检察机关建议驳回顾某、张某某的上诉,维持原判的出庭意见于法有据,应予采纳。据此,于2012年12月13日裁定:驳回上诉,维持原判。

评 析

随着网络的不断普及,网购早已成为人们的一种日常购物方式。在给人们的生活带来便捷的同时,不得不承认在当前的网络销售中,因其隐蔽性的特征所导致的假货满天飞的现状。而大多数假货的制造者会对注册商标做些许的变化后进行使用,以达到以假乱真的目的。假冒注册商标罪中对商标的"使用",是指将注册商标或假冒的注册商标用于商品、商品包装或者容器以及产品说明书、商品交易文书等的行为,且商标必须独立标识于商品之上。改变注册商标的字体、字母大小写或者文字横竖排列,改变注册商标的文字、字母、数字之间的间距,不影响体现注册商标的显著特征的,或与注册商标在视觉上基本无差别,足以对公众产生误导的商标,可以认定为与注册商标相同的商标。本案扣押的商品中,部分虽然有涉案文字商标的字样或图案商标的图案,但上述文字、图案与商品的形状融为一体,而非作为商标独立标识于商品上,故不能认定为商标法意义上的商标使用。法院进行了商标的比对和实物的核对,对其中不构成商标侵权的商品均依法予以了扣除。剩余的商品,有与注册商标相同的商标,或者仅改变注册商标的字体、字母大小写,或与注册商标在视觉上基本无差别,足以对公众产生误导,应认定为侵权商品。

侵犯商标权犯罪案件中,真假鉴别基本上由商标权人或其授权代理人完成,相关鉴定情况说明并非刑事证据中的鉴定结论,其内容实为被害单位对商品真伪的辨认,其证据属性应属于被害人陈述。本案中,博邦公司作为商标权人的授权代理人,其出具的鉴别意见能够与证人证言及被告人供述相印证,故法院认定该鉴别意见具有证据效力。

通过网络销售假冒商品的行为人在案发后往往提出销售金额中没有扣除快递费成本。本案中张某某亦提出该意见。关于快递费问题,因系被告人销售相关商品所支出的费用,应当计入经营成本。本案被告人销售涉案商品时,既有正规授权的商品,也有假冒商品,导致相应快递费无法具体甄别。而这一结果系由被告人真假混在一起销售所导致,故应当由被告人承担相应后果。因快递费的金额在本案中并不影响侵权商品销售数额较大与巨大的区分,故法院在认定时一并计入销售金额,在量刑时酌情予以考虑的做法较妥。

本案是一起典型的网络售假犯罪案件,且类似以家庭为单位的网络售假在当下的网络环境中绝非个案。由于网络商品的价格往往比实体店低,近年来在我国已经形成了巨大的网购市场,但由于其特有的隐蔽性以及网络公司监管力度和措施的不到位,掺假售假行为普遍存在。本案被告人在明知系假冒注册商标的商品的情况下,大量购入后在网店大肆销售,数额巨大,应以销售假冒注册商标的商品罪定罪处罚。在已售侵权商品金额的认定上,本案将交易记录中涉及无商标的商品、其他商标的商品及包含与扣押商品中不侵犯"HELLO KITTY"商标权的商品同品名的交易金额均予以剔除,再扣除有授权证明的公司及商行销售给被告人的金额(因案发时扣押的涉案商品经鉴别均为假冒注册商标的商品,故可推断出被告人从有授权证明的公司及商行购入的商品在案发时均已销售出去,但无法查清实际销售价格。从有利于被告人的角度出发,按被告人认可的加价10%后全部售出计算金额)。在未售扣押商品价值的认定上，本案将涉案文字、图案商标与商品的形状融为一体的商品，作为商标未独立标识于商品上的商品未予侵权认定，符合法条的立法原意。本案的判决打击了普遍存在的网络售假行为，在保护商标权人合法权益的同时，对犯罪数额予以了合理认定，真正做到使被告人罚当其罪，在一定程度上对正在实施和将来可能发生的网络售假行为起到了警示作用。

案例索引

一审：上海市浦东新区人民法院（2011）浦刑初字第 2079 号刑事判决书

一审判决时间：2012 年 8 月 17 日

二审：上海市第一中级人民法院（2012）沪一中刑（知）终字第 3 号刑事裁定书

二审裁定时间：2012 年 12 月 13 日

网络环境下侵犯著作权罪的司法认定
——阎某侵犯著作权罪案

倪红霞　袁　田

裁判要旨

《刑法》第 217 条规定未经许可复制发行他人作品的行为属于侵犯著作权罪的行为。最高人民法院和最高人民检察院于 2004 年出台司法解释，规定通过信息网络向公众传播他人作品的行为，应当视为《刑法》第 217 条规定的"复制发行"行为，该解释为打击网络侵犯著作权犯罪提供了法律依据。虽然行为人向网络用户提供侵权作品时未收取任何费用，但其通过在网站上发布广告以收取广告费而间接非法获利的，同样应当认定为《刑法》第 217 条规定的"以营利为目的"。

案　情

公诉机关：上海市浦东新区人民检察院

被告人：阎某

上海玄霆娱乐信息科技有限公司（以下称"玄霆公司"）主要经营原创文学门户网站"起点中文网"（www.qidian.com）。玄霆公司与《斗破苍穹》《冰火魔厨》《盗墓笔记》等 500 余部小说的作者签订《文学作品转让协议》，取得上述作品在全球范围内的独家信息网络传播权，并将上述作品在其经营的"起点中文网"上予以登载。

2010年起被告人阎某设立了"悠悠书盟"网（www.uutxt.com），购买了奇文网络小说管理系统，在该网站上提供各类小说的在线阅读和免费点击下载服务。为提高网站的知名度和点击量，自2011年初起，被告人阎某在未取得玄霆公司许可的情况下，运用自动下载软件，擅自大量复制"起点中文网"上的《斗破苍穹》《冰火魔厨》《盗墓笔记》等小说，并将上述小说下载至其经营的"悠悠书盟"网，供该网站用户阅读。同时通过在网站上登载广告获取广告收益。

2011年6月28日，被告人阎某在辽宁省盘锦市被公安机关抓获。到案后，被告人阎某如实供述了上述犯罪事实。

上海东方计算机司法鉴定所于2011年7月12日出具鉴定报告，鉴定结论为："悠悠书盟"网站的电子小说与"起点中文网"上同名的电子小说有543部存在实质性相似。

公诉机关指控称，被告人阎某以营利为目的，未经著作权人许可，复制发行其文字作品达500余部，情节严重，应以侵犯著作权罪追究其刑事责任。

被告人阎某及其辩护人对公诉机关指控的事实及罪名均无异议。其辩护人提出，被告人阎某系初犯，到案后如实供述犯罪事实，积极赔偿被害单位的损失并取得了被害单位的谅解，同时愿意缴纳罚金。故请求对被告人阎某适用缓刑。

审 判

上海市浦东新区人民法院经审理后认为，被告人阎某为牟取非法利益，未经玄霆公司许可，复制该公司享有信息网络传播权的文字作品543部，通过信息网络向公众传播，情节严重，其行为已构成侵犯著作权罪，公诉机关指控被告人阎某犯侵犯著作权罪，罪名成立，应予支持。被告人阎某到案后如实供述自己的罪行，依法可从轻处罚。被告人阎某自愿认罪，认罪态度较好，并积极向被害单位赔偿，取得了被害单位的谅解，可酌情从轻处罚。被告人阎某的辩护人提出对被告人阎某从轻处罚并适用缓刑的意见，法院予以采纳。据此，依照《刑法》第217条第（1）项、第67条第3款、第72条、第73条、第53条、第64条，《最高人民法院、最高人民检察院关于办理侵犯知识产权刑事案件具体应用法律若干问题的解释》第11条，《最高人民法院、最高人民检察院关于办理侵犯知识产权刑事案件具体应用法律若干问题的解释（二）》第1条、第4条之规定，判决：1. 被告人阎某犯侵犯著作权罪，判处有期徒刑10个月，缓刑1年，并处罚金人民币5万元；2. "DELL"Alienware Aurora型台式电脑主机一台予以没收；3. 违法所得予以没收。

该案宣判后，被告人阎某未提出上诉，公诉机关也未提起抗诉，判决发生法律效力。

评 析

本案是一起典型的网络侵犯著作权的犯罪案件。网络环境下，随着数字技术的介入、著作权新型载体的出现以及作品使用方式的扩展，侵犯著作权犯罪在客观行为要件方面发生了重大变化，而1997年修订的《刑法》对于侵犯著作权罪中"复制发行""以营利为目的"的概念实际上针对的还是传统的犯罪手段。因此本案的关键在于网络环境下对"复制发行"和"以营利为目的"的理解。

一、网络环境下"复制发行"的解读

我国《刑法》第217条规定"以营利为目的，有下列侵犯著作权情形之一，违法所得数额较大或者有其他严重情节的，处3年以下有期徒刑或者拘役，并处或者单处罚金；违法所得数额巨大或者有其他特别严重情节的，处3年以上7年以下有期徒刑，并处罚金：（一）未经著作权人许可，复制发行其文字作品、音乐、电影、电视、录像作品、计算机软件及其他作品的；……"针对网络侵犯知识产权犯罪日益增多的现状，2004年12月22日，《最高人民法院、最高人民检察院关于办理侵犯知识产权刑事案件具体应用法律若干问题的解释》正式施行，该司法解释明确规定，未经著作权人许可，通过信息网络向公众传播他人文字作品、音乐、电影、电视、录像作品、计算机软件及其他作品的行为，应当视为《刑法》第217条规定的"复制发行"。由于学界及司法实践中围绕"复制发行"究竟属于"复制+发行"的复合行为还是属于"复制或者发行"的并列行为存在诸多争议，2007年实施的《最高人民法院、最高人民检察院关于办理侵犯知识产权刑事案件具体应用法律若干问题的解释（二）》第2条第1款对此作出规定："刑法第217条侵犯著作权罪中的'复制发行'，包括复制、发行或者既复制又发行的行为。"

有观点认为，我国《著作权法》规定的复制、发行权与信息网络传播权属于并列的、独立的权利，具有不同的含义，因此在刑法仅规定了未经许可的"复制发行"要被追究刑事责任的情况下，2004年的司法解释将信息网络传播行为定性为"复制发行"，实际上是对刑法的扩大化解释，有违罪刑法定原则。笔者认为，就"复制发行"指向的具体行为而言，在"印刷版权"的时代，复制主要表现为以印刷、复印、临摹、拓印、录音、录像、翻拍等方式将作品制作一份或者多份的行为。发行是指为满足特定的需求，将一定数量的作品复制件通过一

定的方式向社会公众提供的行为,其本质特征在于作品复制件载体的转移。我国《著作权法》在2001年修订时才规定著作权包括"信息网络传播权",因此1997年《刑法》修订时,不可能规定侵犯著作权的行为包括"信息网络传播"行为。而在当下的"数字版权"时代,复制有了新的形式,即将特定数字化文件从网络服务器下载到计算机硬盘;发行也获得了诸多新途径。网络环境中,通过网络提供他人作品的行为虽然有别于著作权法意义上的"发行"行为,但其也是向公众提供复制件,只是载体不同,且不发生复制件的转移。两高2004年的司法解释规定将网络传播作品的行为视为"复制发行",同时在2011年的《最高人民法院、最高人民检察院、公安部、司法部关于办理侵犯知识产权刑事案件适用法律若干问题的意见》第12条进一步明确,《刑法》第217条规定的"发行",包括总发行、批发、零售、通过信息网络传播以及出租、展销等活动。为了遏制日益猖獗的网络盗版行为,维护著作权人的权利,上述司法解释和意见中对于将网络传播作品的行为视为"复制发行"有其必要性,侵犯信息网络传播权的犯罪行为理应受到《刑法》的规制。

结合本案,被告人阎某在没有取得《斗破苍穹》《冰火魔厨》等小说的独家信息网络传播权人玄霆公司许可的情况下,运用自动下载软件,擅自大量复制"起点中文网"上的这些小说,并将上述小说下载至其经营的"悠悠书盟"网,供网站用户阅读。被告人的行为符合上述2004年的司法解释中规定的应当视为"复制发行"的情形,侵犯了著作权人的信息网络传播权。

二、被告人的行为是否属于"以营利为目的"

根据我国《刑法》第217条的规定,侵犯著作权犯罪须以营利为目的。2004年《最高人民法院、最高人民检察院关于办理侵犯知识产权刑事案件具体应用法律若干问题的解释》第11条规定,以刊登收费广告等方式直接或间接收取费用的情形,属于《刑法》第217条规定的"以营利为目的"。2011年1月发布的《最高人民法院、最高人民检察院、公安部、司法部关于办理侵犯知识产权刑事案件适用法律若干问题的意见》第10条对"以营利为目的"予以了具体化,规定除销售外,具有下列情形之一的,可以认定为"以营利为目的":以在他人作品中刊登收费广告、捆绑第三人作品等方式直接或者间接收取费用的;通过信息网络传播他人作品,或者利用他人上传的侵权作品,在网站或者网页上提供刊登收费广告的服务,直接或者间接收取费用的;以会员制方式通过信息网络传播他人作品,收取会员注册费或者其他费用的;其他利用他人作品牟利的情形。

"以营利为目的"从根本上讲是行为人的一种主观心理态度。行为人犯罪的主观心理态度是通过行为人在实施犯罪行为前后的一系列外在客观活动表现出来的。因此，在认定行为人是否出于"以营利为目的"方面，应考察行为人的客观外在活动来进行认定，具体因素有：侵权行为发生的背景，如行为人系在商业活动中实施的行为，而非在日常生活中实施的行为；侵权行为发生的规模，如行为人大量上传侵权复制品；侵权行为人实际获利的状况等。在网络背景下，由于复制和发行手段的特殊性，导致行为人的营利目的也往往以比较特殊的形式表现出来。其中，直接的营利方式对行为人营利目的的认定相对较为简单，如未经许可将受著作权保护的他人的文学作品放在自己经营的网站提供有偿下载。但很多情况下，行为人都是通过无偿提供作品如影视作品、文字作品、游戏等吸引用户，同时在网站上发布他人广告来获取利益。行为人并没有直接从作品中获取利益，但其通过实施侵犯权利人著作权的行为，间接获取了非法利益。

本案中，被告人阎某以擅自下载大量小说至其经营的网站供网站用户阅读的方式，吸引用户浏览其网站，通过在网站上登载广告获取收益。从形式上看，涉案网站提供文学作品的阅读是无偿的，没有向用户收取任何费用。而将他人作品置于自己的网站中供人免费浏览，其直接目的虽然是吸引更多网民或提高点击率，但其行为实质是吸引广告的手段，希望以此招徕广告业务、收取更高的广告费用，达到营利的目的。综合上述分析，被告人的这种间接获利的行为方式亦符合"以营利为目的"的要件。

案例索引

一审：上海市浦东新区人民法院（2011）浦刑初字第2941号刑事判决书

一审判决时间：2011年12月16日

知识产权行政案件

工商行政处罚中网页证据的取证规范及证明力判断
——上海加酷贸易有限公司不服上海市工商行政管理局机场分局工商行政处罚决定案

陈惠珍　叶菊芬

裁判要旨

随着网络的发展,对互联网上的经营行为的监管成为工商行政管理机关所面临的新情况。当违法事实发生在网络空间时,行政处罚所依据的主要证据表现为网页等电子证据。电子证据具有无形性、易修改性等特征,若因取证不规范等原因导致该证据证明力不足,在事后难以再现取证当时的状态,则可能导致该行政处罚缺乏事实基础。本案中,工商机关在电子证据的取证中,存在网页展开路径不清晰、截屏不完整、打印不清楚、前后不连续等严重影响网页证据证明力的问题,导致其据以作出行政处罚的违法事实没有足够的证据证明,为此被法院判决撤销。此外,本案中被告在行政处罚过程中还存在一定的程序瑕疵及大量的文书差误,直接导致被处罚人提出异议,也影响了执法机关的形象和公信力。本案生效后,法官就上述取证不规范、文书差误等问题向被告发送司法建议,起到了促进依法行政的作用。

案　情

原告：上海加酷贸易有限公司
被告：上海市工商行政管理局机场分局

原告为 www.aukoala.com.cn 网站的管理者，在中国经营"aukoala"品牌雪地鞋的销售。2011年12月30日，被告接到举报称案外人上海尚酷网络科技有限公司（以下简称"尚酷公司"）涉嫌虚假宣传等，随后上海市工商行政管理局（以下简称"市工商局"）将该举报所涉违法行为交被告办理。2012年1月6日，被告到尚酷公司的经营地进行执法检查，现场截屏的 www.aukoala.com.cn 网站内容显示：澳考拉是原告在中国的代理品牌；网站的"品质认证"栏目中有国际羊毛局"纯羊毛标志"等多张证书图片；网站上还有澳大利亚、加拿大、德国和法国实体店的图片。当时在场的原告代理人提交的"2011年11月份淘宝商城销售统计表"显示该月销售599双雪地鞋，金额人民币373884.95元。后被告以原告为当事人立案，调查中原告向被告提交了"Aukoala澳考拉品牌内容整改书"，明确原告已对网站内容进行了整改，"尚未取得的认证已撤掉"，"去掉了拟开设德国、法国和澳大利亚的实体店设计效果图片，对2012年即将开业的加拿大蒙特利尔实体店增加了补充说明"。被告对原告代理人所做的询问笔录中记载：原告并没有国外的门店和相关证书，网站上的图片是网上下载并经过PS处理的；在淘宝网从10月开始销售，截至11月实际销售额"37384.95元"；在工商部门调查后，原告立即进行了整改，撤掉了相关实体店、相关资质证书和认证标志的图片。

2012年4月1日，被告以上述事实为据，以原告行为构成虚假宣传为由作出了责令停止违法行为、罚款7万元的行政处罚。该行政处罚决定书中记载："（原告）于2011年10月至2012年11月通过网上销售Aakoala品牌雪地靴599双，销售额为37384.95元。"原告不服该行政处罚决定，于2012年4月26日向本院提起行政诉讼。

原告诉称，被告未证明其是县级以上工商局，无权作出涉案行政处罚，且被告没有管辖权；被告存在先调查后立案、执法人员不出示执法证等多处程序违法；原告对国外实体店已标明了"筹建中"等信息，对认证标志有使用的理由，故被告作出行政处罚缺乏事实依据和法律依据；被告认定原告销售金额3万余元，但罚款7万元，金额过高。被告的高额罚款给原告造成重大损失，使原告发生经营困难并因此裁员。为此，原告请求法院撤销被告对原告作出的沪工商机案处字［2012］第200201210000号行政处罚决定。

被告辩称，被告作为正处级机构，有权对不正当竞争行为进行监督检查，且其根据上海市工商行政管理局的交办对原告立案调查，故被告有管辖权；被告的执法程序合法，立案前进行调查符合法律规定，作为协办人员参与笔录制作的李妍已具备执法资格，只是上级机关办理的执法证尚未下发，且原告代理人在笔录上签字确认，故笔录是有效的；原告代理人在调查中承认了虚假宣传的事实，行政处罚决定书中的销售额3.7万余元系笔误，实为37万余元，且被告作出行政处罚并非依据该销售额，而是综合考虑各因素并参照上海市工商行政管理局的文件行使裁量权，故被告作出行政处罚有事实和法律依据，罚款金额适当。请求法院驳回原告的诉讼请求。

审理中，被告表示其行政处罚决定书认定的事实中，三处"Aakoala"系"Aukoala"的误写，两处"CTT认证"系"GTT认证"的误写，"2012年11月"系"2011年11月"的误写，"销售额为37384.95元"系"销售额为373884.95元"的误写。

审　判

上海市浦东新区人民法院经审理后认为：被告作为直属于市工商局的一个处级分局，根据《反不正当竞争法》第3条第2款的规定，具有对不正当竞争行为进行监督检查的行政执法主体资格。本案中涉嫌虚假宣传网站的经营者即原告的住所地在上海市，根据《网络商品交易及有关服务行为管理暂行办法》第36条的规定，上海市的工商行政管理机关有管辖权。由此，被告根据其上级机关市工商局的批复指定，对本案涉及的原告涉嫌违法行为有管辖权。

被告认定的原告虚假宣传实体店图片的事实包括两层含义：一是原告没有开设国外实体店而宣称已经开设；二是原告将他人实体店照片宣传成自己的实体店照片。但根据本案已查明的事实，一方面，被告在调查过程中对原告网站上具体的国外实体店页面图片直接截图且不完整，导致进入具体实体店页面的路径不清，原告所称的已标明"筹建中""开业在即""拟开"等信息无法核实，被告在庭审中提交的公证书又恰恰印证了被告遗漏了相关页面，而该页面上确实标明了原告所称的部分信息，因此被告提交的证据不能证明原告在其网页上将未开实体店宣传成已开实体店。另一方面，由于被告对原告网站上实体店页面所作的截图模糊不清，导致原告网页上的图片是他人实体店实景图还是原告经电脑制作的效果图的事实不清。而原告在调查笔录中只承认从网上下载图片进行电脑技术处理，至于该图片是他人实体店的实景图还是并不真实的效果图没有明确；原告在整改书中表明的也是"去掉了拟开设德国、法国和澳大利亚的实体店设计效果图片"。因此也无直接证据证明原告将他人实体店照片宣传成自己的实体店照片。故现有证据难以证实原告关于实体店的宣传会引人误解为原告已经实际开设了图片所标示的实体店。此外，在被告认定的原告违法行为的事实中，被告对原告销售商品的品牌名称、网上使用的认证证书名称、原告销售行为的发生时间、销售数额的表述或认定，都有明显的差误。综上，被告据以处罚的原告违法事实没有足够的证据证明。

据此，依据《行政处罚法》第30条、《行政诉讼法》第54条第2项第1目之规定，于2012年7月25日判决：撤销被告上海市工商行政管理局机场分局于2012年4月1日作出的沪工商机案处字［2012］第200201210000号行政处罚决定。

一审判决后，双方当事人均未上诉。

评 析

本案系因被处罚人不服行政机关作出的工商行政处罚而引发的知识产权行政案件，双方对行政处罚与知识产权侵权认定方面的多个程序和实体问题存在争议。

一、组成综合合议庭发挥"三合一"审判优势

本案的实体争议主要是虚假宣传行为的认定，这是审理中需要审查的基础性事实，在证据认定、事实查明及法律适用方面均具有较强的专业性，需要知识产权民事法官在这些问题上进行具体把握。同时，作为行政诉讼，在诉讼管辖、当事人举证责任分配原则、证明标准等方面与民事诉讼相比均有不同的规定，而原、被告双方对于不正当竞争行政处罚的主管与管辖、行政处罚的程序等方面也存在较大争议，行政法官在这些问题的把握上具有专业和经验优势。因此，为准确认定事实，正确适用法律，本案由知识产权庭法官主审，行政庭法官参与审理，通过知识产权法官与行政法官的有机组合，兼顾了知识产权专业问题和行政审判程序的把握，充分发挥了"三合一"审判的优势。

二、网页证据的取证规范和证明力判断

本案中，被告认定原告存在虚假宣传行为是否有事实依据是双方争议的最大焦点，而被告作出虚假宣传认定的主要事实证据为网页证据，因此，网页证据的证明力判断成为案件审理的重点。

网页证据属于电子证据的一种，相比于传统证据而言，具有无形性、易被修改性等特征，其取证的首要问题是证据固定。网页证据的固定方式包括拷屏、打印、摄像等，在取证方面的复杂程度高于传统证据；同时，网页证据还具有信息量大的特征，如何准确地选择相关信息也具有一定难度。因此，网页证据的取证不仅对网络操作技术有一定要求，还需要操作人员掌握一定的法律知识。

诉讼证据需具备真实性、合法性、关联性"三性"才具有证据资格，与待证事实的关联程度高才能有效发挥证明作用。因此，在网页证据的取证过程中，必须遵循一定的取证规范以确保其证据资格和证明力。对于电子证据的审查判断标准，我国法律并未单独予以规定。《联合国电子商务示范法》第9条的规定可做借鉴，该条规定："在评估一项数据电文的证据力时，应考虑到生成、储存或传递该数据电文的办法的可靠性，保持信息完整性的办法的可靠性，用以鉴别发端人的办法，以及任何其他相关因素。"据此，为保证网页证据的证据资格和证明力，取证过程中应至少做到以下几点：（1）公开进行网络操作。执法机关的上网操作应在相对人面前进行或采取公证取证的方式，以保证网页证据的真实性。（2）准确选择目标信息。网页上信息量巨大，固定证据前需准确判断哪些信息是案件所需。如果盲目取证，很容易造成"捡到芝麻丢了西瓜"，不但浪费时间和资源，还有可能遗漏重要信息。（3）完整记录取证过程。为保证证据的真实性、完整性和有效性，不能仅对所需信息进行直接提取，而应完整、连续取证，确保目标网页的进入路径清晰、截屏完整、打印清楚、前后连续，并如实记录取证的时间、地点、上网方式、浏览路径截屏、下载、打印、封存固定等过程。

在判断网页证据的效力时，除遵循传统证据的认证标准外，根据网页证据的特性又有其审查重点。一般而言，判断网页证据应否被采纳，主要看它在形式上是否属实、同待证事实是否有关联及其生成、取得等环节是否有重大违法；判断被采纳的网页证据的证明力大小，则主要看它在实质上的可靠程度以及与待证事实的关联程度。本案中，被告作出行政处罚所依据的网页证据，其取证过程存在进入相关网页路径不清、网页截屏不完整、打印页面模糊等问题，并缺乏对证据的关联性说明，导致被处罚人提出异议的相关信息无法核实，并直接导致被告据以处罚的原告违法事实没有足够的证据证明，为此法院判决撤销被诉行政行为。

三、延伸审判功能，促进依法行政

行政诉讼的目的是保障和促进依法行政。行政行为应做到证据确凿，适用法律、法规正确，程序合法，过罚相当。而本案被诉行政行为除因取证不规范导致行政处罚缺乏事实依据外，还存在其他问题。一是说理不充分，被告在行政处罚决定书中对认定原告行为构成虚假宣传的理由以及作出行政处罚的理由阐述均不充分，导致被处罚人对事实认定和法律适用都提出异议。二是程序有瑕疵，被告参与执法的人员并未依法全部出示执法证，存在一定的程序瑕疵，导致原告对执法程序提出异议。虽然该程序瑕疵并不直接影响执法过程的合法性，但极易使被处罚人及公众对执法机关的公正性产生质疑。三是文书差错多，行政处罚决定书认定违法事实部分短短一段文字中出现了多处差误，反映出执法人员工作的不细致，也影响了执法机关的形象。

鉴于被诉行政行为存在上述问题，法院在案件生效后，就上述取证不规范、文书差误多、程序有瑕疵、说理不充分等问题向被告发送了司法建议，被告予以积极反馈，使行政审判保障和促进依法行政的目的落到实处。

案例索引

一审：上海市浦东新区人民法院（2012）浦行初字第72号行政判决书

一审判决时间：2012年7月25日